阅读的盛宴

石涛 / 编

新世界出版社
NEW WORLD PRESS

图书在版编目（CIP）数据

阅读的盛宴/石涛编. -- 北京：新世界出版社，2015.10
ISBN 978-7-5104-5448-6（2016.1 重印）

Ⅰ.①阅… Ⅱ.①石… Ⅲ.①读书方法 Ⅳ.① G792

中国版本图书馆 CIP 数据核字（2015）第 243336 号

阅读的盛宴

作　　者：	石　涛　编
责任编辑：	余守斌　熊文霞
责任印制：	李一鸣　黄厚清
出版发行：	新世界出版社
社　　址：	北京西城区百万庄大街 24 号（100037）
发 行 部：	（010）6899 5968　（010）6899 8705（传真）
总 编 室：	（010）6899 5424　（010）6832 6679（传真）
	http://www.nwp.cn
	http://www.newworld-press.com
版 权 部：	+8610 6899 6306
版权部电子信箱：	frank@nwp.com.cn
印　　刷：	三河市骏杰印刷有限公司
经　　销：	新华书店
开　　本：	710mm×1000mm　1/16
字　　数：	260 千字　印张：19.5
版　　次：	2015 年 12 月第 1 版　2016 年 1 月第 2 次印刷
书　　号：	ISBN 978-7-5104-5448-6
定　　价：	36.00 元

版权所有，侵权必究
凡购本社图书，如有缺页、倒页、脱页等印装错误，可随时退换。
客服电话：（010）6899 8638

前言

当《新周刊》在2003年9月说这个时代无书可读的时候,我就想到要编一本关于书籍的书。我并非企图改变眼下"无书可读"的现状,而是仅仅希望能给自己一点宽慰。因为我向来认为,只要你去寻觅,就能找到可读的好书。古往今来所有的爱书之人,都知道这个秘密。他们与书共处的经验,尤其令人感动和安慰。历经一年,我把找到的天下爱书之人的文字收集在这里,与和我有同样感受的人们共享。

目录

打开我的图书馆 / 瓦尔特·本雅明　　　1

《论出版自由》(节选) / 约翰·弥尔顿　　　9

十三号 / 瓦尔特·本雅明　　　10

读书的艺术 / 林语堂　　　12

书籍和财色 / 鲁迅　　　20

书房 / 梁实秋　　　22

书籍是心灵之窗 / 亨利·比彻　　　25

影响我的几本书 / 梁实秋　　　26

买书 / 朱自清　　　39

买书的惯例 / 若布·卡普兰　　　42

如何进入图书行业 / 斯图亚特·布朗特　　　47

图书出借 / 阿纳托勒·布罗亚德　　　54

论朋友还书 / 克里斯托弗·莫里　　　57

为你的藏书辩护 / 翁贝托·艾柯　　　59

如何"管理"公共图书馆 / 翁贝托·艾柯　　　62

塞缪尔·佩皮斯的图书馆 / 尼古拉斯·巴斯班尼　　　65

收藏家 / 苏珊·桑塔格　　　67

枕边书 / 克利福顿·法迪曼　　　69

新终生读书规划 / 克利福顿·法迪曼、约翰·梅耶	76
三个趣味书单 / 安娜·昆丁兰	83
从好书中得到心灵安慰 / 乔治·哈姆林·费奇	85
爱书之人 / 罗杰·罗森布莱特	92
书痴 / 古斯塔夫·福楼拜	95
拯救书籍 / 索利·加诺尔	112
未曾读过的书 / 托马斯·西晋生	122
阅读的价值 / 蒙田	127
书籍收藏 / 罗伯逊·戴维斯	131
恋书成癖的人 / 约翰·米歇	139
名副其实的狂热 / 哈罗德·拉宾诺维奇	153
《华氏451》的选择 / 罗伯·卡普兰	168
最后的赛跑 / 爱德华·纽顿	170
我的朋友 / 彼特拉克	185
读书怎样改变了我的生活 / 安娜·昆丁兰	186
谈谈老书 / A·罗森巴赫	195
创办书友会的大好时机 / 阿尔弗雷德·塞弗曼	221
出版家阿尔达斯 / 威廉·奥尔库特	233
完美无瑕的书 / 威廉·凯迪	249
藏书家 / 威廉·塔哥	250
阅读与收藏 / 赫伯特·韦斯特	273
如何保管书籍？/ 伊丝黛拉·艾利斯和卡罗琳·西博	290
后记 我的书话	299

打开我的图书馆

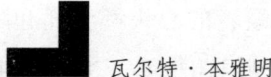
瓦尔特·本雅明

　　自从汉娜·阿伦特在1955年把本雅明介绍给英语读者以来,年复一年,本雅明已经成为现代文学批评的象征。他的博学、睿智和独树一帜,让无数的文学读者倾倒,并不意外,他也是一个超级爱书者。下面这篇文章,足以显示他对书籍的痴迷。

我正在打开我的图书馆。
　　书本还未上书架,还没沾染归列有序的淡淡乏味。我还不能在一排排的书架间来回检阅,或把书展示给朋友们。你们先不用害怕。此刻,我想先请你们看看书箱打开后的一片凌乱,空气中飞扬着木屑,地板上洒满撕碎的包装纸,你们和我一起置身于成堆的卷帙中,它们已在黑暗中深藏了两年,如今方见天日。这样,你们也许能多少分享我的心情(当然不是悲哀,而是期待),理解这些书在一个真正的藏书者心中引起的感触。现在和你说话的正是这样一个藏书者,仔细倾听,你们会发现他谈的实际上就是他自己。
　　假如为了使人信服我的公正与实际,由我将一室藏书的主要部分和精华所在向你们一一道来,再谈谈藏品的来历乃至于它们对一个作家的帮助,那样的话,我是不是反而会显得过于傲慢了呢?就我而言,我想到的

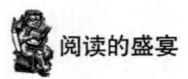 阅读的盛宴

是些更具体、更有兴味的事情,我真正关心的是想让你们了解藏书者与藏书的关系,了解收藏的过程而非藏书本身。如果我详述搜罗图书的各种途径,那不免带有太多的随意性。其实,在品味个人藏品的时候,每一个收藏者的心头都会涌起阵阵回忆,而这样那样的话题都只是起堤坝的作用,暂且阻遏一下浪涛的冲击罢了。

激情往往近于狂乱,而收藏者的激情则近于记忆错乱。不仅如此,过去一直经历的机会与运气又在这些熟悉而混乱的藏书里活生生地再现了。(藏书简直就是混乱一片,全靠习惯才使它看上去井井有条的。)你们都听说过有人因为失去了自己的藏书而一病不起,或是有人为了获得收藏而沦为罪犯。其实,在这些方面,无论哪一种秩序都可以平衡一下情绪的极度波动。阿纳托尔·法朗士说过:"如果有什么知识是唯一确定的,那就是书籍的出版日期和版式。"同样,如果有什么可以对应于藏书室的混乱,那就是井然有序的书目。

于是,在藏书者的生活中,就有了混沌与有序之间的辩证的平衡。当然,藏书者的生活还与其他许多事情紧密相联:比如神秘的拥有关系,这一点我们下面还会谈到;还有那种人与书的关系,不重功能与实用,不讲究有用,而是把书作为命运的场景、舞台来研究和欣赏。对于一个收藏者,最大的诱惑寓于最终的快感——即拥有者的快感之中,就在于将一件件藏品锁入一个魔圈,永久珍藏。每个回忆,每个念头,每种感觉都成为他的财富的基座、支架和锁钥。而一件藏品的全部细节:出版日期、地点、装帧手艺、先前的主人,则形成了一部神奇的百科全书,其精髓无不叙述着藏品的命运。由此也许可以推断伟大的相士是如何成为命运诠释者的,因为收藏者其实就是藏品的相士。只要看看收藏者怎样把玩玻璃橱中的藏品,把它们捧在手上,灵感似乎就能透过它们看到遥远的过去。对于藏书者神秘的一面,或可称为"老者"的形象,就谈到这里吧。

Habent sua fata libelli(所有的书都有它们的命运)。这句话原是对书

的泛论。《神曲》、斯宾诺莎的《伦理学》以及《物种起源》各有其命运，而藏书者对这句拉丁名言作了新解。对他来说，不仅书本身，就连每本书的每一册都有其命运。从这个意义上说，一册书的命运就是与收藏者和他的收藏的邂逅。我认为这样说不算夸张：一本旧书在一个真正的藏书者的手中将重获新生。在藏书者身上与"老者"形象相呼应的正是这种孩童心态。孩子们自有无数种方法让事物获得新生，收藏只是其中之一罢了，他们还会画画、剪纸、印花等等，就像他们用抚摸、取名等各种孩子气的办法来占有某种东西一样。复活一个旧时代，这是驱使藏书者去搜求新藏品的最深层的动机。由此，一位旧书收藏者比豪华版搜集者更接近于收藏的真谛。

那么，书又是如何跨越藏书室的门槛成为收藏家的财富的呢？下面我就要谈谈搜集藏书的历史。

在觅书的各种办法中，最值得称道的一个方法看来就是自己写作。谈到这儿，诸位可能会微笑着想起让·保尔的矮小可怜的老师华兹，他靠写书慢慢有了一屋子藏书，凡是坊间书单上他感兴趣的题目他都自己写上一本，因为他没钱买书。其实作家写书不是由于穷，而是因为他不喜欢那些买得起却不尽如人意的书。诸位可能会把这话看成是一个关于作家的最异想天开的定义。不过，一个真正的藏书家的眼光里看出的事情总是相当离奇的。

在一般的求书法门中，最妥帖的要算是长借不还了。我这儿设想的真正够格的借书人乃是个嗜书如命的收藏家，其标准倒并不在于他是否满怀热忱捍卫借来的财富，是否对世俗道德的催促装聋作哑，而在于他是否根本不去读这些书。如果我的经验可以权充证据，那么有时人们宁愿还掉一本书也不愿意去读它。你们可能不同意，不读书难道能算是藏书者的特点吗？你们会说这倒是一件新鲜事，其实这一点也不新鲜。专家们可以证实我所说的情况久已有之。曾经有个庸人赞美了一番阿那托尔·法朗士的

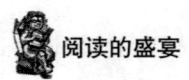 阅读的盛宴

书斋,最后问了一个常见的问题:"法朗士先生,这些书您都读过了吗?"回答是足以说明问题的:"还不到十分之一。不过我想您并不是每天都用您的塞弗尔瓷器吧?"

顺便说说,我曾经对人是否有权采取这种态度加以检验。多年之中,至少在收藏的头三分之一时间里,我只有两三架书,每年不过增加数寸而已。这一段时间里我极为严格,不曾读过的书一概不收入藏书之中。要不是因为一次通货膨胀,我可能永远也不会有一间名符其实的书房。

那时情况转眼之间大变,书成了真正有价值的东西,或者说,书变得很难觅到,至少在瑞士来看是这样。在最后关头,我从瑞士寄出了我的第一份大宗订单,从书商那里抢购下当时还能买到的《蓝骑士》和巴肖芬的《塔纳奎尔传奇》这一类不可多得的好书。

好了,可能你会说,在踏勘过所有这些小道之后,我们最后总该走上觅书之路了吧?也就是该说到购书的事了。这的确是一条通衢,但是并不平坦。藏书者的购求与在书店里的一般买卖实在是大相径庭。书店里的人们多数是买教科书的学子,为妻子买礼物的世故人物,或是寻找能在火车上消遣的生意人。而我念念不忘的是旅途中作为一个过客的寻觅搜求。富贵有术,藏书人就本能而论也都是有术之人,经验教会了他们每进驻一座陌生的城市,他们都要处处留心:一家最小的古玩店可能是一座堡垒,一家最偏僻的文具店可能是一处要塞。在我的觅书的征途上,有多少城市就此被我识得了各自的真面目。

所有最重要的书籍交易绝非都在店堂里进行,邮购目录起的作用更大。而且即使买家对目录上的书相当熟悉,到手的这一册也总会带来点惊讶。邮购也总是带点碰运气的性质,会有痛苦失望,也有意外收获。比如,我记得曾经为我的儿童书藏品订购过一本彩色插图书,因为那是阿尔伯特·路德维格·格林的童话,并且是在图林根的格里马出版的。我手中还有一本同一位格林编辑的寓言集,同样由格里马出版,其中有十六幅插

图,由上世纪中叶定居汉堡的德国插图大师利赛所作,这是他那个时期作品的唯一传本。看来我对同音名字的反应是对的,这一次又发现了利赛的作品,目录中写的是《利纳斯童话集》,看来这部作品连书目编者也一无所知,而且比我提到的前一部更有理由详尽地提上一笔。

搜集图书绝不只是靠金钱或是专业知识。两者加在一起也不足以建起一座图书馆。图书馆总是有点捉摸不透,各有自己的独特之处。想要透过书目找书,除了要有我提到过的本事,还要有眼光,比如日期、地名、版式、前主人、装订等等,这些细节并非干巴巴又互不相干的事实,而是组成了一个和谐的整体,悄悄透露着某种消息。从与书的和谐程度上,藏书者得以判断与一部书是否投缘。

图书拍卖中收藏者则另需一种功力。经由书目购书的人,书本身自会提供消息;如果收藏的来源可以确定,前一位收藏家的情况就会说明问题。而要参与竞价拍卖的人则必须保持足够的冷静,避免在竞争中轻举妄动。他必须对拍卖品与竞争者给予同样的关注。常常会有人为了出风头而不是为了买得某书而不停地抬价,最后弄得进退两难。话说回来,收藏者最为珍贵的回忆可能是他觅到了一本原先不敢奢望的书。他看到这本书在坊间备受冷落,便买下来还它以自由,就像《天方夜谭》中的王子解救了一个美丽的女奴。当然,藏书者总是认为书的真正自由就是在他的书架上有个位置。

直到今天,巴尔扎克的《驴皮记》在我书房一排排的法文书中依然占有特殊的地位,因为那是一次紧张的拍卖经历的纪念。那是1915年的卢曼拍卖会,由大图书鉴赏家兼著名书商埃米尔·赫希主办。此书首见于1838年的巴黎交易所广场。拿起来看,上面有卢曼藏书的编号,还有第一位主人购买此书的商店标签,那是八十年前,价格只有今日的八十分之一。标签上写着"弗拉诺文具店"。那真是个好年头,在文具店里可以买到这样的豪华版书籍。这本书的版式是由一流的法国插图画家设计,一流

阅读的盛宴

的镌刻师雕刻。我这就告诉你我是如何得到这本书的。我曾在埃米尔·赫希那里事先品鉴过拍卖品，过目的四五十本书中唯有这一本让我真正动心，非永久拥有不可。

拍卖的日子到了，很巧，安排在这一册《驴皮记》前面拍卖的是一整套分册印在印度纸上的《驴皮记》插图。竞价者坐在一条长桌旁，我的斜对面是第一轮竞买中最引人注目的慕尼黑藏书家冯·西默林子爵。他对那套插图很感兴趣，但是他遇上了对手。长话短说，激烈的竞争中叫出了整场拍卖会中的最高价，远远超过三千马克。看来没有人想到会有人出这样的高价，大家都兴奋不已。赫希则始终不动声色，也许为了节省时间，也许出于其他考虑，他趁众人都不注意时，紧接着开始了下一项拍卖。底价报出了，我的心怦怦跳着，叫了一个高出一等的数目，我明白我是无论如何争不过那些大收藏家的。拍卖人照例喊道："还有出价的没有？"没有多少人注意到拍卖的进程。三声小槌敲过，每一下槌声之间像是隔着漫长的等待。然后，他就写上拍卖方的索价，结束了这宗生意。那笔数目对我这样的学生来说还是相当可观的。至于第二天在当铺里的一幕我就不多说了，我想谈的是另一件事，可以算是拍卖的消极面吧。

那是在去年的柏林拍卖会上，拍卖品的质量和题材参差不齐，只有几部玄学与自然哲学的善本还值得注意。我对其中数本报了价，但是我发现前排的一位先生每次都像在等我报价以后专门与我较量，明显想要压过我的所有报价。几次下来，我不再奢望能得到我看中的那本书了：《一位青年物理学家的遗作残篇》的罕本，由约翰·威廉·里特在1810年于海德堡印行的两卷本。这本书没有重印过，但我一向认为它的前言是德国浪漫主义个性化散文中最重要的代表作。作者兼编者在文中假托为一位无名氏亡友（其实即他本人）作悼词，回顾了他一生的经历。轮到这本书拍卖时，我灵机一动：很简单，既然我竞价的结果总是让另一个人得手，我何不按兵不动呢。我沉住气，不动声色。结果不出所料：无人感兴趣，无人

竞价，书便搁到一边去了。我很明智地等了几天，当我一星期后再去那儿时，在旧书部找到了那本书，因为乏人问津，我在买书时还享受了优惠。

　　一旦你来到书箱堆成的小山面前，发掘出一本本图书，让它们重见天日（或是夜光），将会有什么样的回忆源源而至啊！整理藏书之乐因其一发不可止而表现得最为明显。我从中午开始，整理到最后一批书箱时已近午夜。此刻，我手中的两本封皮已经褪色的书，严格说起来，并不该放进书橱：这是我从母亲那儿继承来的她小时候的贴画本，这也是我收藏儿童读物的起因。虽则贴画本已不再入橱，那批收藏还在不断扩大。现有的藏书室里都有一批似书非书的藏品，比如贴画本或者家庭相册，签名簿或是夹着小册子或布道传单的纸夹；有人被传单和广告册吸引，也有人喜欢善本的手写抄件或打字稿；当然，期刊杂志更是藏书室的一景。

　　还是回头来看看那些画本相册吧。实际上，继承是取得收藏的最佳途径。一个藏书者对藏品的态度正是源自物主对于私产的责任感，在最高意义上也就是一个继承人的态度。而一批收藏的最显著特征也就体现在其可继承性上。我完全明白像我这样谈论藏书的心理学，只会让各位坚信这种狂热早就过时了，只会加深各位对藏书者这一类人的不信任感。我一点也不想来动摇你们的看法。不过有一点值得一提：藏书一旦离开了私人藏家也就失去了意义。即使公共藏书会更受社会欢迎，在学术上也更为有益，但藏书只有在私人那里才真正物得其所。我清楚我这种类型的藏书人已经日暮途穷，我所代表的看法已经过时。不过，正如黑格尔所说，米涅瓦的猫头鹰总是在黄昏时起飞。唯有在将近绝迹的时候，藏书者才会得到世界的理解。

　　现在，我已整理到最后半个书箱，时间已过了午夜。各种其他的念头纷至沓来——不，不是念头，而是意象与回忆。回忆每一座我曾经收获良多的城市：里加、那不勒斯、慕尼黑、但泽、莫斯科、佛罗伦萨、巴塞尔、巴黎；还有慕尼黑的罗森塔尔饭店的豪华房间，汉斯·罗尔晚

阅读的盛宴

年曾经住过的但泽的斯多科特,柏林北部居森古特的发霉的书窖;回忆曾安置过这批书的房间,我学生时代在慕尼黑的斗室,我在波恩的房间,布里恩兹湖上孤寂的小岛,最后还有我孩提时的房间——我身边堆满的成千卷帙中有四五本是从那里来的。哦,藏书者的一大乐事,散逸人的一大福祉。躲在施比兹韦格的"书虫"面具后,无声无息,无誉无毁。没有人比他更有富足感了,因为附体的神灵或是精怪,会让藏书者——当然我是指真正的藏书者——与书保持着最为亲密的拥有关系。不是说书因他而活,而是他就活在书中。就这样,我在诸位面前用书建起了一座藏书者的居所,现在这个藏书者就要进屋去了,而这对他是最适宜不过的了。

《论出版自由》(节选)

约翰·弥尔顿

书籍并不是一成不变的东西。它包藏着一种生命的潜力,和作者一样活跃。不仅如此,它还像一个宝瓶,把创作者活生生的智慧中最纯净的菁华保存起来。我知道它们是非常活跃的,而且繁殖力也极强,就像神话中的龙齿一样。当它们被散布在各处以后,就可能长出武士来。

但是,从另一方面来说,如果不特别小心的话,误杀好人和误禁好书是同样容易的事。杀人只是杀死了一个理性的动物,毁灭了一个上帝的影像;而查禁好书则是扼杀了理性本身,破坏了我们瞳仁中上帝的圣像。许多人的生命可能只是土地的一个负担,但一本好书却相当于把杰出人物的宝贵心血熏制后珍藏了起来,目的是为着未来的生命。

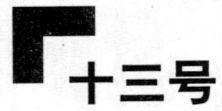
十三号

瓦尔特·本雅明

本文选自本雅明最富趣味与象征性的随笔集《单向街》。

13号——我在这个号码停下,感到一种残酷的快感。

——马塞尔·普鲁斯特

- 书和妓女都可以被带到床上。
- 书和妓女混淆时间,她们把夜变为昼,把昼变为夜。
- 书和妓女都把时间看得很重要,但她们从不表示出来。当你与她们熟识了以后,就会发现她们多么急急忙忙。一但你对她们表示出强烈的兴趣,他们就开始计时。
- 书和妓女彼此从来没有感到过不愉快。
- 书和妓女都有适合于自己类型的男人。这些男人同她们生活在一起并骚扰她们。对于书来说,这样的人就是批评家。
- 对于学生,书籍和妓女是公共财产。
- 拥有书籍和妓女的人很少能看到她们的结局。她们倾向于在失效之前就消失不见。

- 书和妓女都热衷于用虚构的回忆来告诉人们,她们是怎样变成如今这个样子的。事实上,她们自己都没有留意到为什么。年复一年,她们只遵循自己的直觉行事而不管被领向哪里,直到有一天变成了一具肥胖的躯体站在街头拉客,而那里恰曾是她们年轻时闲逛和观察生活的地方。
- 当书和妓女被置于众目睽睽之下时,她们都喜欢转过身去。
- 书和妓女都有为数众多的子孙后代。
- 书和妓女——"固执己见的老头和年轻的娼妇"。想想到底有多少本书曾因为不道德而被查禁,而后来又成为青年人的必读书!
- 书和妓女都喜欢在公共场合争吵。
- 书和妓女——男人把读书随笔夹在书页里,把现金夹在妓女的吊袜带里。

我经常把天堂想象成一座图书馆。

——路易斯·博尔赫斯

读书的艺术

林语堂

读书或书籍的享受素来被视为有修养的生活上的一种雅事,而在一些不大有机会享受这种权利的人们看来,这是一种值得尊重和妒忌的事。当我们把一个不读书者和一个读书者的生活差异比较一下,这一点便很容易明白。那个没有养成读书习惯的人,以时间和空间而言,是受着他眼前的世界所禁锢的。他的生活是机械化的,刻板的;他只跟几个朋友和相识者接触谈话,他只看见他周遭所发生的事情。他在这个监狱里是逃不出去的。可是当他拿起一本书的时候,他立刻走进一个不同的世界;如果那是一本好书,他便立刻接触到世界上一个最健谈的人。这个谈话者引导他前进,带他到一个不同的国度或不同的时代,或者对他发泄一些私人的悔恨,或者跟他讨论一些他从来不知道的学问或生活问题。一个古代的作家使读者随一个久远的死者交通;当他读下去的时候,他开始想象那个古代的作家相貌如何,是哪一类的人。孟子和中国最伟大的历史家司马迁都表现过同样的观念。一个人在十二小时之中,能够在一个不同的世界里生活两小时,完全忘怀眼前的现实环境,这当然是那些禁锢在他们的身体监狱里的人所妒羡的权利。这么一种环境的改变,由心理上的影响说来,是和旅行一样的。

不但如此,读者往往被书籍带进一个思想和反省的境界里去。纵使那是一本关于现实事情的书,亲眼看见那些事情或亲历其境,和在书中读到那些事情，其间也有不同的地方。因为在书本里所叙述的事情往往变成一片景象，而读者也变成一个冷眼旁观的人。所以，最好的读物是那种能够带我们到这种沉思的心境里去的读物，而不是那种仅在报告事情的始末的读物。我认为人们花费大量的时间去阅读报纸，并不是读书，因为一般阅报者大抵只注意到事件发生或经过的情形，完全没有沉思默想的价值。

据我看来，关于读书的目的，宋代的诗人苏东坡的朋友黄山谷所说的话最妙。他说："三日不读，便觉语言无味，面目可憎。"他的意思当然是说，读书使人得到一种优雅和风味，这就是读书的整个目的。而只有抱着这种目的读书，才可以叫做艺术。一个人读书的目的并不是要"改进心智"，因为当他开始想要改进心智的时候，一切读书的乐趣便丧失净尽了。他对自己说："我非读莎士比亚的作品不可，我非读索福客勒斯的作品不可，我非读伊里奥特博士的《哈佛世界杰作集》不可，使我能够成为有教育的人。"我敢说那个人永远不能成为有教育的人。他有一天晚上会强迫自己去读莎士比亚的《哈姆雷特》，读毕好像由一个噩梦中醒转来，除了可以说他已经"读"过《哈姆雷特》之外，并没有得到什么益处。一个人如果抱着义务的意识去读书，便不了解读书的艺术。这种具有义务目的的读书法，和一个参议员在演讲之前阅读文件和报告是相同的。这不是读书，而是寻求业务上的报告和消息。

所以，依黄山谷氏的说话，那种以修养个人外表的优雅和谈吐的风味为目的的读书，才是唯一值得嘉许的读书法。这种外表的优雅显然不是指身体之美。黄氏所说的"面目可憎"，不是指身体上的丑陋。丑陋的脸孔有时也会有动人之美，而美丽的脸孔有时也会令人看来讨厌。我有一个中国朋友，头颅的形状像一颗炸弹，可是看到他却使人欢喜。据我在图画上所看见的西洋作家，脸孔最漂亮的当推吉斯透顿。他的髭须、眼镜、又粗又厚的眉毛，还有两眉间的皱纹，合组而成一个恶魔似的容貌。我们只觉得那个头额中有许许多多的思念在转动，随时会由那对古怪而锐利的眼睛

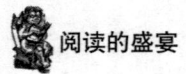
阅读的盛宴

里迸发出来。那就是黄氏所谓美丽的脸孔，一个不是脂粉装扮起来的脸孔，而是纯然由思想的力量创造起来的脸孔。讲到谈吐的风味，那完全要看一个人读书的方法如何。如果读者获得书中的"味"，他便会在谈吐中把这种风味表现出来；如果他的谈吐中有风味，他在写作中也免不了会表现出风味来。

所以，我认为风味或嗜好是阅读一切书籍的关键。这种嗜好与对食物的嗜好一样，必然是有选择性的，属于个人的。吃一个人所喜欢吃的东西终究是最合卫生的吃法，因为他知道吃这些东西在消化方面一定很顺利。读书跟吃东西一样，"在一人吃来是补品，在他人吃来是毒质。"教师不能以其所好强迫学生去读，父母也不能希望子女的嗜好和他们一样。如果读者对他所读的东西感不到趣味，那么所有的时间全都浪费了。袁中郎曰："所不好之书，可让他人读之。"

所以，世间没有什么一个人必读之书。因为我们智能上的趣味像一棵树那样生长着，或像河水那样流着。只要有适当的树液，树便会生长起来，只要泉中有新鲜的泉水涌出来，水便会流着。当水流碰到一个花岗岩石时，它便由岩石的旁边绕过去；当水流涌到一片低洼的溪谷时，它便在那边曲曲折折地流一会儿；当水流涌到一个深山的池塘时，它便恬然停驻在那边；当水流冲下急流时，它便赶快向前涌去。这么一来，虽则它没有费什么气力，也没有一定的目标，可是它终究有一天会到达大海。世上无人人必读的书，只有在某时某地，某种环境和生命中的某个时期必读的书。我认为读书和婚姻一样，是命运注定的或阴阳注定的。纵使某一本书，如《圣经》之类，是人人必读的，读这种书也有一定的时候。当一个人的思想和经验还没有达到阅读一本杰作的程度时，那本杰作只会留下不好的滋味。孔子曰："五十以学《易》。"便是说，四十五岁的时候尚不可读《易经》。孔子在《论语》中的训言那冲淡温和的味道，以及他的成熟的智慧，非到读者自己成熟的时候是不能欣赏的。

且同一本书，同一读者，一时可读出一时之味道来。其景况适如看一名人相片，或读名人文章，未见面时，是一种味道，见了面交谈之后，再看其相片，或读其文章，自有另外一层深切的理会。或是与其人绝交以后，看其照片，读其文章，亦另有一番味道。四十学《易》是一种味道，到五十岁看过更多的人世变故的时候再去学《易》，又是一种味道。所以，一切好书重读起来都可以获得新的益处和乐趣。我在大学的时代被学校强迫去读《西行记》（Westward Ho！）和《亨利·埃士蒙》（*Henry Esmond*），可是我在十余岁的时候虽能欣赏《西行记》的好处，《亨利·埃士蒙》的真滋味却完全体会不到。后来渐渐回想起来，才疑心该书中的风味一定比我当时所能欣赏的要丰富得多。

由是可知读书有两方面，一是作者，一是读者。对于所得的实益，读者由他自己的见识和经验所贡献的分量，是和作者自己一样多的。宋儒程伊川谈到孔子的《论语》时说："读《论语》，有读了全然无事者；有读了后，其中得一两句喜者；有读了后，知好之者；有读了后，直有不知手之舞足之蹈之者。"

我认为一个人发现他最爱好的作家，乃是他的知识发展上最重要的事情。世间确有一些人的心灵是类似的，一个人必须在古今的作家中，寻找一个心灵和他相似的作家。他只有这样才能够获得读书的真益处。一个人必须独立自主去寻出他的老师来，没有人知道谁是你最爱好的作家，也许甚至你自己也不知道。这跟一见倾心一样。人家不能叫读者去爱这个作家或那个作家，可是当读者找到了他所爱好的作家时，他自己就本能地知道了。关于这种发现作家的事情，我们可以提出一些著名的例证。有许多学者似乎生活于不同的时代里，相距多年，然而他们思想的方法和他们的情感却那么相似，使人在一本书里读到他们的文字时，好像看见自己的肖像一样。以中国人的语言说来，我们说这些相似的心灵是同一个灵魂的化身。例如，有人说苏东坡是庄子或陶渊明转世的，袁中郎是苏东坡转世

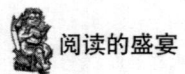

的。苏东坡说,当他第一次读庄子的文章时,他觉得他自从幼年时代起似乎就一直在想着同样的事情,抱着同样的观念。当袁中郎有一晚在一本小诗集里,发现一个名叫徐文长的同代无名作家时,他由床上跳起,向他的朋友呼叫起来。他的朋友开始拿那本诗集来读,也叫起来。于是两人叫了复读,读了复叫,弄得他们的仆人疑惑不解。乔治·伊里奥特(George Eliot)说她第一次读到卢骚的作品时,好像受了电流的震击一样。尼采对于叔本华也有同样的感觉,可是叔本华是一个乖张易怒的老师,而尼采是一个脾气暴躁的弟子,所以这个弟子后来反叛老师,是很自然的事情。

  苏东坡曾做过一件卓绝的事情:他步陶渊明诗集的韵,写出整篇的诗来。在这些《和陶诗》后,他说他自己是陶渊明转世的;这个作家是他一生最崇拜的人物。

  只有这种读书方法,只有这种发现自己所爱好的作家的读书方法,才有益处可言。像一个男子和他的情人一见倾心一样,什么都没有问题了。她的高度,她的脸孔,她的头发的颜色,她的声调,和她的言笑,都是恰到好处的。一个青年认识一个作家,是不必经他的教师指导的。这个作家是恰合他的心意的;他的风格,他的趣味,他的观念,他的思想方法,都是恰到好处的。于是读者开始把这个作家所写的东西全都拿来读了,因为他们之间有一种心灵上的联系,所以他把什么东西都吸收进去,毫不费力地消化了。这个作家自会有魔力吸引他,而他也乐得为其所吸引;过了相当的时候,他自己的声音相貌,一颦一笑,便渐与那个作家相似。这么一来,他真的浸润在他的文学情人的怀抱中,而由这些书籍中获得他的灵魂的食粮。过了几年之后,这种魔力消失了,他对这个情人有点感到厌倦,开始寻找一些新的文学情人。到他已经有过三四个情人,而把他们吃掉之后,他自己也成为一个作家了。有许多读者永不曾堕入情网,正如许多青年男女只会卖弄风情,而不能钟情于一个人。随便那个作家的作品,他们都可以读,一切作家的作品,他们都可以读,他们是不会有什么成就的。

读书的艺术

这么一种读书艺术的观念，把那种视读书为责任或义务的见解完全打破了。在中国，常常有人鼓励学生"苦学"。有一个实行苦学的著名学者，有一次在夜间读书的时候打盹，便拿锥子在股上一刺。又有一个学者在夜间读书的时候，叫一个丫头站在他的旁边，看见他打盹便唤醒他。这真是荒谬的事情。如果一个人把书本排在面前，而在古代智慧的作家向他说话的时候打盹，那么，他应该干脆地上床去睡觉。把大针刺进小腿或叫丫头推醒他，对他都没有一点好处。这么一种人已经失掉一切读书的趣味了。有价值的学者不知道什么叫做"磨练"，也不知道什么叫做"苦学"。他们只是爱好书籍，情不自禁地一直读下去。

这个问题解决之后，读书的时间和地点的问题也可以找到答案。读书没有合宜的时间和地点。一个人有读书的心境时，随便什么地方都可以读书。如果他知道读书的乐趣，他无论在学校内或学校外，都会读书，无论世界有没有学校，也都会读书。他甚至在最优良的学校里也可以读书。曾国藩在一封家书中，谈到他的四弟拟入京读较好的学校时说："苟能发奋自立，则家塾可读书；即旷野之地，热闹之场，亦可读书，负薪牧豕，皆可读书。苟不能发奋自立，则家塾不宜读书，即清净之乡，神仙之境，皆不能读书。"有些人要读书的时候，在书台前装腔作势，埋怨说他们读不下去，因为房间太冷，板凳太硬，或光线太强。也有些作家埋怨说他们写不出东西来，因为蚊子太多，稿纸发光，或马路上的声响太嘈杂。宋代大学者欧阳修说他的好文章都在"三上"得之，即枕上、马上和厕上。有一个清代的著名学者顾千里，据说在夏天有"裸体读经"的习惯。在另一方面，一个人不好读书，那么，一年四季都有不读书的正当理由：

春天不是读书天，
夏日炎炎最好眠，
等到秋来冬又至，

阅读的盛宴

不如等待到来年。

那么,什么是读书的真艺术呢?简单的答案就是:有那种心情的时候便拿起书来读。一个人读书必须出其自然,才能够彻底享受读书的乐趣。他可以拿一本《离骚》或奥玛开俨(Omar Khayyam,波斯诗人)的作品,牵着他爱人的手到河边去读。如果天上有可爱的白云,那么,让他们读白云而忘掉书本吧,或同时读书本和白云。在休憩的时候,吸一筒烟或喝一杯好茶则更妙不过。或许在一个雪夜,坐在火炉前,炉上的水壶铿铿作响,身边放一盒淡巴菰,一个人拿了十数本哲学、经济学、诗歌、传记的书,堆在长椅上,然后闲逸地拿起几本来翻一翻,找到一本爱读的书时,便轻轻点起烟来吸着。金圣叹认为雪夜闭户读禁书,是人生最大的乐趣。陈继儒(眉公)描写读书的情调,最为美妙:"古人称书画为丛笺软卷,故读书开卷以闲适为尚。"在这种心境中,一个人对什么东西都能够容忍了。此位作家又曰:"真学士不以鲁鱼亥豕为意,好旅客登山不以路恶难行为意,看雪景者不以桥不固为意,卜居乡间者不以俗人为意,爱看花者不以酒劣为意。"

关于读书的乐趣,我在中国最伟大的女诗人李清照(易安,1081—1141年)的自传里,找到一段最佳的描写。她的丈夫在太学作学生,每月领到生活费的时候,他们夫妻总立刻跑到相国寺去买碑文、水果,回来夫妻相对展玩咀嚼,一面剥水果,一面赏碑帖,或者一面品佳茗,一面校勘各种不同的板本。他在《金石录后序》这篇自传小记里写道:

余性偶强记,每饭罢,坐归来堂烹茶,指堆积书史,言某事在某书某卷第几页第几行,以中否角胜负,为饮茶先后。中即举杯大笑,至茶倾覆怀中,反不得饮而起。

甘心老是乡矣!故虽外忧患困穷而志不屈……于是几案罗列,枕席枕藉，意会心谋，目往神授，乐在声、色、狗、马之上……

这篇小记是她晚年丈夫已死的时候写的。当时她是个孤独的女人，因金兵侵入华北，只好避乱南方，到处漂泊。

书籍和财色

鲁迅

今年在上海所见,专以小孩子为对手的糖担,十有九带了赌博性了,用一个铜元,经一种手续,可有得到一个铜元以上的糖的希望。但专以学生为对手的书店,所给的希望却更其大,更其多——因为那对手是学生的缘故。

书籍用实价,废去"码洋"的陋习,是始于北京的新潮社——北新书局的,后来上海也多仿行,盖那时改革潮流正盛,以为买卖两方面,都是志在改进的人(书店之以介绍文化者自居,至今还时见于广告上),正不必先定虚价,再打折扣,玩些互相欺骗的把戏。然而将麻雀牌送给世界,且以此自豪的人民,对于这样简捷了当,没有意外之利的办法,是终于耐不下去的。于是老病出现了,先是小试其技:送画片。继而打折扣,自九折以至对折,但自然又不是旧法,因为总有一个定期和原因,或者因为学校开学,或者因为本店开张一年半的纪念之类。花色一点的还有赠丝袜,请吃冰淇淋,附送一只锦盒,内藏十件宝贝,价值不资。更加见得切实,然而确是惊人的,是定一年报或买几本书,便有得到"劝学奖金"100元或"留学经费"二千元的希望。洋场上的"轮盘赌",付给赢家的钱,最多也不过每一元付了36元,真不如买书,那"希望"之大,远甚远甚。

我们的古人有言,"书中自有黄金屋",现在渐在实现了。但后一句,

"书中自有颜如玉"呢?

日报所附送的画报上,不知为了什么缘故而登载的什么"女校高材生"和什么"女士在树下读书"的照相之类,且作别论,则买书一元,赠送裸体画片的勾当,是应该举为带着"颜如玉"气味的一例的了。在医学上,"妇人科"虽然设有专科,但在文艺上,"女作家"分为一类却未免滥用了体质的差别,令人觉得有些特别的。但最露骨的是张竞生博士[注]所开的"美的书店",曾经对面呆站着两个年青脸白的女店员,给买主可以问她"《第三种水》出了没有?"等类,一举两得,有玉有书。可惜"美的书店"竟遭禁止。张博士也改弦易辙,去译《卢骚忏悔录》,此道遂有中衰之叹了。

书籍的销路如果再消沉下去,我想,最好是用女店员卖女作家的作品及照片,仍然抽彩,给买主又有得到"劝学","留学"的款子的希望。

[注]张竞生,广东饶平人,法国巴黎大学哲学博士,曾任北京大学教授。著有《美的人生观》、《美的社会组织法》等。1926年起在上海编辑《新文化》月刊,1927年开设美的书店(不久即被封闭),宣传色情文化。"第三种水"指女性性生活中的分泌物。张在所编《性史》一书中曾论及"第三种水"。

书房

梁实秋

书房，多么典雅的一个名词！很容易令人联想到一个书香人家。书香是与铜臭相对峙的。其实书未必香，铜亦未必臭。周彝商鼎，古色斑斓，终日摩挲亦不觉其臭，铸成钱币才沾染市侩味，可是不复流通的布帛刀错又常为高人赏玩之资。

书之所以为香，大概是指松烟油墨印上了毛边连史，从不大通风的书房里散发出来的那一股怪味，既不是桂馥兰薰，也不是霉烂馊臭，是一股混合的难以形容的怪味。这种怪味只有书房里才有，而只有士大夫人家才有书房。书香人家之得名大概是以此。

寒窗之下苦读的学子多半是没有书房的，囊萤凿壁的就更不用说。所以对于寒苦的读书人，书房是可望而不可即的豪华神仙世界。伊士珍《琅嬛记》说："张华游于洞宫，遇一人引至一处。别是天地，每室各有奇书，华历观诸室书，皆汉以前事，多所未闻者，问其地，曰：'琅嬛福地也。'"这是一位读书人希求一个理想的读书之所，乃托之于神仙梦境。其实除了赤贫的人饔飧不继谈不到书房外，一般的读书人，如果肯要一个书房，还是可以好好布置出一个来的。有人分出一间房子养来亨鸡，也有人分出一间房子养狗，就是匀不出一间做书房。我还见过一位富有的知识分子，他不但没有书房，更没有书桌，我亲见他的公子趴在地板上读书，他的女公子用一块木板在沙发上写字。

书房

一个正常的良好人家，每个孩子都应该拥有一个书桌，主人应该拥有一间书房。书房的用途是庋藏图书并可读书写作于其间，不是用以公开展览藉以骄人的。"丈夫拥有万卷书，何假南面百城！"这种话好像是很潇洒而狂傲，其实是心尚未安无可奈何的解嘲语，徒见其不丈夫。书房不在大，亦不在设备佳，适合自己的需要便是。局促在几尺宽的走廊一角，只要放得下一张书桌，依然可以作为一个读书写作的工厂，大量出货。光线要好，空气要流通，红袖添香是不必要的，既没有香，"素腕举，红袖长"反倒会令人心有别注。书房的大小好坏，和一个人读书写作的成绩之多少高低，往往不成正比例。有好多著名的作品是在监狱里写就的。

我看见过的考究书房当推宋春舫先生的褐木庐为第一，在青岛的一个小小的山头上。这书房并不与其寓邸相连，是单独的一栋。环境清幽，只有鸟语花香，没有尘嚣市扰。《太平清话》说："李德茂环积坟籍，名曰书城。"我想那书城未必能和褐木庐相比。在这里，所有的图书都是放在玻璃柜里，柜让人高，但不及栋。我记得藏书是以法文戏剧为主。所有的书都是精装，不全是 buckram（硬胶粗布），有些是真的小牛皮装订（half calf, oozecalf, etc），烫金的字在书脊上排着队闪闪发亮。也许这已经超过了书房的标准，微近于藏书楼的性质，因为他还有一册精印的书目，普通的读书人谁也不会把他书房里的图书编目。

周作人先生在北平八道湾的书房，原名苦雨斋，后改为苦茶庵，不离苦的味道。小小的一幅横额是沈尹默写的。北平式的平房，书房占据了里院上房三间，两明一暗。里面一间是知堂老人读书写作之处，偶然也延客品茗，几净窗明，一尘不染。书桌上文房四宝井然有致。外面两间像是书库，约有十个八个书架立在中间，图书中西兼备，日文书数量很大。真不明白苦茶庵的老和尚怎么会掉进了泥淖一辈子洗不清！

闻一多的书房，和闻一多先生的书桌一样，充实、有趣而乱。他的书全是中文书，而且几乎全是线装书。在青岛的时候，他仿效青岛大学图书

 阅读的盛宴

馆庋藏中文图书的办法,给成套的中文书装制蓝布面,用白粉写上宋体字的书名,直立在书架上。这样的装备应该是很整齐可观了,但是主人要作考证,东一部西一部的图书便要从书架上取下来参加獭祭的行列了,其结果是短榻上、地板上、唯一的一把木根雕制的太师椅上,全都是书。那把太师椅玲珑帮硬,可以入画,不宜坐人,其实亦不宜于堆书,却是他书斋中最惹眼的一个点缀。

潘光旦在清华南院的书房另有一种情趣。他是以优生学专家的素养来从事我国谱牒学研究的学者,他的书房收藏这类图书极富。他喜欢用书榥,那就是用两块木板将一套书夹起来,立在书架上。他在每套书上系一根竹制的书签,签写上书名。这种书签实在很别致,不知杜工部《将赴草堂途中有作》所谓"书签药里封尘网"的书签是否即系此物。光旦一直在北平,失去了学术研究的自由,晚年丧偶,又复失明,想来他书房中那些书签早已封尘网了!

汗牛充栋,未必是福。丧乱之中,牛将安觅?多少爱书的人士都把他们苦心聚集的图书抛弃了,而且再也鼓不起勇气重建一个像样的书房。

藏书而充栋,确有其必要。例如,从前我家有一部小字本的图书集成,摆满上与梁齐的靠着整垛山墙的书架,取上层的书须用梯子,爬上爬下很不方便,可是充栋的书架有时仍是不可少。我来台湾后,一时兴起,兴建了一个连在墙上的大书架,邻居绸缎商来参观,叹曰:"造这样大的木架有什么用,给我摆列绸缎尺头倒还合用。"他的话是不错的,书不能令人致富。书还给人带来麻烦,能像郝隆那样七月七日在太阳底下晒肚子就好,否则不堪衣食之扰,真不如尽量的把图书塞入腹笥,晒起来方便,运起来也方便。如果图书都能做成"显微胶片"纳入腹中,或者放映在脑子里,则书房就成为不必要的了。

书籍是心灵之窗

亨利·比彻

　　书籍是人的心灵得以向外舒展的窗户。一个家庭没有书的话，简直就像一所房子没有窗户。任何人只要有买书的能力，他就没有权利让他的孩子生长在没有书籍陪伴的环境之中。不给孩子们买书是一个很严重的错误，几乎等于对孩子的蒙骗！孩子们就是依靠在书籍中身临其境地体会生活来领悟到阅读的方法和乐趣的。

　　对知识的热爱是从阅读书籍中产生的，并且随着阅读量的增加越来越深入心灵。而对一个尚不谙世事的年轻人来说，对知识的热爱几乎就是让他远离肤浅、堕落的低级娱乐的保证。让我们来可怜那些腰缠万贯却无聊地居住在没有书籍的屋子里的富人吧！同时，也让我们来祝贺那些清贫的人，因为在我们这个时代，书籍是这样的便宜，以至我们每个人都可以用买香烟和啤酒的钱来逐年给自己的图书馆增加一百册书。

　　小职员、工人和学徒们最初的雄心壮志都是从读书开始产生的。正是图书馆里的好书让他们决心要把无聊的生活变得越来越有意义，而且随着他们读的书越来越多，他们渴望获得有价值的生活的思想也会越来越强烈。一个小小的图书馆，随着岁月的流逝而逐渐变得庞大，这在任何一个人的生命当中都是一件值得骄傲的事情。一个人有收藏书籍的责任。

　　家庭图书馆并不是一件奢侈品，而是一件生活必需品。

影响我的几本书

 梁实秋

我喜欢书，也还喜欢读书，但是病懒，大部分时间荒嬉掉了！所以实在没有读过多少书。年届而立，才知道发愤，已经晚了。几经丧乱，席不暇暖，像董仲舒三年不窥园，米尔顿五年隐于乡，那样有良好环境专心读书的故事，我只有艳羡。多少年来所读之书，随缘涉猎，未能专精，故无所成。然亦间有几部书对于我个人为学做人之道不无影响。究竟那几部书影响较大，我没有思量过，直到八年前有一天邱秀文来访问我，她提出了这么一个问题，她问我所读之书有哪几部使我受益较大。我略为思索，举出七部书以对，略加解释，语焉不详。邱秀文记录得颇为翔实，亏她细心的联缀成篇，并以标题"梁实秋的读书乐"，后来收入她的一个小册"智者群像"，由时报文化出版公司出版。

最近联副推出一系列文章，都是有关书和读书的，编者要我也插上一脚，并且给我出了一个题目："影响我的几本书"。我当时觉得自己好像是一个考生，遇到考官出了一个我不久以前作过的题目，自以为驾轻就熟，写起来省事，于是色然而喜，欣然应命。题目像是旧的，文字却是新的。这便是我写这篇东西的由来。

水浒传

第一部影响我的书是《水浒传》。我在十四岁进清华才开始读小说，

偷偷的读，因为那时候小说被目为"闲书"，在学校里看小说是悬为厉禁的。但是我禁不住诱惑，偷闲在海淀一家小书铺买到一部《绿牡丹》，密密麻麻的小字，光纸石印本，晚上钻在蚊帐里偷看，也许近视眼就是这样养成的。抛卷而眠，翼晨忘记藏起，查房的斋务员在枕下一摸，手到擒来。斋务主任陈筱田先生唤我前去应询，瞪着大眼厉声咤问："这是嘛？"（天津话"嘛"就是"什么"）随后把书往地上一丢，说"去吧！"算是从轻发落，没有处罚，可是我忘不了那被叱责的耻辱。

我不怕，继续偷看小说，又看了《肉蒲团》、《灯草和尚》、《金瓶梅》等等。这几部小说，并不使我满足，我觉得内容庸俗、粗糙、下流。直到我读到《水浒传》才眼前一亮，觉得这是一部伟大的作品，不愧金圣叹称之为第五才子书，可以和庄、骚、史记、杜诗并列。我一读再读三读，不忍释手。曾试图默诵一百零八条好汉的姓名绰号，大致不差（并不是每一人物都栩栩如生，精彩的不过五分之一。有人说每一个人物都有特色，那是夸张）。也曾试图搜集香烟盒里（是大联珠还是大前门？）一百零八条好汉的图片。

这部小说实在令人著迷。《水浒》作者施耐庵在元末以赐进士出身，生卒年月不详，一生经历我们也不得而知。这没有关系，我们要读的是书。有人说水浒作者是罗贯中，根本不是他，这也没有关系，我们要读的是书。《水浒》有七十回本，有一百回本，有一百十五回本，有一百二十回本，问题重重。整个故事是否早先有过演化的历史而逐渐形成的，也很难说。故事是北宋淮安大盗一伙人在山东寿张县梁山泊聚义的经过，有多大部分与历史符合有待考证。凡此种种都不是重要的事。《水浒传》的主题是"官逼民反，替天行道"。一个个好汉直接间接地吃了官的苦头，有苦无处诉，于是铤而走险，逼上梁山，不是贪图山上的大碗酒大块肉。

官，本来是可敬的。奉公守法公忠体国的官，史不绝书。可是一朝权在手便把令来行的贪污枉法的官却也不在少数。人踏上仕途，很容易被污

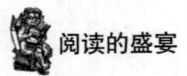
阅读的盛宴

染,会变成另外一种人,他说话的腔调会变,他脸上的筋肉会变,他走路的姿势会变,他的心的颜色有时候也会变。"尔俸尔禄,民脂民膏",过骄奢的生活,成特殊阶级,也还罢了,若是为非作歹,鱼肉乡民,那罪过可就大了。《水浒》写的是平民的一股怨气。不平则鸣,容易得到读者的同情,有人甚至不忍责怪那些非法的杀人放火的勾当。有人以终身不入官府为荣,怨毒中人之深可想。

较近的叛乱事件,义和团之乱是令人难忘的。我生于庚子后二年,但是清廷的糊涂,八国联军之肆虐,从长辈口述得知梗概。义和团是因洋人教士勾结官府压迫人民造成的,其意义和梁山泊起义不同,不过就其动机与行为而言,我怜其愚,我恨其妄,而又不能不寄予多少之同情。义和团不可以一个"匪"字而一笔抹煞。英国俗文学中之罗宾汉的故事,其劫强济贫目无官府的游侠作风之所以能赢得读者的赞赏,也是因为它能伸张一般人的不平之感。我读了《水浒》之后,认识了人间的不平。

我对于水浒有一点极为不满,作者好像对于女性颇不同情。《水浒》里的故事对于所谓奸夫淫妇有极精采的描写,而显然的对于女性特别残酷。这也许是我们传统的大男人主义,一向不把女人当人,即使当作人也是次等的人。女人有所谓贞操,而男人无。《水浒》为人抱不平,而没有为女人抱不平。这虽不足为《水浒》病,但是《水浒》对于欣赏其不平之鸣的读者在影响上不能不打一点折扣。

胡适文存

第二部书该数《胡适文存》。胡先生在我们同一时代,长我十一岁,我们很容易忽略其伟大,其实他是我们这一代人在思想学术道德人品上最为杰出的一个。我读他的文存的时候,尚在清华没有卒业。他影响我的地方有三:

一是他的明白清楚的白话文。明白清楚并不是散文艺术的极致，却是一切散文必须具备的起码条件。他的文学改良刍议，现在看起来似嫌过简，在当时是震聋发聩的巨著。他对白话文学史的看法，他对于文学（尤其是诗）的艺术的观念，现在看来都有问题。例如，他直到晚年还坚持说律诗是"下流"的东西，骈四俪六当然更不在他眼里。这是他的偏颇见解。可是在五四前后，文章写得像他那样明白晓畅不枝不蔓的能有几人？我早年写作，都是以他的文字作为模仿的榜样。不过我的文字比较杂乱，不及他的纯正。

二是他的思想方法。胡先生起初倡导杜威的实证主义，后来他就不弹此调。胡先生有一句话，"不要被别人牵著鼻子走！"像是给人的当头棒喝。我从此不敢轻信人言。别人说的话，是者是之，非者非之，我心目中不存有偶像。胡先生曾为文批评时政，也曾为文对什么主义质疑，他的几位老朋友劝他不要发表，甚至要把已经发排的稿件擅自抽回，胡先生说："上帝尚且可以批评，什么人什么事不可批评？"他的这种批评态度是可佩服的。从大体上看，胡先生从不侈言革命，他还是一个"儒雅为业"的人，不过他对于往昔之不合理的礼教是不惜加以批评的。曾有人家里办丧事，求胡先生"点主"，胡先生断然拒绝，并且请他阅看《胡适文存》里有关"点主"的一篇文章，其人读了之后翕然诚服。胡先生对于任何一件事都要寻根问底，不肯盲从。他常说他有考据癖，其实也就是独立思考的习惯。

三是他的认真严肃的态度。胡先生说他一生没写过一篇不用心写的文章，看他的文存就可以知道确是如此，无论多小的题目，甚至一封短札，他也是像狮子搏兔似的全力以赴。他在庐山偶然看到一个和尚的塔，他作了八千多字的考证。他对于《水经注》所下的工夫是惊人的。曾有人劝他移考证《水经注》的工夫去做更有意义的事，他说不，他说他这样做是为了要把研究学问的方法传给后人。我对于《水经注》没有兴趣，胡先生的

阅读的盛宴

著作我没有不曾读过的,唯《水经注》是例外。可是他治学为文之认真的态度,是我认为应该取法的。

有一次他对几个朋友说,写信一定要注明年月日,以便查考。我们明知我们的函件将来没有人会来研究考证,何必多此一举?他说不,要养成这个习惯。我接受他的看法,年月日都随时注明。有人写信谨注月日而无年份,我看了便觉得缺憾。我译"莎士比亚",大家知道,是由于胡先生的倡导。当初约定一年译两本,20年完成,可是我拖了30年。胡先生一直关注这件工作,有一次他由台湾飞到美国,随身携带在飞机上阅读的书包括《亨利四世·下篇》的译本。他对我说他要看看中译的"莎士比亚"能否令人看得下去。我告诉他,能否看得下去我不知道,不过我是认真翻译的,没有随意删略,没敢潦草。他说俟全集译完之日为我举行庆祝,可惜那时他已经不在了。

卢梭与浪漫主义

第三本书是白璧德的《卢梭与浪漫主义》。白璧德(Irving Babbitt)是哈佛大学教授,是一位与时代潮流不合的保守主义学者,我选过他的《英国16世纪以后的文学批评》一课,觉得他很有见解,不但有我们前所未闻的见解,而且是和我自己的见解背道而驰。于是我对他发生了兴趣。我到书店把他的五种著作一古脑儿买回来读,其中最有代表性的是他这一本《卢梭与浪漫主义》。他毕生致力于批判卢梭及其代表的浪漫主义,他针砭流行的偏颇的思想,总是归根到卢梭的自然主义。有一幅漫画讽刺他,画他匍匐地面揭开被单窥探床下有无卢梭藏在底下。

白璧德的思想主张,我在《学衡》杂志所刊吴宓、梅光迪几位介绍文字中已略为知其一二,只是《学衡》固执的使用文言,对于一般受了五四洗礼的青年很难引起共鸣。我读了他的书,上了他的课,突然感到他的见解平正通达，而且切中时弊。我平夙心中蕴结的一些浪漫情操几为之一扫而空。我开始省悟，五四以来的文艺思潮应该根据历史的透视而加以重估。我在学生时代写的第一篇批评文字《中国现代文学之浪漫的趋势》，就是在这个时候写的。随后我写的《文学的纪律》、《文人有行》，以至于较后对于辛克莱《拜金艺术》的评论，都可以说是受了白璧德的影响。

白璧德对东方思想颇有渊源，他通晓梵文经典及儒家与老庄的著作。《卢梭与浪漫主义》有一篇很精采的附录论老庄的"原始主义"，他认为卢梭的浪漫主义颇有我国老庄的色彩。白璧德的基本思想是与古典的人文主义相呼应的新人文主义。他强调人生三境界，而人之所以为人在于他有内心的理性控制，不令感情横决。这就是他念念不忘的人性二元论。中庸所谓"天命之谓性，率性之谓道，修道之谓教"，孔子所说的"克己复礼"，正是白璧德所乐于引证的道理。他重视的不是 élanvital（柏格森所谓的"创造力"），而是 élanfroin（克制力）。一个人的道德价值，不在于做了多少事，而是在于有多少事他没有做。

白璧德并不说教，他没有教条，他只是坚持一个态度——健康与尊严的态度。我受他的影响很深，但是我不曾大规模的宣扬他的作品。我在新月书店曾经辑合《学衡》上的几篇文字为一小册印行，名为《白璧德与人文主义》，并没有受到人的注意。若干年后，宋淇先生为美国新闻处编译一本《美国文学批评》，其中有一篇是《卢梭与浪漫主义》的一章，是我应邀翻译的，题目好像是《浪漫的道德》。30 年代左倾仁兄们鲁迅及其他人谥我为"白璧德的门徒"，虽只是一顶帽子，实也当之有愧，因为白璧德的书并不容易读，他的理想很高也很难身体力行，称为门徒谈何容易！

隽语与谶言

第四本书是叔本华的《隽语与谶言》（*Maxims and Counsels*）。这位举

阅读的盛宴

世闻名的悲观哲学家,他的主要作品《The World as Will and Idea》我没有读过,可是这部零零碎碎的札记性质的书却给我莫大的影响。

叔本华的基本认识是:人生无所谓幸福,不痛苦便是幸福。痛苦是真实的、存在的、积极的;幸福则是消极的,并无实体的存在。没有痛苦的时候,那种消极的感受便是幸福。幸福是一种心理状态,而非实质的存在。基于此种认识,人生努力的方向应该是尽量避免痛苦,而不是追求幸福,因为根本没有幸福那样的一个东西。能避免痛苦,幸福自然就来了。

我不觉得叔本华的看法是诡辩。不过避免痛苦不是一件简单的事,需要慎思明辨,更需要当机立断。

对文明的反叛

第五部书是斯陶达的《对文明的反叛》(*Lothrop Stoddard: The Revolt against Civilization*)。这不是一部古典名著,但是影响了我的思想。民国十四年,潘光旦在纽约哥伦比亚大学念书,住在黎文斯通大厦。有一天我去看他,他顺手拿起这一本书,竭力推荐要我一读。光旦是优生学者,他不但赞成节育,而且赞成"普罗列塔利亚"(proletaire,无产阶级)少生孩子,优秀的知识分子多生孩子,只有这样做,民族的品质才有希望提高。一人一票的"德谟克拉西"(democracy,民主政治)是不合理的,古希腊的"亚里士多克拉西"(aristocracy,贵族政治)较近于理想。他推崇孔子,但不附和孟子的平民之说。他就是这样有坚定信念而非常固执的一位学者。他郑重推荐这一本书,我想必有道理,果然。

斯陶达的生平不详,我只知道他是美国人,1883年生,1950年卒,《对文明的反叛》出版于1922年,此外还有《欧洲种族的实况》(1924年)、《欧洲与我们的钱》(1932年)及其他。这本《对文明的反叛》的大意是:私有财产为人类文明的基础。有了私有财产制度,然后人类生活型态，包括家庭的、社会的、政治的、经济的各方面，才逐渐发展而成为文明。马克思与恩格斯于1848年发表的一个小册子《共产党宣言》(*Manifost der Kommuniston*)，声言私有财产为一切罪恶的根源，要彻底废除私有财产制度，言激而辩。斯陶达认为这是反叛文明，是对整个人类文明的打击。

文明发展到相当阶段会有不合理的现象，也可称之为病态。所以有心人就要想法改良补救，也有人就想象一个理想中的黄金时代，悬为希望中的目标。礼记礼运所谓的"大同"，虽然孔子说"大道之行也，与三代之英，丘未之逮也"，实则大同乃是理想世界，在尧舜时代未必实现过，就是禹、汤、文武周公的"小康之治"恐怕也是想当然耳。西洋哲学家如柏拉图、如斯多亚派创始者季诺（Zeno）、如陶斯玛·摩尔及其他，都有理想世界的描写。耶稣基督也是常以慈善为教，要人共享财富。许多教派都不准僧侣自蓄财产。英国诗人柯勒律芝与骚赛（Southey）在1794年根据卢梭与高德文（Godwin）的理想，居然想到美洲的宾夕凡尼亚去创立一个共产社区，虽然因为缺乏经费而未实现，其不满于旧社会的激情可以想见。不满于文明社会之现状，是相当普遍的心理。凡是有同情心和正义感的人对于贫富悬殊壁垒分明的现象无不深恶痛绝。不过从事改善是一回事，推翻私有财产制度又是一回事。至若以整个国家甚至以整个世界孤注一掷的做一个渺茫的理想的实验，那就太危险了。文明不是短期能累积起来的，却可毁灭于一旦。斯陶达心所谓危，所以写了这样的一本书。

六祖坛经

第六部书是《六祖坛经》。我与佛教本来毫无瓜葛。抗战时在北碚缙云山上缙云古寺偶然看到太虚法师领导的汉藏理学院，一群和尚在翻译佛经，香烟缭绕，案积贝多树叶帖帖然，字斟句酌，庄严肃穆。佛经的翻

 阅读的盛宴

译原来是这样谨慎而神圣的,令人肃然起敬。知客法舫,彼此通姓名后得知他是《新月》的读者,相谈甚欢,后来他送我一本他作的《金刚经讲话》,我读了也没有什么领悟。(民国)38 我在广州,中山大学外文系主任林文铮先生是一位狂热的密宗信徒,我从他那里借到《六祖坛经》,算是对于禅宗作了初步的接触,谈不上了解,更谈不到开悟。在丧乱中我开始思索生死这一大事因缘。在六榕寺瞻仰了六祖的塑像,对于这位不识字而能顿悟佛理的高僧有无限的敬仰。

《六祖坛经》不是一人一时所作,不待考证就可以看得出来,可是禅宗大旨尽萃于是。禅宗主张不立文字,但阐明宗旨还是不能不借重文字。据我浅陋的了解,禅宗主张顿悟,说起来简单,实则甚为神秘。棒喝是接引的手段,公案是参究的把鼻。说穿了,即是要人一下子打断理性的逻辑的思维,停止常识的想法,蓦然一惊之中灵光闪动,于是进入一种不思善、不思恶、无生、无死、不生、不死的心理状态。在这状态之中得见自心自性,是之谓明心见性,是之谓言下顿悟。

有一次我在胡适之先生面前提起铃木大拙,胡先生正色曰:"你不要相信他,那是骗人的!"我不作如是想。铃木不像是有意骗人,他可能确是相信禅宗顿悟的道理。胡先生研究禅宗历史十分渊博,但是他自己没有做修持的功夫,不曾深入禅宗的奥秘。事实上他无法打入禅宗的大门,因为禅宗大旨本非理性的文字所能解析说明,只能用简略的象征文字来暗示。另外,铃木也未便以胡先生为门外汉而加以轻蔑。因为一进入文字辩论的范围,便必须使用理性的逻辑的方式才足以服人。禅宗的境界用理性逻辑的文字怎样解释也说不明白,需要自身体验,如人饮水,冷暖自知。所以我看胡适铃木之论战根本是不必要的,因为两个人不站在一个层次上。一个说有鬼,一个说没有鬼,能有结论么?

我个人平夙的思想方式近于胡先生类型,但是我也容忍不同的寻求真理的方法。《哈姆雷特》一幕二景,哈姆雷特看见鬼之后对于来自威吞堡

的学者何瑞修说:"宇宙间无奇不有,不是你的哲学全能梦想得到的。"我对于禅宗的奥秘亦作如是观。《六祖坛经》是我最初亲近的佛书,带给我不少喜悦,常引我作超然的遐思。

英雄与英雄崇拜

第七部书是卡赖尔的《英雄与英雄崇拜》(*On Heroes Hero worship and the Heroic in History*),原是一系列的演讲,刊于1841年。卡赖尔的文笔本来是汪洋恣肆,气势不凡,这部书因为原是讲稿,语气益发雄浑,滔滔不绝的有雷霆万钧之势。他所谓的英雄,不是专指擎旗斩将攻城掠地的武术高超的战士而言,举凡卓越等伦的各方面的杰出人才,他都认为是英雄,如神祇、先知、国王、哲学家、诗人、文人都可以称为英雄,如果他们能做人民的领袖、时代的前驱、思想的导师。

卡赖尔对于人类文明的历史发展有一基本信念,他认为人类文明是极少数的领导人才所创造的。少数的杰出人才有所发明,于是大众跟进。没有睿智的领导人物,浑浑噩噩的大众就只好停留在浑浑噩噩的状态之中。证之于历史,确是如此。这种说法和孙中山先生所说"先知先觉、后知后觉、不知不觉",若合符节。卡赖尔的说法,人称之为"伟人学说"(Great Man Theory)。他说政治的妙谛在于如何把有才智的人放在统治者的位置上去。他因此而大为称颂我们的科举取士制度。不过他没有注意到取士的标准大有问题,所取之士的品质也就大有问题。好人出头是他的理想,他憧憬的是贤人政治。他怕听"拉平者"(Levellers)那一套议论,因为人有贤与不肖,根本不平等。仅管尽力拉平世间的不平等的现象,领导人才与人民大众对于文明的贡献究竟不能等量齐观。

我接受卡赖尔的伟人学说,但是我同时强调伟人的品质。尤其是政治上的伟人责任重大,如果他的品质稍有问题,例如轻言改革,囿于私见,涉

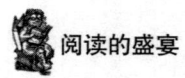

及贪婪，用人不公，立刻就会灾及大众，祸国殃民。所以我一面崇拜英雄，一面深厌独裁。我愿他泽及万民，不愿他成为偶像。卡赖尔不信时势造英雄，他相信英雄造时势。我想是英雄与时势交相影响。卡赖尔受德国菲士特（Fichte）的影响，以为一代英雄之出世涵有"神意"（"divine idea"），又受喀尔文（Calvin）一派清教思想的影响，以为上帝的意旨在指挥英雄人物。这种想法现已难以令人相信。

沉思录

第八部书是玛克斯·奥瑞利斯（Marcus Aurelius Antoninus）的《沉思录》（Meditations），这是西洋斯托亚派哲学最后一部杰作，原文是希腊文，但是译本极多，单是英文译本自17世纪起至今已有200多种。在我国好像注意到这本书的人不多。我在民国四十八年将此书译成中文，由协志出版公司印行。作者是1800多年前的罗马帝国的皇帝，以皇帝之尊而成为苦修的哲学家，并且给我们留下这样的一部书真是奇事。

斯托亚派哲学涉及三个部门：物理学、论理学、伦理学。这一派的物理学，简言之，即是唯物主义加上泛神论，与柏拉图之以理性概念为唯一真实存在的看法正相反。斯托亚派认为只有物质的事物才是真实的存在，但是物质的宇宙之中偏存着一股精神力量，此力量以不同的形式出现，如人，如气，如精神，如灵魂，如理性，如主宰一切的原理，皆是。宇宙是神，人所崇奉的神祇只是神的显示。神话传说全是寓言。人的灵魂是从神那里放射出来的，早晚还要回到那里去。主宰一切的神圣原则即是使一切事物为了全体利益而合作。人的至善的理想即是有意识的为了共同利益而与天神合作。

至于这一派的论理学则包括两部分，一是辩证法，一是修辞学，二者都是思考的工具，不太重要。

玛克斯最感兴趣的是伦理学。按照这一派哲学，人生最高理想是按照宇宙自然之道去生活。所谓"自然"不是任性放肆之意，而是上面说到的宇宙自然。人生除了美德无所谓善，除了罪行无所谓恶。美德有四：一为智慧，所以辨善恶；二为公道，以便应付一切悉合分际；三为勇敢，藉以终止痛苦；四为节制，不为物欲所役。人是宇宙的一部分，所以对宇宙整体负有义务，应随时不忘本分，致力于整体利益。有时自杀也是正当的，如果生存下去无法善尽做人的责任。

《沉思录》没有明显的提示一个哲学体系，作者写这本书是在做反省的工夫，流露出无比的热诚。我很向往他这样的近于宗教的哲学。他不信轮回不信往生，与佛说异，但是他对于生死这一大事因缘却同样的不住的叮咛开导。佛示寂前，门徒环立，请示以后当以谁为师。佛说："以戒为师。"戒为一切修行之本，无论根本五戒、沙弥十戒、比丘二百五十戒，以及菩萨十重四十八轻之性戒，其要义无非是克制。不能持戒，还说什么定慧？佛所斥为外道的种种苦行，也无非是戒的延伸与歪曲。斯托亚派的这部杰作坦示了一个修行人的内心了悟，有些地方不但可与佛说参证，也可以和我国传统的"天行健，君子以自强不息"以及"克己复礼"之说相印证。

英国17世纪剧作家范伯鲁（Vanbrugh）的《旧病复发》（Relapse）里有一个愚蠢的花花大少浮平顿爵士（Lord Foppington），他说了一句有趣的话："读书乃是以别人脑筋制造出的东西以自娱。我以为有风度有身份的人，可以凭自己头脑流露出来的东西而自得其乐。"书是精神食粮。食粮不一定要自己生产，自己生产的不一定会比别人生产的好。而食粮还是我们必不可缺的。

书像是一股洪流，是多年来多少聪明才智的人点点滴滴汇集而成的，很难得有人能毫无凭藉的立地涌现出一部书。读书如交友，也靠缘分，吾人有缘接触的书各有不同。我读书不多，有缘接触了几部难忘的书，有如良师益友，获益匪浅，略如上述。

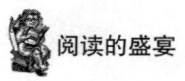 阅读的盛宴

毛姆推崇的十部最伟大的小说

1948年，英国小说家毛姆选出了他认为最伟大的小说家和他们的作品。毛姆在对这些小说进行介绍时写道，"评选十部世界上最著名的小说是毫无意义的举动。"但是在他的文章中，毛姆还是分析了这些作品能够成名的理由——它们满足了想成为作家的人们阅读小说的愿望。人们相信，任何一个阅读完这十部小说的人丝毫不改变自己是不可能的。

- 《汤姆·琼斯》 作者：亨利·菲尔丁
- 《傲慢与偏见》 作者：简·奥斯汀
- 《红与黑》 作者：司汤达
- 高老头 作者：巴尔扎克
- 大卫·科波菲尔 作者：查尔斯·狄更斯
- 呼啸山庄 作者：艾米莉·勃朗特
- 包法利夫人 作者：福楼拜
- 白鲸 作者：梅尔维尔
- 战争与和平 作者：列夫·托尔斯泰
- 卡拉马佐夫兄弟 作者：陀斯妥耶夫斯基

买书

朱自清

买书也是我的嗜好，和抽烟一样。但这两件事我其实都不在行，尤其是买书。在北平这地方，像我那样买，像我买的那些书，说出来真寒碜死人；不过本文所要说的既非诀窍，也算不得经验，只是些小小的故事，想来也无妨的。

广益书局

在家乡中学时候，家里每月给零用一元。大部分都报效了一家广益书局，取回些杂志及新书。那老板姓张，有点儿抽肩膀，老是捧着水烟袋；可是人好，我们不觉得他有市侩气。他肯给我们这班孩子记账。每到节下，我总欠他一元多钱。他催得并不怎么紧；向家里商量商量，先还个一元也就成了。那时候最爱读的一本《佛学易解》（贾丰臻著，中华书局印行）就是从张手里买的。那时候不买旧书，因为家里有。只有一回，不知哪儿来检《文心雕龙》的名字，急着想看，便去旧书铺访求：有一家拿出一部广州套版的，要一元钱，买不起；后来另买到一部，书品也还好，纸墨差些，却只花了小洋三角。这部书还在，两三年前给换上了磁青纸的皮儿，却显得配不上。

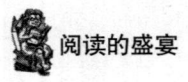

阅读的盛宴

韦伯斯特大字典

到北平来上学入了哲学系,还是喜欢找佛学书看。那时候佛经流通处在西城卧佛寺街鹫峰寺。在街口下了车,一直走,快到城根儿了,才看见那个寺。那是个阴沉沉的秋天下午,街上只有我一个人。到寺里买了《因明入正理论疏》、《百法明门论疏》、《翻译名义集》等。这股傻劲儿回味起来颇有意思;正像那回从天坛出来,挨着城根,独自个儿,探险似地穿过许多没人走的碱地去访陶然亭一样。

在毕业的那年,到琉璃厂华洋书庄去,看见新版韦伯斯特大字典,定价才十四元。可是十四元并不容易找。想来想去,只好硬了心肠将结婚时候父亲给做的一件紫毛(猫皮)水獭领大氅亲手拿着,走到后门一家当铺里去,说当十四元钱。柜上人似乎没有什么留难就答应了。这件大氅是布面子,土式样,领子小而毛杂——原是用了两副"马蹄袖"拼凑起来的。父亲给做这件衣服,可很费了点张罗。拿去当的时候,也踌躇了一下,却终于舍不得那本字典。想着将来准赎出来就是了。想不到竟不能赎出来,这是直到现在翻那本字典时常引为遗憾的。

杜诗

重来北平之后,有一年忽然想搜集一些杜诗。一家小书铺叫文雅堂的给找了不少,都不算贵;那伙计是个麻子,一脸笑,是铺子里少掌柜的。铺子靠他父亲支持,并没有什么好书,去年他父亲死了,他本人不大内行,让伙计吃了,现在长远不来了,他不知怎么样。说起杜诗,有一回,一家书铺送来高丽本《杜律分韵》,两本书,索价三百元。书极不相干而索价如此之高,荒谬之至,况且书面上原购者明明写着"以银二两得之"。

买书

第二天另一家送来一样的书，只要二元钱，我立刻买下。北平的书价，离奇有如此者。

厂甸与伦敦

旧历正月里厂甸的书摊值得看，有些人天天巡礼去。我住的远，每年只去一个下午——上午摊儿少。土地祠内外人山人海摩肩接踵地来往。也买过些零碎东西，其中有一本是《伦敦竹枝词》，花了三毛钱。买来以后，恰好《论语》要稿子，选抄了些寄去，加上一点说明，居然得着五元稿费。这是仅有的一次，买的书赚了钱。

在伦敦的时候，从寓所出来，走过近旁小街。有一家小书店门口摆着一架旧书。上前去徘徊了一下，看见一本《牛津书话选》(*The Book Lover's Anthology*)，烫花布面，装订不马虎，四百多面，本子也不小，准有七八成新，才一先令六便士，那时合中国一元三毛钱，比东安市场旧洋书还贱些。这选本节录许多名家诗文，说到书的各方面的；性质有点像叶德辉氏的《书林清话》，但不像《清话》有系统；他们旨趣原是两样的。因为买这本书，结识了那掌柜的，他以后给我找了不少便宜的旧书。有一种书，他找不到旧的，便和我说，他们批购新书按七五扣，他愿意少赚一扣，按九扣卖给我。我没有要他这么办，但是很感谢他的好意。

买书的惯例

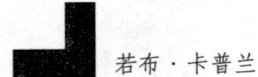
若布·卡普兰

诚然，我们每个人都有一些小癖好，然而藏书家们却似乎有更多的癖好。若布·卡普兰将在本文中详述他用新书充实他的书架和生活的全过程。

尽管我自认为是一个读者而不是一个藏书家，然而事实上，近四十年来我一直在不断地收藏书籍，现在我的书架上已经有了将近4000本书。确实，还有别的人藏书比我多得多——近来我听说一个女人在她纽约的家中收藏了10000本书，所有的旮旯墙角都塞满了——即便如此，我的书百分之百仍然算是我最重要的财产。

四十年来购买4000本书，这就意味着这大半生里的每一年，差不多平均每周要买两本书回家。无心或有意，"买书上架"这件事情已经成了多年来我的一个生活程式，或者一个惯例。虽然这惯例年年都有些小变化，但就我记忆所及却大体无差。

第一步，当然必须得走进书店。（我也通过邮购目录买书，但这又是另一回事。）成百上千次地走进书店，每次踏进大门时仍兴奋不已，就好像比赛开始之前，我从巨人体育馆的看台拾阶而上，看着下面宽阔的绿茵场。对新发现的期待和对未知的探索，总是令我激动不已。

现在我常常随身带着一张购书清单。购书行动开始时我总是带着这张书单，免得随随便便就泡进书店里。当然，这倒不是说我必须要按图索骥，哪怕我只需要买书单上开列的书，书单也仅仅只是一个参考指南。即便如此，我总是给自己一些时间去随便浏览，看看新书专柜，或者流连一番别的主题专柜。最终，找到自己想要的专柜并搜寻想要的书名。

诚然，想要的那本书并不一定就有，但是当我找到它时，心中会充满了启程般的成就感。按捺住兴奋，我把那本书从货架上轻轻拿下来，拿在手上好一会儿，翻看扉页确认它就是我要的那本书。

一般来说，我买书是基于对作者的熟悉、书评和朋友的推荐。严格来说，查看精装书的封套和平装书的封底并没什么必要，但我还是常常这样做。我想，这或许是出于一种责任心，因为我曾经做过图书编辑，我知道编辑们在力求准确无误地介绍内容（这点尤为重要）上的艰辛努力。往往我知道了一本书的大意，我就想要买它了。对我来讲确定购买的最好方法莫过于泛读。

第二步就是要翻开书，小心地翻开扉页和一整本新书（与挑选旧书恰恰相反），轻轻地翻阅那从来没被打开过的书页。小心翼翼地翻着微微颤抖的书页，读着标题页、副标题页，还有——如果是非小说类图书的话，通常还会有内容简介页，一页一页翻下去，直到又回到最开始看的那一页。这可真是一场考验，关系到我决定买还是不买这本书，以及是否选中这本书伴我终生，或是把它放回书架上去。因此我只读第一段，仅仅是第一段就足够了。如果我发现自己对这本书的第一段不感兴趣，连第一段都不想读完，我就把它放回原来的地方。如果那最开始的百十来字恰是我喜欢的——虽然我自己都没个明确的标准——我就决定好要买下它了。

但是，到了这一步我还没有把书拿到收银台。我常常在这个时候审视整本书，确信它没有瑕疵，确认没有拿错书。我仔细检查那略微有些尘土

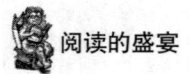 阅读的盛宴

的封套，确认既没有破损也没有沾上污渍或是有别的什么缺陷，然后再小心地把封套取下来，检查封面和封底的装帧。要是有问题的话，我就从书架上再拿一本，好好审查，直到满意为止。也只有到了这个时候，我才把它拿到收银台去。（说实话，因为我一般每次买书不止一本，所以这收银台前的最后审核往往要花上一两个小时。）

晚上或早或迟，在妻子和孩子们睡着了以后，我就在静静的书房里进行下一个步骤。我得承认，我不仅通常被视为藏书家，还有一个积习颇深的癖好——做图书卡片。这两个爱好已经密不可分，融为一体。因为多年来我不仅不停地读我自己买的这些书，我还给书做目录卡片，不论是买的书也好，还是无意中读过的书也好，哪怕是我曾经在图书馆里找到的书，只要是我所能搜集到的。想来大约十岁或十一岁的时候，我就已经开始做这件事情。刚开始是简单的手写标题和作者目录，后来是打印的目录卡片，最后是电脑录入。我总是能与时俱进。

坐在书桌前面，把新扛回家的书从大口袋里取出来——或者是把出版商刚送到的新书取出来——然后调出电脑数据库里的购书目录单。目录单是以每一年购买的第一批书打头的，还包括作者、标题、附注等详细信息。虽然到目前为止，这目录单一次都没能派上用场，但像我这样做目录单只是为了满足心理需要——我不仅把它放进书架，还放进了脑子里。

然后我再次调出数据库。第一次操作是简单的，第二次则用微软的表格，并且加上了更多信息——作者、标题、出版地、出版社和出版年份。另外还有三级分类，例如历史、美国、20世纪，或者是书的版式（精装、平装、礼品装，诸如此类），还有购买日期、购买数量及其他关于这本书的信息。最后是这本书的功能类型：读物、参考或收藏，最后一类指的是将来某一天我可能会用到它的某一点。当然，这种功用类型常常变化——例如一本书读过之后，我就会修改电脑上的目录单信息。

再次重申：这些事儿其实都没什么实际用处，但是给新书做目录却是我生命中最大的乐趣之一。这是一种总结性的工作，一种体验过程，体验把乱七八糟的东西井井有条地放到适当的位置。虽然有时候我也感觉这件工作很辛苦，然而我从美国最伟大的思想家托马斯·杰弗逊那里得到了勇气。杰弗逊也热衷于整理书籍档案。在杰克·马克劳林的《杰弗逊与蒙蒂希罗》一书中提到，杰弗逊的藏书要比图书馆还多，他的最后岁月就是在整理书籍档案中愉快地度过的。该书还提到，整理这些稀奇古怪的数据资料有助于形成有秩序有条理的个性。我也是如此——我的目录让我有一种安全感，至少我可以随意摆布自己的生活。（坦白地说，这可能是唯一的益处。我买的书太多，自己都读不完。我总是落在后面，无论何时我都有好几百本书要读却没时间读。一旦读完一本，我做的这个数据库可以帮助我选出下一本应该读什么。）

当然我还得承认，给书做目录让我丧失了一部分满足感。总是有一点点沮丧，就和性欲一样，虽然满怀希望会得到满足，然而做完之后总是有一点小小的沮丧，就好像觉得什么事一旦做完了就会有点遗憾一样。

这一整套程序差不多快完了。所有的图书记录都进了电脑，新买的书算是正式入了库。我翻开书的最后一页，用铅笔在右上角写上购买日期。三十年来我一直都这么做——虽然看不出精确的购书日期对我而言有何必要。显然，这件毫无意义的事儿只是一个习惯。

最后一个步骤，新书上架。等了很多年以后，我最近才在屋里添置了高达七英尺的书架。把我的书从箱子里拿出来，满满地摆在一屋子书架上是我的毕生梦想。我的书房现在按照不同的主题被分成了好几个区。每一个主题区的书都按照作者的首字母排列，从A到Z都有地方放。最后一步，我找出一个适当的主题区来放新书，这个主题区不按作者排列。我把新买的书小心翼翼地放上去，让它不至于蹭破架上别的书——否则那种井

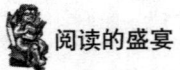 阅读的盛宴

然有序的感觉就要被破坏了。

最后说一句,这么多年来,我太太被这些书烦得不行,她好几次威胁说,哪天晚上要溜进我的书房,把所有的书都搅得一团糟。(这也怪不得她——这是我听到的她对这些书的唯一抱怨——不过这举动她可做不出来,她知道就算她把那些书弄得乱七八糟,我还会把它们整理回原状。)

但是,也许有一天我再也不想把那些书整理得井井有条了,也再不想去读它们了。不过那倒也没有关系,不管读不读,反正这些书都是我的。

如何进入图书行业

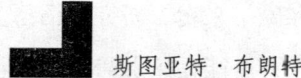

斯图亚特·布朗特

半个世纪以来,斯徒亚特·布朗特一直是美国第一流的图书销售商,也是文学界和书界的领军人物。对中西部成名的作家或普通读者来说,他的书店犹如芝加哥的麦加圣地。在当代文坛和出版界趋势这两个领域,布朗特都称得上是预言家。他的预言常常很准。本文摘自他1962年出版的自传《七级阶梯》。

我喜欢好书,所以我决定做个书商。我想一定还有很多人喜欢读书的乐趣,我想能够掌握他们的需要。我把这事当作一门行当。我从来没想过要把书业像商业那样来经营。

若是我知道这个事实——全美百分之八十的精装本图书其实是由二十家书商卖出去的,倘若我手上有数据、铅笔和纸,我就能进一步发现,想要挣钱而且继续卖书的话,就必须得在强手如林中每年卖出十万美元的销售额才行。

就算我明白了这一点,我也还是要继续经营我的书业。要说非得受穷,那就穷好了。我告诉别人我打算靠卖书为生的时候,我就告诉自己,不要因为别人的脸色而感到沮丧。跑货运,不错。卖债券、股票、保险,也不错。卖锅碗瓢盆好了,千万别卖书!

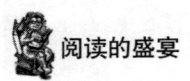
阅读的盛宴

我不光是打算要卖书——我还打算卖"真正的书":那些严肃的书、触及到人的心灵的书。

我把书店打扫干净,装修一新,然后还不晓得下一步要去哪里搞些书和磁带来卖。研究电话簿上那不多的几个熟悉或陌生的出版社,心里在想有没有可能在芝加哥根本就没有出版社呢?要是那样的话,我要不要去纽约?

电话簿上有一个叫小布朗的公司的名字,我就给他们打电话。有一个女士说她能见我。她确实人很好,并试图劝我不要执迷不悟。

她说:"书业可不容易做,你的地理位置也不好。不行,那些大出版社不会直接卖书给你的,因为你的资金太少。就连我们小布朗公司也不会这样做。要是我是你,我就不再想这桩事儿,直接回去教书算了。"

不过她还是告诉了我,到哪里可以从出版社买到批发价的书,这恰恰是我想要的。我赶紧到 A.C. 麦克鲁格公司,找到他们的信用部经理,跟他把自己介绍了一遍。

我那装修一新的小书店无法让我证明自己的还贷能力。我应该一开始就填一张信用申请表然后等回音。而此时,我想要卖书就得付现金。

我说:"好吧,我想要买价值三百美元的书。"

那人说:"那倒不算多,你的书店多大?"

我说:"15英尺长9英尺宽,我还想要卖磁带。"

他摇摇头,斜着眼睛看我:"你刚才说你叫什么名字来着?"然后,显然我们没什么话好说了,他叫我去找发货员。

我万分高兴地搜寻要买的书,心里还存着一些疑虑。我选的这些书好不好?我能把它们卖给谁?我只有摸着这些书崭新的封面才能找着自信。我记得我买了朱尔斯·罗曼的《好心人》。15年之中,我一本也没能卖掉。到现在我还在卖这本书。我买了康纳特·韩森、托马斯·曼、西格里德·安德赛、约瑟夫·赫尔格海默、薇拉·凯瑟、亨利·詹姆斯——尽可能地把我的298块4毛9分钱花掉。他们答应我付了钱后马上把货给我送到。

星期六早晨书送到的时候,感觉像是一场恋爱。就在我等不及的时候,卡车终于运来了一车书把我的书店塞得满满的。当然,说塞得满满的其实并不确切,至少对我而言并不是这样。我的书都装在小纸箱里面,因此我做了几个高到天花板的书架。

又是一场毫无来由的恐慌。够了,我心里说。就当生活在梦里吧!然后呢?

然后是买磁带。我发现所有的大公司在芝加哥都有分支机构。我打电话给哥伦比亚唱片公司,要他们派一个发行商来。

几天以后来了一个蓝眼睛金头发的人,他带来一个坏消息:"不行,你做不了。毫无疑问,你的书店会跟这条街上的里昂·西里那家店冲突。绝对没有办法,我们不能给你专卖权。我们不给,Decca 也不会给,RCA 也不会给。"

我一下子来了气。难道他不知道我曾经为了这个国家的自由打过仗?难道就没有自由公司么?难道我就没有光明正大地参与竞争的权利?我跟他说,如果这样我买不到磁带,我就会通过别的途径去买。奇怪的是,他好像很欣赏我的态度。后来他真的帮了我的忙。

可当时我不得不向我妻兄再多借点钱,到一个自由零售商那里去买打九折的磁带。我从家里拿来留声机和打字机,然后等着顾客上门。

如果你既没有实践经验又没有与生俱来的天赋,你怎么做这一行呢?那就只能靠你的命中贵人相助了。

第一个点燃我生命希望之火的人,出现在一个九月下午的午宴上,他来自我毫不熟悉的芝加哥作家出版社。在那场午宴上,我认识了一个满头白发的了不起的人,那人高个子却长着文人的脊背,和善地站在角落里。我向这位藏书家和舍尔洛克·霍尔莫斯学院的学者文森·斯塔利特做了自我介绍。

他仔细听取了我的自我介绍,还要了我的电话号码。几天以后,他打电话问我,我说的书和磁带捆绑销售是怎么回事。

我说这很简单,比方说,如果顾客很喜欢易卜生的戏剧《贵族吉恩

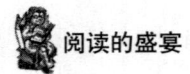 阅读的盛宴

特》中格里格的背景音乐，你可以顺带卖给他易卜生的戏剧。再说，读和听本来就是联系在一起的活动。有文学品味的人一般都有或者说应该有音乐品味。卖磁带的同时搭着卖书是很合理的。斯塔利特先生认为这个主意不错，大出我意料的是，他写了一大段关于我的书店的文字发表在《芝加哥论坛报》周日版的《书讯》版上。

这期杂志出来后的那个周一，我急不可待地赶去书店，我想书店里肯定挤满了人。然而没有，就连电话都没有响一声。我很失望，但是内心里有一股力量支持我继续朝着成功的方向努力。斯塔利特先生的和善的话语是我的转折点——我不再是无名之辈。

正如我心中期盼的那样，那篇文章确实得到某些人的关注——那些有文化有魅力的好人。其中有两位年轻女士，她们是商业艺术家。有一天，她们抱怨书店里连个坐的地方都没有，我正结结巴巴地解释着，她们却拿出一条长凳，长凳两端写着："斯徒亚特·布朗特的文字和音乐"和"与斯徒亚特·布朗特共度美好时光"。那时我觉得一切都开始好转。

第二个在我生命中影响至深的贵人，是一个矮个儿又秃顶的戴眼镜的先生，他站在门口小心地问道："是这家店吧？"

他就是本·卡特曼，那时正担任《王冠》杂志的副主编。他既和善多思，又聪明文雅。他走进来后环顾四周，看了看空空如也的书架，然后摇摇头。那个下午他不停地摇头。他大约是在想，这家伙到底是认真想做个书商呢，还是躲在他的书店里做着白日梦？

当然我想要生存，难道不是吗？我当然想要卖书。不过那会儿他跟我说我的做法都是错误的。第一点，我没有明显的商业标志。第二点，我的橱窗里没有摆上样书。第三点，也是最重要的一点，我没有库存。没有库存怎么做生意？你总不能凭空供应吧？

我听了他的批评，说不出一句话。

然后卡特曼先生说："星期天你到我家里来。我有很多过期的书评杂

志,你可以统统拿去卖,就算你卖不掉也可以摆在书架上,好叫书店看起来不那么空空荡荡。"

他从他的藏书里给了我好几百本书,再开车把我和书送回来。我的书店"七级阶梯"看起来真像个书店了。

本·卡特曼觉得我还应该做做广告宣传。不久以后,我的名字在芝加哥一家日报的花边专栏里亮相了。本说这样的亮相很有必要,事实也证明了这一点。

在我和卡特曼交往的同时,还有另一个人对我有过重大影响——他改变了我的生活,要不是他去世那么早,我的生活还会改变更多。他的名字叫雷克·李卡多,他是这条街上数百米外的一家餐厅的老板,他也是我所见过的最有个人魅力的、最了不起的人之一。他是一个颇有成就的艺术家。然而他对生命的热爱、他的言谈举止、他对理想与现实的沉醉,他始终对名人、准名人和寄人篱下者的平等看待——才是他的发光点。我认识的人之中,他是唯一的浪漫主义者。

圣诞节前的某一天,他第一次到我的书店里来。他戴着哥萨克毛皮帽子,穿着一件带貂皮领子的外套,系着一根丹麦大腰带。他体格颇似埃兹欧·平萨,侧影有点像他后来的朋友约翰·巴以莫(且不说他眼睛下面深深的眼窝凹陷)。他看上去真吓人。他跟我说想要买一些消遣读物,好让脑袋不再去想那些麻烦事儿。

后来,这个系着丹麦大腰带的李卡多再到店里来,我就站到一张椅子上跟他聊天。他长得特别高,这倒方便我仔细看他。虽然他说话显得很粗鄙,但他不说闲言碎语,也不说假话。我们的友谊变得牢固起来,常常在打烊之后,我去找他吃碗绿面条(到现在还是他们饭店的特色菜,只不过饭店现在已经归他儿子经营了)。

倘若如卡特曼先生说的那样我什么都做错了,起码有一件事我确确实实没做错:我会和人们交谈。我熟悉我的书,我知道该说些什么。我有很多新鲜的想法和全部的热情。倘若别人到我店里来买书,却不听取我的意

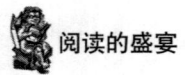
阅读的盛宴

见,我就感到很沮丧。卖书的乐趣就在于谈论书中的想法。我愿意与他人分享生活的快乐和想法。这就是我为什么不顾一切投身到这个行业来的原因——我只是有一股子莫名的狂热,而不去认真考虑实际意义。老雷克就是这样一个跟我一拍即合的人。

寒冬二月的一天早晨,一辆大车停在我的书店门口。我看到两个男人和一个女人从车里出来,往楼上走。壁炉里炉火烧得旺旺的,书店里又安静又暖和。

我从这三个人当中认出老雷克,另一个男的脸上流露出一副熟人的表情。可是那女人,她穿着我生平从未见过的最长最昂贵的貂皮大衣,一部分衣领翻起来,遮住了她的脸。她开口对我说话,我却往后退。她向前走过来,向我伸出手。她是凯瑟琳·赫本。

"是啊,她就是凯瑟琳,"我不认识的那个男人说着。我茫然不知所措,他们三个人全都哈哈大笑起来。赫本小姐坐在我装饰一新的长凳上,伸出手去烤火。

老雷克说:"斯图亚特,这位是路德·阿德尔。"

我太紧张了,我们握手的时候我一句话都说不出来。

我只好一动不动地盯着赫本小姐看。我真喜欢她。我喜欢她说话的口音、她的颧骨和她说话高扬的音调。她若是要我去做任何事情我都会去做的,可那时我脑中一片空白。

突然老雷克说:"我们买些书吧。"

阿德尔先生看了一圈,然后说:"你有没有给失落的女人看的书?"

我说:"有。"然后递给他一本费丁南·兰德伯格的新书《现代女性:失落的性别》。他接过来递给赫本小姐,说:"接着,凯瑟琳,这本是你的。"

她拿了书转过来问我:"对于失落的犹太人,你有没有什么好书?"

我说:"有。"然后给她拿了一本舍洛姆·阿奇的著作。

她接过来递给阿德尔先生说："拿着，路德，这是你的。"

　　那天早上他们买了很多很多书，他们喜欢失落的女人、失落的犹太人、美和崇高，这让我又惊讶又高兴，他们快要把我的书店搬空了。感觉真好——不过，我真有点不好意思收他们的钱。

　　世界就是这样，像我的梦一样慢慢打开了。

　　大家都来了。作者们跑来这里围炉谈话。很多报社记者都来我的书店采访，像《芝加哥太阳报》的玛莎·金，我一直感激她写的那篇好文章。虽然我连一台收银机都没有，但我的事业开始上了正轨。我欠供货商的款总是还得很快，于是麦克鲁格公司允许我开一个赊账户头。甚至两个东部的出版社允许我直接提货。哥伦比亚唱片公司时不时派人来跟我讲，要不是他们与里昂—西里书店有约在先，他们一定会跟我合作。

　　为什么大家都不辞辛苦、大老远地跑到我的书店里来呢？我可答不上来，这会儿我太忙了。只不过是我和一些书而已——当然还有很多很多的交谈。还有就是满足大家的需要——感动每一个人，并让他们有机会审视自己，让他们想想书中说的是什么，或者他们从唱片里听到了些什么。我们平日的聊天当然微不足道，可是这些微不足道的聊天里充满了爱心。爱心是会传染的。我传染给你，你再传染给他。

　　　　在书店里，人性最脆弱。

　　　　　　　　　　　　　　——亨利·毕切，1855年《星报》

图书出借

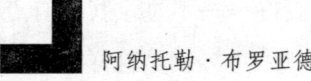
阿纳托勒·布罗亚德

作为资深书评家、书评编辑和《纽约时报》撰稿人,阿纳托勒·布罗亚德同时也是几本书的作者和编辑,其中包括《愤怒中的卡夫卡:格林威治村回忆》和令读者陶醉的随笔集《生病了》。他还写了一本讨论生死的书。本文发表于1981年的《纽约时报》书评专栏。作者把借书给朋友的痛楚比作"我对借出去的书,就好像大多数父亲对未婚同居的女儿的感情"。

暑假正是读书的好时候,于是我的朋友们都跑来跟我借书,因为我的书比别人多。他们可没意识到,我借书出去的时候心里有多么痛苦。他们也不明白,我忍着死一般的痛苦把爱、真理、美、智慧和安慰借给他们。同样他们也不知道,我对借出去的书,就好像大多数父亲对未婚同居的女儿的感情。

这倒不是说我不喜欢借书给别人。每个人心里多少都有一些博爱,一本好书感动我的时候,我也想要让它去感动别人。如果人人都读到它,世界将会变得更好、更可爱。可是别人跑来借的却不是这类书。又有多少朋友跑来跟我借《毕肖普诗选》或《中世纪的没落》呢?

另一个借书出去的动机，不过是想要看看书借出去到底会怎么着——是否会被小孩子当成玩具。强迫别人借某书，类似于强行给客人灌酒，或诸如此类的蠢事。一些人看完了书却不知所云，那是因为他们实在是看不懂啊。

有时候我被人当作医生，他们问道："可否推荐一本书给一个刚离了婚的人看，或是给一个心情不好的人看？"劝人离或合是积善德呢还是损阴鸷？他们怎么不跑来问我什么书适合情窦初开的人读呢？

一想到那些人把我的书拿去做假日消遣，我心里就难受。我对书有若贤妻，他们却视若荡妇。他们大多滥交无度，喜新厌旧。在我看来，倘若不从乔叟或拉伯雷读起，便无理由读后来的里昂纳多·麦克尔斯。就让波德莱尔的《疯狂之翼》像海鸥一样与他们擦肩而过吧。

有时候也有人指定跟我借某一类书，我便想方设法不把这类书给他们看见，免得他们把好书给读歪了。

海伦·凡德勒曾经说，著名的诗评家I.A.理查德总是尽力不让谵妄的误读曲解那些他最喜爱的作品。马拉美也是这样一丝不苟。他说："倘若一个智识平庸、毫无文学修养的人有朝一日看我的书，并且装模作样地说喜欢，那就是个大笑话。是怎么回事就是怎么回事。"

前来借书的朋友倒大多不算是家徒四壁，那我倒要问问了："倘若你真要读这本书，你干嘛不去自己买一本呢？你把一向的慈善之心移转到文学上来岂不更好？穆里尔·斯巴克的《有目的的消磨》一书中，主人公认为世间俗人总把书本当作难得之物。对于书虫来说，读借来的书可不是一件体面的事儿，倒像是窥淫癖一样见不得人。

偶尔我发现一本极其难得的书，可不想让人跟我分享。这样的书更有一个好处：能叫那没读过的人更想要读，读过的人更能读出深意所在。这样一本书借出去，无异于羊入虎口，简直是蠢人做的事情。书的秘密就像未雨绸缪，以备不时之需。

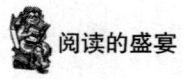
阅读的盛宴

书一旦出借，我便想念异常。按照 T.S. 艾略特的说法，每一本新写的书都会改变过去的一切书。同样，每一本新缺的书都会改变书架上的所有书。我的书架的颜色、样式都会破坏掉。我的头脑变得乱糟糟的。我不安于心，不稳于步，不辨爱憎、不知声色。我想知道那本书何时完璧归赵。我像在凌晨时等候年少的儿女从不明不白的聚会上归来。《被解放的楚克曼》一书中，楚克曼的兄弟想从一个女孩子手上讨还欠书，只好娶了她。那些嗜书成癖的人倒宁愿把书送人，也不愿意忍受等书归还的痛苦。

最危险的事情莫过于等朋友还书。往往在这种时候，友情系于一线。我期待朋友的是痛苦、入迷，是泪水、升华的神情，是颤抖的双手、哽咽的声音——可时常人们只跟我说一句："我喜欢这本书。"

天哪！"我喜欢这本书"——这难道就是向我借书的全部理由吗？

> 书啊，对那些偷书的人、借书的人、借书不还的人，你变成他手上的一条蛇吧，咬他，叫他瘫痪，让他的家业败落，让他在痛苦中萎靡，大声求饶，让他痛苦到死。让书蠹噬啮他的肚肠……直到最后一项惩罚——被地狱之火永远焚烧。
>
> ——无名氏，《对偷书贼的诅咒》，
> 西班牙巴塞罗纳圣佩德罗修道院

论朋友还书

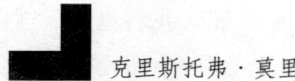
克里斯托弗·莫里

虽然这本书可能曾在我朋友的书柜里或朋友的朋友的书柜里呆过，但我万分感激它的完璧归赵。我万分感激我的朋友没有把我的书拿给他的小孩子当玩具，也感激他没把我的书当烟灰缸，还感激他没有把我的书拿去给大狼狗啃着玩儿。当我把书借出去时，我就当它不再回来了。我对这场生离死别只能听天由命。我不再有想读这本书的念头。可是现在这本书回来了，我真高兴啊，太高兴了！把它拿到这儿来，让我们把它重新装订好，然后放回荣耀的书架上去。好了，现在我可以还掉一些我借来的书了。

欢迎回家，我的书

无名氏

我不得不跟你说，把我的书还回来
看一眼书架上的空缺真叫我伤心
这倒提醒了我，你借走我书的时日
那时，生命还年轻，希望仍旧美好

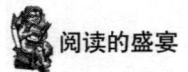 阅读的盛宴

而旧书还是新的

我记得很清楚,镀金的封面闪闪发亮
那天我看见它、觊觎它、最后买下了它
我也记得很清楚,那天你来拜访
喜欢它、要借它
并最终带走了它

光阴似箭,它重又归来
书页里褶皱真不少
变旧的书啊,你休息吧——在书架上你原来的位置
我读你之前可不要散了架

我读别人的书会不自在,因为我始终担心会把它弄坏。
——拉夫卡蒂奥·哈恩

为你的藏书辩护

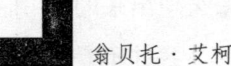

翁贝托·艾柯

翁贝托·艾柯,意大利波隆纳大学符号学教授,著名小说家,畅销小说《玫瑰之名》和《福科摆》的作者。在他1994年出版的作品集《带着鲑鱼去旅行》中的两篇小品文中,艾柯首先谈到了这个经典问题:"所有的书你都看过了吗?"——这是每一个拥有相当规模藏书的人都曾经遇到过的一个十分不易回答的难题。紧接着,艾柯便发泄出了自己在使用公共图书馆或大学图书馆时所遭受的挫败感。

大体来说,从我还是个孩子时起,人们就一直拿两句话来开我的玩笑(也仅止于这两句):"你总是那个回答问题的人"和"你就像是从山谷里传来的回音"。在我的整个童年时期,很奇怪,我所遇到的所有的人都很愚蠢。于是,当我渐渐长大以后,我被迫得出一个结论:在这个世界上,有两条规则是任何人都无法逃脱的:

一、首先进入人们脑海里的观点永远都是记得最清楚的观点。

二、一旦有了这样一个明确的、显而易见的观点,便没有人会想到也许早就有人意识到并已经有了相同的观点。

我所收集的各种书评的标题,从《艾柯的回声》到《有回音的书》,涵盖了印欧语系中的所有语言。对于后一个标题,我怀疑第一个出现在副主编脑海里的并不是现在这个标题。而且大致情况很可能是这样的:编辑

阅读的盛宴

部的成员聚在一起,当他们讨论了大概第二十个可能的题目后,主编的脸上会突然露出笑容,说:"嘿,伙计们,我想到了一个绝妙的标题!"接着马上就会有其他人回应道:"真是太不可思议了,老板,你太棒了!你怎么想出来的?"他肯定会回答说:"我有天赋啊。"

  我并不是说,人们常常会为一些琐事而陷入无望的困惑之中。无论是当作天赐的灵感也好,还是创造力的灵光一现也好,一些显而易见的道理有时还真能反映出人们精神饱满的程度和对生活的热情,以及他对生活的不可预测性的那份执著。透过头脑中这些显而易见的观念,我们也可以看出一个人对事物的用心程度——尽管这可能只不过是些很微小的细节。欧文·格夫曼就是个十分了不起的人,我喜欢并佩服他那种敏锐的洞察力,凭着这种独特的能力,他总能察觉出那些逃过了所有人注意的小细节。我永远都不会忘记第一次和他见面时的情景:我们坐在一家露天咖啡馆中,望了一会儿身边的街道,他说,"你知道吗?我认为我们城市里的汽车实在是太多了。"也许在这之前他从没考虑过这个问题,因为他总有许多更加重要的事情需要思考;刚才不过是他出于本能的洞察力观察到一个很普通的生活现实,但他仍然努力去思考并表达出了自己的想法。我,一个受到尼采的后行为主义影响的假学者,尽管曾经想到过这个问题,但在说出自己的想法时往往还是犹豫不决。

  像我这样的人——我指的是拥有相当规模藏书的人(也就是像我一样,书多得让人一进门就能看到书的藏书者;确切地说,是房间里的每一寸空间都已经被书占据了)——还会因为这些显而易见的琐事而陷入第二重打击之中。所有的拜访者一进门都会说:"你的书真多啊!这些书你都已经看过了吗?"开始我想,可能人们习惯看到的是几个书架上摆着一些平装本的推理小说和一套并不齐全的儿童百科全书,所以会问出这样问题的人不过是一些对书了解不深的人。然而,事实却告诉我,同样的话也会从那些毋庸置疑的权威人士的口中说出来。于是,我只能这样为自己辩解：那些认为书架不过是用来储藏已经读过的书的人，是不会把图书馆当作工作时的工具来使用的人。不过我想说的并不仅是这些。我相信，任何不得不阅读一大堆像小山一样的书籍的人，都会渐渐陷入一种学习所带来的痛苦之中，而所有这些人只要一看到这么多的书，就会情不自禁地提出这个问题，借以表达他自己所遭受到的痛苦，并抒发自己对他人的同情。

不过，问题在于，当有人说"艾柯，你总是那个回答问题的人"时，如果你想表现得礼貌些，你最多只需要微笑着回答说，"那很好啊！"但是，对于你的藏书所提出的那些诘难，你却不得不正面回答，而这时你的下巴会突然变得僵硬起来，脊梁骨上也会不停地往外冒冷汗。

以前，我对此通常会以一种高傲而带有挖苦意味的语调回答说："当然，每一本书我都读过，不然我为什么要花钱买它们呢？"但这样回答是很危险的，因为对方马上就会问："那你看过了这些书以后，打算把它们放在哪儿呢？"

其实，最好的回答是罗伯托·雷蒂常说的："不，我看过的书太多了，比这要多得多。"因为这样一来，你会让来访者马上对你肃然起敬。可我觉得这样回答有些太过残忍，而且会让人更加焦虑不安。于是现在，每当有人问我时，我会很机敏地回答道："还没呢，这些是我在月底前必须看完的，而其他的书我全留在办公室里了。"这样的回答一方面不失为缓解气氛的一条妙计；另一方面，还会使来访者因为怕耽误你的时间而提前离去。

如何"管理"公共图书馆

翁贝托·艾柯

- 不同种类的书目彼此放得越远越好。书和杂志应该按不同类别分开放置,二者一定不能混淆。同样,新书和旧书必须分开,因为新书和旧书在书目里的写法不一样。例如,"睡衣"这个词在新书书目里拼作 pajama,而在旧书书目里拼作 pyjama。"柴科夫斯基"在新书书目里按照国会图书馆的拼法写成 Chaikovski,而在旧书书目里拼成老式的 Tchaikovski。

- 应该由图书馆员确定图书类别。图书类别跟书的版权页上标注的类别最好不一致。

- 图书的编号最好非常复杂和难于确定。这样一来,读者要在借阅单上填写编号就很困难,而且很容易就超出了格,往往导致最后几个数字不清楚。在这种情况下,管理员就可以要求填表人重新填写。

- 读者申请书目后,管理人员找到书并送达读者的时间间隔越久越好。

- 一次只能借阅一本书。

- 读者的申请表被接受之后才能领到书,但书不能拿到参考书阅览室去读。那样的话,学者就必须把自己的基本工作分割开来,阅读时不能借鉴参考书,查阅参考书时又不能阅读。图书馆也不鼓励读者同时阅读很多本书。

- 尽可能不要提供复印机。如果已经安装了复印机的话,那就让读者既费时又费力好啦。收费务必比附近所有的复印店都贵,最好一次复印不超过三张纸。
- 管理员一定要把读者看作是敌人,或者看作是浪费自己时间的家伙(要不怎么会放下工作跑来借书看),或者干脆是个潜在的贼。
- 在目录检索室里工作的图书管理员的办公室,应该设计得固若金汤,没有人能够进入。
- 最好不要外借图书。
- 图书馆与图书馆之间的借阅行为要做到几乎不可能,或者需要好几个月才能实现。最好不让读者知道别的图书馆里收藏有哪些书。
- 颁布有利于小偷窃书的规章制度。
- 开放时间最好跟当地的工作时间一样。周六、周日和晚上绝对不对公众开放,吃饭的时间闭馆。图书馆最坏的敌人莫过于学生,最好的朋友莫过于汤姆斯·杰弗逊那样的家里有大量藏书而无需公共图书馆的人。(而且他还担心有一天死了,私人藏书会流落于此,因而由于厌恶此地而躲得远远的。)
- 图书馆里应杜绝各类饮料,同时也杜绝各类食物。这样,读者出去喝杯咖啡再回来时,又得重新填写一遍借书单。
- 必须设法让读者要找的书怎么也找不到,哪怕他前一天还看到过那本书。
- 也不要让读者知道那本书是否被借走了还没还回来。
- 可能的话,不要设置休息室。
- 最好是让读者根本无法进入图书馆。万一不幸他进来了,你就拿1789年的老黄历来限制他,叫他乖乖地遵守。只许他进书目检索室,而不许他跨进阅览室这一神圣的禁地。

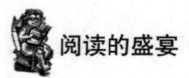阅读的盛宴

内部注意事项：

图书馆里的所有工作人员必须具备生理缺陷，因为公共图书馆是为残疾公民提供就业机会的好地方（消防队也是类似的一个好地方）。最理想的图书管理员莫过于跛子，这样他就可以多费些时间为读者服务，比如跑去接听电话，或是进出书库。为了安全着想，如果必须架梯子才能够到那八米高的书架，管理员缺失的胳膊就必须用晾衣叉子代替。如果两条胳膊都缺少的图书管理员，就必须用嘴去叼着书送给读者。（这样一来，图书馆就要规定外借图书的尺寸必须控制在八开本大小以内。）

一个人书架上的藏书就像一幅他祖先的画像，能够反映出一个人的历史。

——阿纳托尔·博洛亚德

塞缪尔·佩皮斯的图书馆

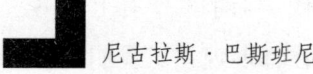
尼古拉斯·巴斯班尼

  尼古拉斯·巴斯班尼在他 1995 年出版的一本名为《高雅的疯狂》的书中,收录了各个年代里那些恋书成癖的人们的趣闻轶事。在本文中,尼古拉斯谈到的是塞缪尔·佩皮斯为了能让他的私人藏书在他死后仍能完好地保存下来——不遭破坏——而做出的一些十分有新意的改革。

  生活在查理二世统治时代的塞缪尔·佩皮斯(1633—1703),花了九年半时间记录并保存下来的日记于 19 世纪被发现时,大多数人都认为这位日记作家一定是用密码来记日记的,因为他不想让除了他以外的任何人了解他的内心世界。不过,最终的事实却是,佩皮斯所使用的是一种已经被人们遗忘了的称为速记术的方法。然而,即使是知道了这些,恼人的问题还是没有解决:他为什么要这样做呢?这位不屈不挠的至善论者如此大费周章,是为了确保能让后人了解到生活在王朝复辟时代的他,对于社会生活毫无偏颇的洞察力呢,还是仅仅希望将这一切都隐藏起来呢?

  因为,在 17 世纪日记是不会被出版成书的,所以对佩皮斯而言,他无法想象到他在 1660 年 1 月至 1669 年 5 月间所写的这些日记,有一天会变成一本 125 万字的书。不过他一直都坚信,这六卷日记凝聚了他全部的聪明才

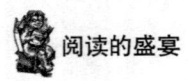
阅读的盛宴

智,属于他苦心积累起来的藏书中的一部分,而且也会成为他"为后人所创造的宝贵的"遗产。

三个世纪过去了,这个图书馆就像一个太空舱一样飞到了另一个时代。除了其中有七本书遗失外,这艘太空舱的前船长所收集的每一本书现在都展现在了我们眼前,任何见过它的人都不禁为这位船长精确而详细的收集和整理工作而折服。从1724年起,所有这些书都被珍藏于剑桥大学玛丽学院中一个优雅的庭院里面,从此再也没有发生任何变故。推断起来,这大概也是收藏者计划中的一部分吧。

1703年5月31日,也就是他去世前的两星期,佩皮斯在遗嘱的附录中指明了如何处置他的藏书。过了34年鳏居生活、无子无女的佩皮斯,指定她妹妹的儿子约翰·杰克逊作为自己的遗产继承人,享有"我所收集的所有书籍和文献的所有权",而且还赋予这位年轻人在其"有生之年"自由使用所有书籍的权利。为了"完好无损地永久保存这些书籍并实现他的遗嘱",他还进一步声明,继承者"要做好一切必须的准备,并提供所需的物质条件"。当他的外甥死后,所有的藏书应该"收藏在我们剑桥人自己的学院里,而决不能被牛津大学拿走"。

佩皮斯很希望能看到他的藏书被保存在由他资助的母校——玛丽学院——于17世纪60年代修建的"新大楼"里,不过他也提到,可以考虑三一学院的收藏请求。他强调,藏书必须"维持原状"而不得"任意增减"。为了确保这一愿望的实现,佩皮斯向两所学院提出了"让他们互相监督"的要求。无论哪所学院最终接受了这批藏书,都必须允许另一所学院为调查其保管情况而进行的年访,如果发现有任何违反协议的行为,所有的藏书将立刻归另一所学院所有。在上个世纪里,三一学院并没有执行其视察权,不过玛丽学院也的确不需要任何监督,因为这265年来,他们一直很尽职尽责地履行着那份合约。

收藏家

苏珊·桑塔格

1992年，苏珊·桑塔格出版的小说《火山恋人》，讲述了威廉·汉米尔顿爵士夫妇和纳尔逊爵士的故事。威廉爵士虽然是一个油画收藏家，但苏珊·桑塔格笔下的藏画家的痴迷，显然也同样适用于藏书家。

只须看一眼，你心中就会大为震惊。然而，你一言不发。你不想让店主从你的表情里看出这是件珍品，免得店主加价，甚至不想卖了。因此，你装得像是无所谓的样子，四处看看别的东西，进进出出，嘀咕着要走。你装作稍稍有点感兴趣，似乎有点流连，但决不露出非常非常地喜欢、中了邪的那种表情。还得装作再多加一分钱也不想买。瞧，这收藏家真会装假，他明明心里焦急，却不肯表露出一点点欢喜，因为世界上永远有更多更好的好东西。

你拼命想要填满你的收藏，因而不得不一件一件地买。然而，对于收藏家来说，收藏是永远也填不满的。即使把某一类东西整套整套地收齐，也不能叫收藏家感到功德圆满。可以想见，要把某个已经过世的著名画家的全部作品慢慢收齐在自己的房间里、阁楼上和庭院里，简直是不可能的。（这是最后一张画吗？野心勃勃的收藏家，你能肯定别处就再也没有了吗？）就算这张画的的确确就是最后一张了，它带给你的满足感马上

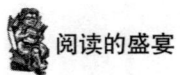 阅读的盛宴

就会消失。一旦收齐了，收藏也就没意思了。年复一年，你愈来愈兴趣缺缺，要不了多久，你就想把你的收藏统统卖掉，或者捐赠出去，然后开始新的收藏。

　　了不起的收藏应该是广博的，而不是完美的。不完美能激发对完美的热望。应该总是缺那么一点点。即使什么都有了——先不管是不是能达到——你又要去想更好的版本了，或者想要一个副本，免得万一自己手上的丢失或损坏了，就一无所有啦。所以一个备份、一个收藏副本必不可少。了不起的私人收藏其实就是物的积聚和源源不断的刺激与快乐。不仅因为收藏的不够，还因为已经汇集的收藏而快乐。收藏家想要的是超越和沉溺其中，是对满足的渴望。太多啦——对我来说现在刚刚好。如果一个人常常犹豫地问道："我应该要这一件吗？这件真得是非要不可吗？"那他就不是一个收藏家。一个真正的收藏家永远照单全收。

　　　　我并不想贬损其他的收藏。但我相信，人类收藏冲动的最高水准是藏书。

　　　　　　　　　　　　　　　　　　　　——西奥多·布勒根

枕边书

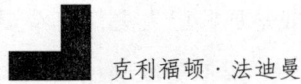

克利福顿·法迪曼

克利福顿·法迪曼（1904—1999），美国最受尊敬的作家和编辑之一。作为《大不列颠百科全书》的编委会成员，他生前一直是"每月一书"图书俱乐部编辑班子中一位十分活跃的编辑，也是其他许多书刊杂志的编辑和作者。《枕边书》是他所写的一篇谈论如何在床上看书的随笔，首次刊登在《假日》杂志上，后被收录在作者1955年出版的作品集《一个人的舞会》中。

躺在床上看书，和其他那些前压力时代的习惯一起，正在慢慢地从我们的生活中消失。不过，我们可不能眼睁睁地看着这门小小的艺术就这么悄然逝去。

对于在床上看书这个习惯，人们往往分成三派。一派是 J. C. 斯奎尔爵士的拥护者，他们说："我们总是把能让我们保持清醒的书放在床头。"但我猜想这些夜猫子是因为害怕睡觉才在晚上看书的。按照贾尔斯在他的《中国传记词典》里的描述，他们都像名叫孙敬的学生那样，"以头悬梁的方法来驱走睡意。"如果是那样的话，在枕头里塞上马刺也可以达到同样的效果。

和那些用书来驱走睡意的人截然相反的，是另一些将书当作安眠药的

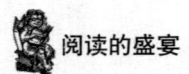

阅读的盛宴

人。当鸦片酊也无法发挥作用时，诗人柯尔雷基不得不使用更加强烈的药物——比如他朋友绍迪以不押韵的五音步写成的抒情诗——来让自己入睡。今天，我们没有绍迪的无韵诗，但却有能发挥同样效用的历史小说，或是那些已失去任何希望的年轻人所写的小说也可以奏效。

我不赞成服用安眠药，也不提倡第二种人的做法。至于前文提到的第一种人，我认为，一整晚不睡觉而用来看书，这违背了自然法则。黑夜是属于睡眠的，是专属于睡眠的时间，也是夜的权利。以读书抵制睡眠对爱做梦的人来说也不公平。所以，明智的睡前读书者会听从睡神摩尔甫斯的安排，把那些不适合睡前看的书远远地丢在一边。

在我看来，书不应当被当作鸦片一样来使用。事实上，我也不明白那应该是怎么个用法。乏味的书只能用来抚慰那些迟钝的大脑——言之无物的书只会激怒那些健康的有智慧的人，而绝不会让他们得到片刻的休息。（这种愤怒是很特别的，也就是我们常有的厌倦感。吹嘘从来不感到厌倦的人，通常表明他自己的思想已经死了，因为厌倦正是表示你还能思考的标志。）但是，我们想从枕边书获得的难道就是这因无聊而得到的厌倦感吗？我怀疑事情并不是这样的。那些麻痹我们，让我们变得迟钝的书是在故意混乱我们的思维。所以，我一直将这一点死死地铭记在心，就像男人肯定会牢记早报的内容，而女人绝不会忘记购物时的情景一样。顺便说一句，我一定不会去看这种书。

作为三派之中的中间派（这并没什么好惊讶的），我发现睡前看的最理想的书应该是既不乏味又不至于让人过于兴奋的书。

就拿二者兼而有之的报纸来说吧。查尔斯·兰姆曾说过，"报纸通常会激起人的好奇心。但是所有兴冲冲地拿起报纸的人，往往最后都会面露失望之情地将其放回原处。"我认为，阅读报纸的最佳时机就是当你经过一家报摊的时候。在我看来，有很多日常报道都可以在精简后由飞机放出的烟雾将其写在空中，随着烟雾的散去，这些新闻报道也就随风飘走了。而这就足够了。不过，我从不奢望每个人都会赞成我的这些想法。

但是，即使是那些不接受我这种极端思想的人，也的确应该放弃在睡前看报的习惯，除了因为报纸的油墨会弄脏床单、枕头和我们的手指外，还有别的更重要的原因。睡前的阅读应该是一种很私隐的感情投入，当我们沉浸其中时，就会慢慢地从喧嚣的尘世中抽出身来，渐渐回归到一种宁静之中。但报纸能做的只是将你重新带入白天的俗世之中。在我们的心中，应该有许多更重要的更值得我们关注，它们纯净而高尚，没有沾染半点尘世中的投机和市侩。但当睡前用它们来涤荡我们的心灵时，报纸就会变成它们的敌人。深深迷恋着俗世的报纸，会让我们重新回忆起白天的种种烦恼。读报者通常都是眉头紧锁，如果是在我们都朝气蓬勃的白天，这当然是件好事，可是当你睡意朦胧地躺在床上时，读报就好像打开了潘多拉的盒子一样危险，它会严重威胁你的睡眠。那感觉就好像是一只牛蝇总在你头上盘旋着，嗡嗡叫吵得你睡不着。

有一篇很著名的散文，题目叫《班尼特先生和布朗夫人》。文中，弗吉尼亚·伍尔芙批评了诸如韦尔斯、班尼特和高尔斯华绥之流的作家，她尖锐地指出，他们的作品总让读者感觉自己的生活并不完整，甚至会让人读后产生挫败感。她说，这样的小说似乎是在号召读者为了自己的幸福而行动起来：改革经济体制，提高教育水平，并且马上和自己的妻子离婚。我认为，伍尔芙之所以会提出这样一种冠冕堂皇的理论，不过是想借此掩盖一个事实：她不喜欢那些和自己作品风格不同的小说。但是，如果将这一理论的适用范围缩小到睡前阅读，那么，这还真不失为一条相当不错的原则。

华尔街的商人们不会躺在床上阅读股票市场的行情；温馨的睡床上不适合谈论火爆的牛市，更不适合抱怨低迷的熊市。而那些有问题的小说（通常都是由那些有问题的孩子们所作），则永远不会成为你睡前的理想伴侣，因为午夜时分是不应该在恐惧和焦虑之中度过的。无论你是民主党还

 阅读的盛宴

是共和党,都不应该在睡前讨论政治问题,那将会让你连脚趾头都蠢蠢欲动。只有在你睡醒之后,才是你该大展拳脚、发表有关你对核武器的长篇大论的最恰当的时间。总之,请你抛开所有那些带有强烈目的性的阅读材料,例如那些想极力说服你(正如本文)或是想让你警觉起来并思考怎样才能成为一名更加合格的好市民的书。一个舒舒服服躺在床上的人,就像是一个不容侵犯的国王;他不允许任何人或任何事来扰他的好梦。所有太接近你的日常生活、让你疲倦和烦恼的书都不适合在睡前阅读。而那些让你兴奋、让你跃跃欲试的书,则会使你彻底放弃睡眠。所以,临睡前请把它们也一并拿开。

不过对我而言,似乎有两个例外。其一便是游记,这种书会让大多数人都变得十分兴奋而无法平静下来。但是,我的异常内敛而平静的心态,却能让我即使是在阅读最具诱惑力的流浪汉作品时,也不会产生一脚踢开毯子、马上就预定下一班飞往里约热内卢的飞机的冲动。但是,如果我真像某些人似的有一双不安分的脚,我就绝不会在太阳下山后读这种作品。

而我所说的第二种例外,便是有关美酒佳肴的书,一种我最喜欢在睡前阅读的精神食粮。对我而言,躺在床上,一个人静静地读着莫顿·山德的《一本关于美食的书》,或是安德列·西蒙所著的《简明烹饪百科全书》,或是费希尔写的《让我们共享盛宴》这样的经典,再渐渐地入睡,那简直就是一件再惬意不过的事了。我说的是渐渐入睡,因为这些读物会产生一个结果——你将在凌晨两点时打开冰箱和储酒柜的大门。这看起来似乎违背了我的原则:拒绝任何会让你冲动起来的欲望。但是,这只是表面现象,实则不然。这种阅读会让你的肚子充实起来,而只有吃饱了,你才能睡得更好。所以,这些关于美酒佳肴的书只不过是兜了个圈子,它们最终还是会把你带进甜美的梦乡。

总而言之,对我来说,那些能让我沉浸在今天这个夜晚之中的书,就是最好的枕边书。躺在床上看着这些书,就像是沿着一层看不见的寂静

的帘子走下去。最终,我们来到一个只属于自己的房间里,慢慢回到过去,回到我们在孩童时期曾幻想过的秘密生活中,找回那把早已丢失了的钥匙,去打开心中那扇隐蔽的大门,寻找一种只属于自己的满足感。这些书不要求很好。就像我所说的第一种我喜欢的枕边书中,小说(我指的是某些)就是个挺不错的选择,尽管它言之无物。但是,无论是"好"是"坏",枕边书都应该起到一种桥梁的作用,一边连着白天残酷的现实,另一边连着睡梦中朦胧的世界。它不要求我做任何事,没有反对也没有赞成。从某种程度上说,如果它能让我远离自己所处的时代和地方,那就更好了——由于生命的短暂,我们总是无法用更多的时间来追赶时代的脚步。最后我要说的是,枕边书不能有多余的东西,幽默、深度、甚至是半点新意都不行。

不过,如果你觉得《世界年鉴》能让你在读后欣然入睡,那你还是可以继续看你的《世界年鉴》。适合我的书不一定合适你,也许我所钟爱的枕边书会让你觉得了无生趣、无聊透顶,这种内容很可能会让你麻木得失去知觉,或是让你烦躁不安,在恼怒中辗转难眠。所以,我下面说的这几段话可能使你觉得受益匪浅,也可能对你而言就是一堆垃圾。

最明智的睡前读书者,往往会从那些构思精美的文学作品集中得到一种宁静和享受,例如,亨廷顿·科恩斯主编的《艺术的界限》,或是由萨默塞特·毛姆编辑的更加大众化的《旅行者的图书馆》。而由毛姆自己作品编成的厚厚的两卷本《世界的终结》、《东方和西方》,对那些想快些入睡的人来说就是最好的选择。在临睡前,我也喜欢读一些精彩的侦探小说,但是我必须承认,如今这类小说读起来,感觉好像都是由电脑按照程序指令编出来的,难免会落入程式化的俗套之中。这其中,我最喜欢读的就是由多罗斯·塞尔斯写的那些惊险的短篇侦探小说。最近,E. C. 本特利的两部侦探小说和他的另外几部短篇小说一起被编成了一个单卷本《放在特伦特架子上的书》,我想,这应该会是本相当不错的书。另外,《约瑟芬·铁

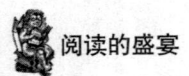
阅读的盛宴

伊作品集》,也可以留到睡觉前来看。偶尔读读那些惊恐的神怪小说(但必须是点到为止),也是很惬意的。书中令人不寒而栗的惊悚情节与暖和舒适的床带给我们的安全感形成的鲜明对比,会让我们像孩子一样高兴起来。尽管这听起来让人觉得很幼稚,但是,在我们每个人的心底深处都渴望能获得这种乐趣,所以不必担心会有人因此而瞧不起你。这种内容稀奇古怪的书很多,其中比较不错的有亚历山大·兰恩所著的《闹鬼的公共汽车》和现代图书馆出版社编印的《恐怖故事和灵异事件集锦》。

另外,我还喜欢躺在床上随意翻阅牛津大学出版社的书目,这种刊物读起来不用思考而且内容丰富多彩。那些似乎无休无止的标题和简介,总会凭其无所不含的独特内容让读者获得很多惊喜,但却丝毫不会赶走读者的睡意。在介绍伽林的《医学故事》的简介中,我们了解到:"既然这本书的希腊原文——除了两个小章节外——已经全部遗失,那么这本19世纪的阿拉伯文译本,就成了这本书现存的最早也是最完整的版本。"

除了上述这些书外,我发现,如果书中描写的社会生活和自己的完全不一样时,那么在睡觉前来读这样的书也是很享受的,我就很喜欢读有关中世纪的读物。而你可能会更喜欢介绍波利尼西亚风情的书,甚至是其他更远地方的,例如,威廉·福克纳的《南方》。而那些最新的科普读物对我来说也一样有异曲同工之妙,只不过现在很少有作家能像埃丁顿·琼斯和H.G.韦尔斯一样写出那么生动有趣的作品了。(让我高兴的是,雷切尔·卡森的《我们身边的大海》和盖伊·莫西的《天空之歌》还能和前辈的作品相媲美,算是两个例外吧。)那些有关语言文字的非学术性书刊对我来说更称得上是极品,但这可能和我的职业有关,所以对你而言就不一定了。

至于小说,请不要让我看俄罗斯人写的长篇巨著,也别向我推荐过于浅显易懂的法国小说,至于那些晦涩难懂的德国货就更别提了。我还是最喜欢19世纪和20世纪初的英国人所写的小说——威廉·摩根、威尔基·柯林斯、乔治·博罗和查里斯·瑞德。（我省略了狄更斯和赛克利，是因为只要一提到19世纪的英国小说，人们总会首先想起他们。）而我最最喜欢的要属安东尼·特罗洛普，他的书总能让我无比的陶醉，接下来就是一夜甜梦。每每想到这儿我就很想尊称他为圣安东尼。特罗洛普打破了时空的界限，他能将一个平躺在床上的读者的心灵顷刻间带进一个已经消失了的世界，在这个由神灵打造的世界里，每一颗心灵都觉得十分舒适，更不必为个人所得税而烦恼。在整整五年里，他所写的50本小说将会是你最忠实的睡前伴侣。在那些能平复你疲倦的身心、伴你欣然入睡的书的王国里，特罗洛普的作品是当之无愧的国王。他从来不乏生趣，但又不会让你过于兴奋。他可以让你全身心都极度放松，却又总是适可而止，不会让你产生丝毫的惰性。

我要说，特罗洛普是世界上最优秀的枕边小说家。

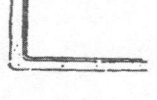

如果想要忘记全世界，那就为自己建造一个书巢吧。

——亚拉伯罕·考利

新终生读书规划

克利福顿·法迪曼、约翰·梅耶

克利福顿·法迪曼的《终生读书规划》初版于1960年，并先后于1978年和1986年出版修订版。这是唯一一本同时荣登"职场晋升畅销书"和"欢乐图书排行榜"之首的书。约翰·梅耶写的《新终生读书规划》，也就是下文所列书目，由哈泼·考林斯出版社于1997年出版。全书中最引人注目的要数一脉相承的"法迪曼式"的自信，这种自信基于数十年文学阅读的功底。即使是在当前文学作品雪崩般大量涌现的时代，能经得住考验和挑剔的文学作品也不多。这个书目既有启蒙性又有趣味性。

- 无名氏（约公元前200）：《吉尔加米氏史诗》
- 荷马（约公元前800）：《伊里亚特》
- 荷马（约公元前800）：《奥德赛》
- 孔子（公元前551—479）：《论语》
- 埃斯库罗斯（公元前525—456/5）：《俄瑞斯忒斯》
- 索福克勒斯（公元前496—406）：《俄狄浦斯》、《克洛努斯的俄狄浦斯》、《安提歌尼》
- 尤里庇得斯（公元前484—406）：《阿尔塞梯斯》、《美狄娅》、《希波吕托斯》、《特洛伊女子》、《伊蕾特拉》、《巴克哀》
- 希罗多德（约公元前484—425）：《历史》

- 修西得底斯（约公元前 470/460—约公元前 400）:《伯罗奔尼撒战争史》
- 孙子（约公元前 450—380）:《孙子兵法》
- 阿里斯托芬（约公元前 448—388）:《吕西斯忒拉忒》、《云》、《鸟》
- 柏拉图（约公元前 428—348）:《选集》
- 亚里士多德（公元前 384—322）:《伦理学》、《政治学》、《诗学》
- 孟子（约公元前 400—320）:《孟子》
- 瓦米奇（约公元前 300）:《罗摩衍那》
- 维亚萨（约公元前 200）:《摩诃婆罗多》
- 无名氏（约公元前 200）:《薄伽梵歌》
- 司马迁（公元前 145—86）:《史记》
- 卢克莱修（约公元前 100—公元前 50）:《物性论》
- 维吉尔（公元前 70—公元前 19）:《埃涅依德》
- 奥勒留（121—180）:《沉思录》
- 圣·奥古斯丁（354—430）:《忏悔录》
- 迦梨陀娑（约 400）:《摩罗维迦与火友王》
- 穆罕默德授记，650 年成书:《古兰经》
- 慧能和尚（638—713）:《六祖坛经》
- 菲尔多西（约 940—1020）:《萨纳摩》
- 清少纳言（约 965—1035）:《枕草子》
- 紫式部（约 976—1015）:《源氏物语》
- 奥玛·珈（1048—?）:《鲁拜集》
- 但丁（1265—1321）:《神曲》
- 罗贯中（约 1330—1400）:《三国演义》
- 乔叟（1342—1400）:《坎特伯雷故事集》
- 无名氏（约 1500）:《一千零一夜》

阅读的盛宴

- 马基雅维里（1469—1527）：《君主论》
- 拉伯雷（1483—1553）：《巨人传》
- 吴承恩（1500—1582）：《西游记》
- 蒙田（1533—1592）：《蒙田文选》
- 塞万提斯（1547—1616）：《堂·吉诃德》
- 莎士比亚（1564—1616）：《莎士比亚全集》
- 约翰·唐恩（1573—1631）：《唐恩选集》
- 无名氏，1618年出版：《金瓶梅》
- 伽利略（1574—1642）：《关于托勒密和哥白尼两大世界体系的对话》
- 托马斯·霍布斯（1588—1679）：《利维坦》
- 笛卡尔（1596—1650）：《方法论》
- 约翰·密尔顿（1608—1674）：《失乐园》、《露西达斯》、《基督降生之早晨》、《十四行诗集》、《论出版自由》
- 莫里哀（1622—1673）：《莫里哀戏剧选》
- 帕斯卡尔（1628—1688）：《思想录》
- 约翰·班扬（1628—1688）：《天路历程》
- 约翰·洛克（1632—1704）：《政府论》
- 松尾芭蕉（1644—1694）：《通向北方的窄路》
- 丹尼尔·笛福（1660—1731）：《鲁滨逊漂流记》
- 乔纳森·斯威夫特（1667—1745）：《格列佛游记》
- 伏尔泰（1649—1778）：《老实人》及其他作品
- 大卫·休谟（1711—1776）：《人类理智研究》
- 亨利·菲尔丁（1707—1754）：《汤姆·琼斯》
- 曹雪芹（1715—1763）：《红楼梦》（又名《石头记》）
- 让·雅克·卢梭（1712—1778）：《忏悔录》

- 劳伦斯·斯特恩（1713—1768）：《商第传》
- 杰姆斯·鲍斯威尔（1740—1795）：《塞缪尔·约翰森传》
- 托马斯·杰弗逊及其他：《美国历史基本文件》，理查德·莫里斯（主编）
- 汉密尔顿、麦迪逊和杰伊：《联邦党人文献》，1787，克林顿·罗斯特（主编）
- 歌德（1749—1832）：《浮士德》
- 威廉·布莱克（1757—1827）：《布莱克选集》
- 威廉·华兹华斯（1770—1850）：《序曲》、《华兹华斯短诗选集》、《〈抒情歌谣集〉序》
- 塞缪尔·泰勒·柯勒惠支（1772—1834）：《古舟子吟》、《克里斯泰布尔》、《忽必烈汗》、《文学传记》、《莎翁论丛》
- 简·奥斯丁（1775—1817）：《傲慢与偏见》、《爱玛》
- 司汤达（1783—1842）：《红与黑》
- 巴尔扎克（1799—1850）：《高老头》、《欧也妮·葛朗台》、《贝蒂表妹》
- 拉尔夫·爱默生（1803—1882）：《爱默生选集》
- 纳撒尼尔·霍桑（1804—0864）：《红字》、《霍桑故事集》
- 德·托克维尔（1805—1859）：《论美国的民主》
- 约翰·斯图亚特·穆勒（1803—1873）：《自由论》、《妇女的屈从》
- 查尔斯·达尔文（1809—1882）：《猎犬号上的旅行》、《物种起源》
- 果戈理（1809—1852）：《死魂灵》
- 埃德加·爱伦·坡（1809—1849）：《爱伦·坡短篇故事集及其他》
- 威廉·萨克雷（1811—1863）：《名利场》
- 查尔斯·狄更斯（1812—1870）：《匹克威克外传》、《大卫·科波菲尔》、《远大前程》、《艰难时世》、《我们共同的朋友》、《老古玩店》、《小朵

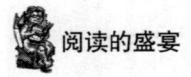 阅读的盛宴

丽》

- 安东尼·特罗勒普（1815—1882）：《修道院院长》、《巴塞最新编年史》、《尤斯达斯的钻石》、《浮华世界》、《自传》
- 勃朗特姐妹

    79A 夏绿蒂·勃朗特（1813—1855）：《简·爱》

    79B 艾米莉·勃朗特（1818—1848）：《呼啸山庄》
- 亨利·大卫·梭罗（1817—1862）：《瓦尔登湖》、《公民抗命权》
- 伊凡·屠格涅夫（1818—1883）：《父与子》
- 卡尔·马克思（1818—1883）与弗·恩格斯（1820—1895）：《共产党宣言》
- 赫尔曼·麦尔维尔（1819—1891）：《白鲸》、《录事巴托比》
- 乔治·艾略特（1819—1880）：《弗罗斯河上的磨坊》、《织工马南》
- 瓦尔特·惠特曼（1819—1892）：《惠特曼诗选》、《民主远景》、《〈草叶集〉初版序》、《旅途回顾》
- 古斯塔夫·福楼拜（1821—1880）：《包法利夫人》
- 费尔多·陀思妥耶夫斯基（1821—1881）：《罪与罚》、《卡拉马佐夫兄弟》
- 列夫·托尔斯泰（1828—1906）：《战争与和平》
- 亨德里克·易卜生（1828—1906）：《易卜生戏剧选》
- 艾米莉·狄金森（1830—1886）：《狄金森诗选》
- 刘易斯·卡罗尔（1932—1898）：《爱丽丝漫游奇境记》、《爱丽丝镜中漫游记》
- 马克·吐温（1835—1910）：《哈克贝利·芬历险记》
- 亨利·亚当斯（1838—1918）：《亨利·亚当斯教育集》
- 托马斯·哈代 1840—1928)：《卡斯特桥市长》
- 威廉·詹姆斯（1842—1910）：《心理学原理》、《实用主义》、《真理

的意义四简》、《宗教经验种种》

- 亨利·詹姆斯（1843—1916）：《使者》
- 尼采（1844—1900）：《查拉图斯特拉如是说》、《道德谱系》、《善与恶的边缘》及其他作品
- 西格蒙德·弗洛伊德（1856—1939）：《弗洛伊德选集》，包括《梦的解析》、《性欲理论论文集》、《文明及内容》
- 萧伯纳（1856—1939）：《萧伯纳戏剧选及序言》
- 约瑟夫·康拉德（1857—1924）：《诺斯特罗莫》
- 安东·契诃夫（1860—1939）：《凡尼亚舅舅》、《三姐妹》、《樱桃园》、《契诃夫短篇故事选》
- 伊迪丝·华顿（1862—1937）：《乡下规矩》、《纯真时代》、《神秘屋》
- 威廉·巴特勒·叶芝（1865—1939）：《叶芝诗选》、《叶芝戏剧选》、《叶芝自传》
- 夏目漱石（1867—1916）：《心》
- 马塞尔·普鲁斯特（1871—1922）：《追忆似水年华》
- 罗伯特·弗罗斯特（1874—1963）：《弗罗斯特诗选》
- 托马斯·曼(1875—1955)：《魔山》
- E.M. 佛斯特（1879—1970）：《印度之旅》
- 鲁迅（1881—1936）：《鲁迅短篇故事选》
- 詹姆斯·乔伊斯（1882—1944）：《尤利西斯》
- 维吉尼亚·伍尔芙（1882—1941）：《达萝威夫人》、《向灯塔去》、《奥兰多》、《海浪》
- 弗兰茨·卡夫卡（1883—1924）：《审判》、《城堡》、《卡夫卡短篇小说集》
- D.H. 劳伦斯（1885—1930）：《儿子与情人》、《恋爱中的女人》

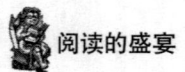

阅读的盛宴

- 谷崎润一郎（1886—1965）：《细雪》
- 尤金·奥尼尔（1888—1953）：《伊蕾特拉的哀悼》、《送冰的人来了》、《长夜漫漫路迢迢》
- T.S. 艾略特（1888—1965）：《艾略特诗选》、《艾略特戏剧选》
- 艾尔德斯·郝胥黎（1894—1953）：《勇敢新世界》
- 威廉·福克纳（1897—1962）：《喧哗与躁动》、《当我弥留之际》
- 厄内斯特·海明威（1899—1961）：《海明威短篇故事集》
- 川端康成（1899—1972）：《美丽与哀愁》
- 路易斯·豪尔赫·博尔赫斯（1899—1986）：《迷宫》、《老虎梦》
- 弗拉基米尔·纳博科夫（1899—1977）：《洛丽塔》、《苍白的火焰》、《说话》、《回忆》
- 乔治·奥威尔（1903—1950）：《动物农场》、《1984》、《燃烧的岁月》
- R.K. 纳拉扬（1906—？）：《英国教师》、《糖果商》
- 塞缪尔·贝克特（1906—1989）：《等待戈多》、《游戏终局》、《克拉普最后的录音带》
- W.H. 奥登（1907—1973）：《奥登诗选》
- 阿尔伯特·加缪（1913—1960）：《鼠疫》、《异乡人》
- 索尔·贝娄（1915— ）：《奥吉·玛琪历险记》、《赫索格》、《洪堡的礼物》
- 亚历山大·索尔仁尼琴（1918— ）：《上层社会》、《癌病房》
- 托马斯·库恩（1922—1996）：《科学变革的结构》
- 三岛由纪夫（1925—1970）：《假面的告白》、《金阁寺》
- 加西亚·马尔克斯（1928— ）：《百年孤独》
- 齐诺瓦·阿切比（1930— ）：《四分五裂》

三个趣味书单

安娜·昆丁兰

十本值得花费整个夏天阅读的大部头巨著（但不适宜在夏日海滨旅游时阅读）：

- 《飘》作者：玛格丽特·米契尔
- 《名利场》作者：威廉·梅克皮斯·萨克雷
- 《伊甸园之东》作者：约翰·斯坦贝克
- 《福斯特世家》作者：约翰·高尔斯华绥
- 《布登伯洛克一家》作者：托马斯·曼
- 《你能宽恕她吗？》作者：安东尼·特洛普
- 《苏菲的选择》作者：威廉·斯蒂隆
- 《亨利和克莱拉》作者：托马斯·墨伦
- 《黑社会》作者：唐·迪利罗
- 《寂寞之鸽》作者：拉里·麦克默特里

十本值得在火灾逃生时抢救的书（如果一个人只能救出十本的话）：

- 《傲慢与偏见》作者：简·奥斯汀

阅读的盛宴

- 《荒凉山庄》作者：查尔斯·狄更斯
- 《安娜·卡列尼娜》作者：列夫·托尔斯泰
- 《喧嚣与骚动》作者：威廉·福克纳
- 《金色笔记》作者：多丽丝·莱辛
- 《米德镇的春天》作者：乔治·艾略特
- 《儿子与情人》作者：D.H. 劳伦斯
- 《叶芝诗选》作者：W.B. 叶芝
- 《莎士比亚戏剧集》作者：威廉·莎士比亚
- 《欢乐之家》作者：伊迪丝·华顿

十本帮助我们了解这个世界的非小说读物：

- 《罗马帝国衰亡史》作者：爱德华·吉本
- 《出类拔萃之辈》作者：大卫·哈伯斯坦
- 《列宁陵寝》作者：大卫·雷姆尼克
- 《林肯传》作者：大卫·赫伯特·唐纳德
- 《寂静的春天》作者：雷雪儿·卡森
- 《冷血》作者：杜鲁门·卡波特
- 《我们如何死亡》作者：舍温·纽兰德
- 《未赎回的俘虏》作者：约翰·迪墨斯
- 《第二性》作者：西蒙·德·波伏娃
- 《权力掮客》作者：罗伯特·A. 卡洛

从好书中得到心灵安慰

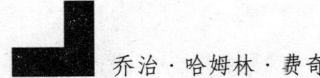

乔治·哈姆林·费奇

从19世纪末到20世纪初的三十多年间,乔治·哈姆林·费奇每周都为《旧金山记事报》的周日版撰写专栏文章。在下面这篇感人至深的随笔——首次发表在《记事报》上,后来收进费奇于1911年出版的作品集《从老书中得到慰藉》——中,费奇谈到在儿子死后,他从阅读中得到的慰藉,并阐述了为什么拥有一本最喜爱的书是如此重要:"因为只有这样,你才能真正领略文化王国的美丽……也才能从容地面对命运所带给你的厄运。"

没有任何事物能像一本优秀的老书一样抚平我的伤痛——
我是怎样从独子的突然去世中品味出阅读的价值。

三十年来,我一直都是在《记事报》的书评专栏上和读者对话的。而我的目的也一直是想劝导读者养成读好书的习惯,并让这种习惯成为我们面对困难和疾病时可以依靠的精神支柱。我一直都是这样强调读书的好处,因为,这么多年来,读书已经成了我最主要的休闲活动,我也证明了读书实在可以让我们受益无穷。它可以扩大我们的眼界,还可以帮助我们

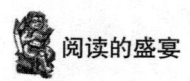
阅读的盛宴

了解世界上那些最伟大的作家们的作品，当我们需要时，书可以随时把他们从记忆中召唤回来。但对我而言，我从没想到有一天，这种习惯会成为支撑我活下去的唯一动力。

当一个人一过了四十岁，他就会开始为剩下的日子作打算。他会把很多事情都列入计划之中——家庭、工作、公益活动、慈善事业和教育。在我的计划中，大部分都是些我最喜欢的文字工作，另外就是好好地陪着我唯一的儿子，他是那么可爱，以至于还在他很小的时候，我就已经觉得自己这一辈子将再也离不开他了。我和儿子哈罗德之间的关系，根本不像埃德蒙·戈斯在他的《父与子》中以一种痛苦的笔调所描述的那种样子，严厉凶悍的父亲和胆小羞怯的儿子之间的关系。说起来，我们更像是一对亲密无间的兄弟。

所以就在几天前，当这种很多年来我已经习惯了的亲密关系忽然被儿子的死亡打破时——就如同晴天霹雳一般，来势汹汹而且完全出乎任何人的意料——在刚开始的几个钟头里，我根本没办法接受这个事实，我感觉整个世界在轰的一声之后完全崩塌了，除了一堆废墟，我的人生之中没有留下半点希望。在那个星期五的下午，我等他一直等到六点，可他却一直也没有出现。星期五是我休息的日子，在这一周里唯一的一天假日里，他通常会来看我，我们一起吃饭，然后再一起去看电影或是找些其他的事消遣。当他到了六点钟依然还没出现时，我就留了张纸条，告诉他我在我们常去的那家餐馆等他，然后就出门了。晚饭是我一个人吃的。当我回家一小时之后，我才得知在我留了字条出门的时候，哈罗德已经永远闭上了双眼，永远都无法再看到我留给他的那张纸条了。

当最初的打击给我带来的悲痛渐渐淡去之后，我开始思索，我的生活中还剩下了些什么呢？很多我为儿子所做的所留下的，现在对我而言都已经没有任何意义了；但是为了重新拾起往日的工作，尽管已经失去了能给我带来无限快乐的他，尽管在我看来他远比我自己的生命更加珍贵，但我明白，一个人有时不得不做出些牺牲，而这种牺牲主要指的是我不得不从悲伤中抬起头，看完书房里已经堆了几英尺高的书——虽然此时我的脑海仍然被悲伤占据着，虽然我还会因为别人的一句不经意的话而痛彻心扉。但是，这些我最钟爱的老书一定会像从前一样吸引我，并带我走出痛苦的回忆。

一直以来，在学校假期里以及盛暑的长假里，我和儿子都已经习惯了在长途跋涉后去乡村度假。而就在最近的五年，为了保持健康强壮的体魄，我的孩子们全都是在乡村度过的。他和他姐姐玛丽，都侥幸逃过了曾在这个城市里流行的肺炎病。之后我便带他们来到位于霍威尔山脚下的艾格文家，一个种满了松树的世外桃源——冬天是一个大牧场，夏天则是人们消暑度假的胜地。在那个空气中弥漫着松脂香味的牧场上，我的孩子们茁壮成长起来。埃德温·艾格文就像是孩子们的第二个父亲，他的妻子温柔娴熟，对孩子们来说，她就像是他们的亲生母亲一般呵护着他们。玛丽是个活泼的女孩，喜爱运动的她后来成了一位勇敢的女骑士，同时她也是一名出色的网球健将，而擅长游泳的她还曾经为了一个愚蠢的打赌在卡特利那岛游了整整两英里。她是一个健康快乐的女孩，也是个孝顺的女儿，只是婚姻让她远离了我，去了大陆的另一端。当我们离开艾格文家时，哈罗德还是个没长大的小男孩，但没多久之后，身体十分健康的他就长成一个强壮而充满了青春活力的小伙子。

现在，我常常回忆起在艾格文家度过的那幸福惬意的五年时光。那时，每当我结束了一夜紧张辛苦的工作，在凌晨三点回到家后，我会小憩两三个钟头。在寒冬清晨的一片黑暗中，我起床，然后从这座城市出发，经过漫长而单调的五个小时的旅程，来到纳帕山谷。我做这一切都只是为了能和我的孩子们一块度过快乐的一天。小哈罗德会在日历上记下我去看他的日子，而且通常会在此之前为我准备一些小礼物——一只可爱的小鸟，一种有趣的游戏或是一些我爱吃的水果。

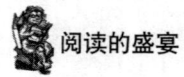
阅读的盛宴

接着他上学了,小学、中学,然后是大学。读书时,他很期待每一个能和我一起度过的假期,由此而带给我的满足感就像陈年的红酒一样滋润着我的心田,让我感到温暖。通过谈话和引导他阅读好书,我努力培养并锻炼他的思考能力,同时也争取让他保持一种单纯高尚的品味。在这种教育方法下长大的他,有时会表现得像个精明的男子汉一般英明果敢,有时又会像个无忧无虑的大男孩一样开怀大笑。当他还只有十八岁时,他就已经具备了三十岁的成年人才有的正确判断力和敏捷的思维,但同时他仍然还是个无拘无束、爱开玩笑的孩子,而他身上最可爱的一点,就是他根本就没意识到自己有这么多的优点。就像一朵馨香的花朵,他无意识中的一举一动,都能让所有认识他的人都爱上他。

在大学里,他经常资助那些经济上有困难的同学。他在斯坦福大学的宿舍,永远都是那些无家可归的流浪者们的避风港。事实上,他总是那么热情地一视同仁地对待每一个人,以至于有一天宿舍管理员以一种带有讽刺意味的口吻警告他说,尽管他是这里的学生,尽管交够了住宿费,但这并不代表他有收容寄宿者的特权。他的朋友来自于社会的各个阶层。他从没加入过任何大学兄弟会之类的社团,因为他不喜欢社团成员的排他性。但是,无论是在兄弟会的成员中,还是他们所排斥的野蛮人中,他都能找到亲密的伙伴。毕业前,学校领导一次不公平的裁决殃及了许多学校里最优秀的学生,于是哈罗德站了出来,代表大多数学生同校方理论。就在与校方一次又一次的交涉中,他结束了自己的大学生活。尽管他早已通过了所有的考试,而且也已经以无可挑剔的态度独立完成了毕业论文,但因为校方专断的裁决,在毕业六个月之后他才拿到了自己的学位证书。

毕业后,他进入了一家由大学同窗好友创办的火灾保险公司的董事会,开始了他虽然短暂但却兢兢业业的工作生涯。在工作中,他勤勤恳恳,任劳任怨,但绝不想为自己谋半点私利,只是想以此来回报朋友的信任。

从好书中得到心灵安慰

哈罗德总是洋溢着青春的活力，他充实的生活因为报纸而变得更加丰富多彩。新闻人的生活就像在舞台上表演戏剧，会在它所中意的每一个人身上都留下演员的标记，而哈罗德就像是一个被装上了翅膀的孩子一样，兴高采烈地飞上了这个舞台，并喜欢上了这个舞台和舞台上所有的人。尽管他住在纽约，但却是《记事报》编辑室里的常客。他熟悉这儿每一个部门的工作，所以他总能一针见血地指出各项工作中的症结所在。但他觉得做新闻限制太多，压力过大而且十分孤立，对工作者苛求过高而给予的回报太小，所以最终他还是选择了离开，如果他能留下来，那他必定会在这一行干出一番伟大的事业。在旧金山大火之后的救灾工作中，他表现得异常出色，而他为体育专栏撰写的文章也获得了很高的评价，那是因为他自己就精通于各项体育活动，而且在任何时刻都能保持公正冷静的头脑。当他去世的消息传到办公室时，所有的人都陷入深深的悲哀之中，那情形仿佛是在哀悼报社核心成员里一位元老的过世。

随着他年轻的身影一点一点从我的生活中消失，这种永恒的感情里包含的美，也就一点一点越来越清楚地展现在我的眼前。快乐的时光总是很短暂，在那漫长而炎热的夏日里，只要有了哈罗德，时间就总是过得特别快。还有我们曾一起在野外像狂暴战士一样大踏步地沿着沙丘一直走，"让我们的脉搏和狂风一起跳动"，乐不可支地品尝着大自然的味道。只是现在，那些曾经属于我们的亲切而满溢快乐的假日，那些我们曾经一起在寒冬里顶着暴风散步的岁月，都已经永远地远离了我。那些幸福的时光都已经走远了，什么痕迹都没留下，除了些许常常会让我泪流满面的珍贵回忆。可是，尝惯了幸福滋味的我，已经几乎忘记了眼泪的味道啊。

于是，在辗转走了很远之后，我又回来了，回到了我的书架前，继续我的工作，鼓励你们，告诉你们如何从痛失至亲的阴影中走出来，尽管和我一样，你们早已习惯了温馨而充满爱意的家庭生活。不幸的人们啊，坚强起来吧，不要让无助的思想占据你的脑海，也决不能向死亡的后遗症妥

阅读的盛宴

协。请相信，那些伟大的文学作品会帮助你走出困境的，虽然这意味着你可能会忽略时尚杂志或是最新的爱情小说。但是，请你想一想，这些没有任何意义的书在半年后就会完全被人们遗忘，可是你从与各时代大文豪的亲切对话中所获得的慰藉却是永恒的。最近，哈佛大学的艾略特博士选出了他的"五英尺高的书"，从而激起了许多人的议论。而如果要我说，我就会从他认为必读的书中抽出三分之二送给别人。但最重要的并非如此，关键还是你要坚持自己的最爱——真正的货真价实的书，其中的每一本都能让你受益匪浅，都能让你感受到一颗伟大的灵魂正在和你交流，从中你将会获得无尽的鼓励和慰藉。把这些书放在随时都能拿得到的地方，一遍又一遍不厌其烦地读它们吧，直到你的脑海里已经充满了从它们那儿得到的智慧和美丽。这样，你将会最终进入到一个纯文学的王国，那里没有自以为是的书呆子，也没有固执己见的教条主义者。在那里，你会变得坚强，即使是面对命运给你的最致命的打击时，你也能从容应对，不会有丝毫的恐慌。

当你悲伤痛苦，无法自拔时，你会求助于杂志还是那些只能在没事时逗逗乐的诙谐的短篇小说呢？没有任何一种文学技巧能缝合一颗已经破裂的心，也没有任何优美的词句能抚慰一颗已经被悲伤折磨得千疮百孔的灵魂。不，不是这样的，当清晨第一缕阳光照进房间时，让我们首先打开《圣经》——智慧与安慰的源泉，只要你有一颗忏悔的心和一双干净的手，只要打开了《圣经》，你就绝对不会失望而回。那是一剂能医治百病的灵丹妙药。然后，让我们打开那些充满了甜蜜、有益心智的书吧，是那些曾经历过生命的低谷并勇敢走出来的人创造了它们，其中的一字一句都是作者的切身感受，它将带领每一位心灵的伤者走出阴影，重新投入到生活的怀抱里。对一个正在痛苦中煎熬的人来说，一本能够震撼他心灵，让他在命运的重击之下坚强起来的好书，胜过一千本无法教会他生活真谛的废书，那些书对极度渴望从失落中振作起来的灵魂而言，就像一个干涸的蓄水池，不能提供任何帮助而只会徒增负担。

　　我忠实的读者们，自从旧金山那场大火吞噬了我所有珍藏的书籍后——那是我费尽四十年心血收藏的珍宝，这是我第一次纵容自己在专栏中如此肆无忌惮地释放自己的感情。我根本无法控制自己的感情，于是就这样任它操纵我的思想，因为，此时的我就像是一只受了重伤的动物，只想让自己的文字舔舐伤口，慢慢地恢复。在这里，我以切身体会述说那致命的悲伤所带给我的种种苦痛，但我也十分相信，凭借本文中我所流露出来的那充满了希望的精神——并希望借着这种精神，我能坚强地度过余生，并且，不遗余力地去帮助那些和我一样痛苦的人们，帮他们走出回忆。我希望有一天，在那个"尚未被发现的国度"里，当我们和亲人重逢时，他的脸上依然洋溢着如往昔般的灿烂笑容，并像以前一样伸出双臂，紧紧地把我拥入怀中，让我们一起沉浸在浓浓的爱意和坚贞的忠诚之中。

　　对于那些像我一样整天忙于工作的人们而言，长时间的劳作和紧张的工作压力也许都算不上什么，为了所爱的人，他们可以做出任何牺牲。但是可能因为天性使然，他们总是恪守着清教徒一般拘谨保守的生活态度，总是羞于敞开自己的心扉，向身边所爱的人表达自己深沉的感情。直到有一天，死神张开双臂带走了他们心中的挚爱，他们才终于能从颤抖的嘴唇中说出自己如洪水般汹涌的爱意。但是这时，他们心中所挚爱的那个人却再也听不到了。

爱书之人

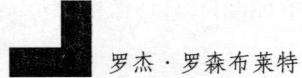

罗杰·罗森布莱特

本文节选自著名散文家罗杰·罗森布莱特1994年在纽约美国广场剧院表演的自编自演的单人秀《爱书之人》。

借书的习惯总是和常规相反。

在其他类似的情况下,债务人会成为债权人的奴隶,而且,你暂时得到的东西,会因为沉重的永远还不清的人情债而变成一种损失。在金钱方面,这是一条不变的真理。但如果换成是书,那就正好相反了。因为某些说不清的原因,借书者会觉得,书一旦落在自己手中,那就属于自己了。从此,他会彻底忘了借书这一回事,当然也不会有丝毫的罪恶感了。让事情变得更糟的是,连书原来的主人,最后也会接受这个事实。尽管为了确保借书者会按时归还,出借者往往会严肃认真地要求借书者发誓尽早还书,而借书者这时也会义正词严地回答道,如果他没按时归还,上帝就会让他永远无法再看书了。但这一切就好像是两个人演的一出戏。只要书被借走了,就再也回不来了。书的主人碍于情面不好意思开口要书,而借书者则再也不提起借书的事,于是整件事情就在不了了之的情况下结束了……

世上再也没有比有人正虎视眈眈地盯着你的宝贝书更可怕的事情了。

你不需要做出任何判断，事实上就是有人正审视着你的书。诚然，大多数人都希望客人不过是随便拿起来翻翻，随意看两眼，当他们感到无聊或是失望了，就自然会把书放回原处了。唉，可事与愿违的是，更多时候，客人们会用那种在热舞晚会上打量妖艳女子的贪婪目光，仔细读着每一个标题，在心里盘算着，翻来覆去地看着。但是，这还不是最恐怖的。当那双紧紧盯着书的眼睛不再移动时，你的心跳在那一刻也就停止了。那种内心的恐惧，足以让任何一个爱书的人窒息而死。那个人的身体稍稍动了一下，他举起手，渐渐移到眼睛所望之处。于是，什么都无法挽回了。你全身冰凉，毫无知觉地僵在那里。而此刻他正冲着你笑呢。你预见到自己会听见这样一句话："我想借这本书看看，你介意吗？"介意？天哪，我为什么不该介意？事实上那本书是你在搜遍欧洲和北美每一个大大小小的书店之后，终于在巴黎的一个小书摊上找到的。那天是1969年4月——我想是13号。是的，你很确定，那天下午还下着淅淅沥沥的小雨。还有那书的页边处微微卷起的折角，对你来说，它就像心跳对生命的意义一样，是不可或缺的啊。轻轻抚摸着这些熟悉的书页，你就像被带回到了初恋的甜蜜和美梦的憧憬中，那种温馨和快乐能让你陶醉一辈子。现在，有人要把这一切从你身边夺走，而且再也不会把它们还给你了，难道你不应该介意吗？即使有一天，那人真的很有绅士风度地把它还给了你，你那时也早已被失去爱书的痛苦折磨得形容憔悴了，而书也因为那人的不爱惜而备受摧残，早已变得体无完肤了。如果是这样的话，我也应该不介意吗？我当然介意！但你听见自己说的是：

"没关系，你拿去看吧。希望你能喜欢它。"

"太谢谢了。我下周就会还给你。"

"不用那么着急，你慢慢看。"

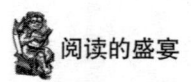

阅读的盛宴

本杰明·富兰克林的墓志铭

1772年，在收集了别人写的相似的墓志铭后，年轻的印刷工本杰明·富兰克林给自己编写了下面这段墓志铭。然而，富兰克林并没有把这个墓志铭刻在自己的坟墓上，他的墓碑上面只有他和他妻子的名字。

这里，
埋着本杰明·富兰克林的肉体，一个印刷工
（像一本旧书的封面，书的内容已经撕去，
剥掉了文字和镀金）
为虫子准备的食物；
但书的内容并没有消失，
犹如他相信的那样，
会再次出现，
以更加新鲜
和美丽的版本，
被作者继续修改和订正。

书 痴

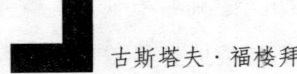

1836 年,福楼拜写下这篇《书痴》时,年仅 14 岁。这是他发表的第一部作品,于第二年刊登在一本发行于鲁昂地区的小型文学杂志《蜂鸟》上。本文改编自一个真实的故事。根据记载,曾有一位名叫唐·文森特的西班牙僧侣,为了得到一本渴望已久的书而宁愿放弃自己的生命。这个故事至今仍然被奉为描述那些爱书爱到极致的书痴们的经典之作。

在巴塞罗那的一条狭窄阴暗的小街上,曾经住着一些面目狰狞、行踪奇特的人,其中有一个人面色发灰,深凹进去的双眼浑浊无神,看起来就像霍夫曼正在梦境之中沉思。

这个人是一位书店老板,叫吉尔科莫。

尽管他还不到 30 岁,他看起来就像一个年逾古稀的老人,没有半点生气。原本高大的身躯现在蜷缩得像个小老头,还飘着一头很长的白发。他的双手瘦得只剩皮包骨,皱皱巴巴的,但却依然强劲有力。衣衫褴褛的他看起来有些笨手笨脚,显得有点局促不安。他苍白而丑陋的脸上全是痛苦的表情,如同死人一般。除了会在那些出售奇怪少有的书的市场里发现他的踪影外,人们在街上几乎从没见过他。可一旦到了书市开张的日子,他就完全变了一个人,一改往日的颓废和怪异,变得精神抖擞起来。这时

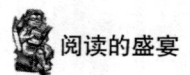 阅读的盛宴

候,他的眼睛里会散发出蓬勃的生气,不停地来回走着,还时不时地跺跺脚,实在掩饰不住内心的喜悦和不安,也没办法压抑住心中的痛苦和悲伤。他喘着粗气,上气不接下气地跑回家,然后马上拿起他的宝贝书,目不转睛地打量着,那神情就像是一个守财奴贪婪地盯着他的钱财,又像是一位父亲充满爱意地凝视着自己的女儿,或者说是一个国王正心满意足地望着他的王冠。

除了和旧书商和二手书商贩讨价还价外,这个男人从来不和任何人说话。他虽然沉默寡言,但也是一个忧郁的梦想家,常常暗自神伤。只有一种信念能让他快乐起来,那就是书,他钟情的唯一事物,为此他付出了自己的全部激情。他对书的这份挚爱就像一团熊熊燃烧的火焰,耗尽了他的一生,烧光了他所有的一切,包括他的生命。

常常在夜里,邻居们透过窗户会看到他的书店里烛火摇曳,时明时暗,把他的身影映在窗子上,有时又会突然一下子变得一片漆黑。然后,他们就会听到敲门声,那是吉尔科莫来向他们借火点灯,刚才的一阵风把他的蜡烛吹灭了。

在这些灯火通明的夜晚,他经常整夜不眠地陪着他的书。他兴高采烈但却小心翼翼地穿过储藏室和图书馆的走道,停下来,头发蓬乱,双眼放光,缓缓伸出温暖而湿润的双手,颤抖着抓住了书架。

他从上面抽出一本书,翻开书页,轻轻摩挲着那张薄薄的纸,细细地打量着书页上的镏金镶边和书的羊皮封面,即使是书里的字母和印书的油墨以及不小心弄出的折角和封底的"全文完"旁的花纹,他也不会放过。接着,他变换了放书的地方,把它放在了一个更高的架子上,然后就花上好几个钟头的时间,一动不动地呆呆望着书架。

接下来,他转向存放手稿的架子,那些书稿就像他自己的宝贝孩子。他拿起其中最古老的也是灰尘最厚的一篇,用充满爱意和幸福感的眼光凝视着这张羊皮纸。他低下头去嗅上面那层神圣的尘土,立刻,他的鼻孔就

变得快乐而骄傲起来，一丝淡淡的微笑此刻也浮上了他的嘴唇。

此时，这个男人简直太高兴了，无比兴奋、喜笑颜开地站在一大堆书中间，尽管这些书的道德意义和文学价值他不甚了解，可他就是高兴。坐在这些书之中，他从左至右、从上到下地来回打量那些印了字的封底、磨损了的书页和泛黄的羊皮卷，快乐得无以复加。就像一个盲人向往白天的光明一样，虽然他并不懂得书中的知识，但他依然深深爱着这些财富。

不，他喜爱的并不是这些知识，而是装着这些知识的书。他喜欢一本书，因为它是书。他喜欢闻书散发出来的味道，喜欢看到一张张的纸就那样组成了一本书，喜欢听到翻书时书页扬起时的哗哗声。他迷恋书稿是因为它的古老，因为它的神秘奇异的哥特式风格，因为它滚金边的插画。他眷恋着那些满是灰尘的手稿，书页上厚厚的灰尘在他闻起来就如同是散发着甜蜜香味的香水，直让人神清气爽。就连书末尾印着的"全书完"几个字也让他着迷，环绕在两个扎着绸带的小丘比特之间的那几个字，就像飞翔在坟墓喷泉旁可爱的小天使一样活泼，又像停在装满了玫瑰、金苹果和花束的花篮中的小天使一般乖巧。

这种对于书的执著的爱恋，成了他生命的全部内容。他不吃不喝，也几乎不睡觉。无论白天黑夜，他的脑海里都只有一样东西：书。他梦想着能像国王一样拥有一座皇家图书馆，梦想着能拥有神圣、壮观而美丽的皇家图书馆里所有的一切。只要向那边的走廊望一眼，他就会立刻迷失在那一片书的海洋之中。看着那些书稿，他感到无比骄傲，觉得连呼吸的空气都是自由的，自己也变得强壮起来。他抬头？是书！低头？还是书！他向左看，向右看，看到的只是更多的书！

在巴塞罗那，他被看作一名怪异的学者，又被当作一个邪恶可怕的巫师。

事实上他几乎不识字。

没人敢和他说话，因为他永远都板着一张苍白而严厉的面孔，看起

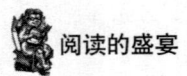

阅读的盛宴

来就像个阴险狡诈、背信弃义的坏人，但事实上他连一个孩子都没伤害过。不过他也的确从来没参与过任何慈善事业。

他把他所有的金钱、所有的财产以及所有的感情全都献给了书。他曾是一名僧侣，但是为了书，他放弃了上帝。起初，他将人们用来供奉上帝的金钱献给了书；后来，他把自己的灵魂也交给了书，彻底投入了书的怀抱。

有好几次他花了比以前更长的时间来陪伴这些书；深夜时，人们仍看到他在书中秉烛夜游，那意味着他又有了一笔新的财富，一卷手稿。

一天早晨，一个来自萨拉曼卡的年轻学生走进了他的书店。他看起来似乎很富有，因为在吉尔科莫的店门口就站着两个为他牵骡子的侍从。那个年轻人戴着一顶嵌有羽毛的天鹅绒帽子，手指上还戴着几枚闪闪发亮的戒指。

但是他却一点也不像那些因为身后有了几个小跟班、穿了几件漂亮衣服就自以为是、实则腹中空空的富家公子那样徒有其表。不是这样的，他有学者的气质，只不过他是个生于富贵之家的学者。换句话说，他就像是那种生活在巴黎之类的大都市里，趴在红色的桃木桌上，看着镶金边的书的学者，穿的是绣花拖鞋和绸睡衣，徜徉于中国古玩之间，看着金表，一只小猫就睡在他书桌旁的一个垫子上，还有两三个年轻女子正在催促他朗诵自己的散文和格律诗，讲述他写的故事，她们嘴里不停地嚷嚷着，"你好棒啊"，其实心里却只把他当作众多纨绔子弟中的一个花花公子而已。

这位年轻的绅士表现得彬彬有礼。刚一进门，他便深深地鞠了一躬，向店主致意，并用一种十分平和的语气问道：

"请问您这里有手稿出售吗？"

这位店主听后，显得有些局促不安，他结结巴巴地回答说：

"您为什么这样问呢？是谁告诉您我这里有卖的呢？"

"没有人告诉过我，但我想您这里应该会有吧？"

接着，他便在店主前面的桌子上放了满满一袋金子，一边微笑着，一边还把它们弄得哗哗作响，似乎是想让每一个人都知道，他是这些金子的主人。

"先生，"吉尔科莫回答道，"我的确有一些书稿，但我是自己收藏而不是拿来卖的。"

"那为什么呢？您用这些手稿来干什么呢？"

"什么，我亲爱的先生？"这时，他的脸已经因为有些生气而开始泛红了。"您问我拿它们来干什么？噢，不，您根本就不明白那些手稿的价值！"

"对不起，吉尔科莫先生，正是因为知道您这儿有，我才不辞辛劳地赶到这儿来的。我指的是《土耳其编年史》的原稿！"

"我这里？噢，他们欺骗了您，我没有，先生！"

"你有，吉尔科莫，"年轻的绅士回答说。"请您放心，我从没想过要把它从您这儿抢走，我只是想用钱来买。"

"不可能！"

"噢，您会卖给我的，"这位学者说道，"因为您有。您是在黎希亚米去世当天的拍卖会上买到它的。"

"哦，是这样的，先生，我是有。但它是属于我的，是我的宝贝，也是我的生命。噢，您不会从我这儿得到它的！听着！我要告诉您一个祕密：巴普蒂斯托，就是那个住在宫殿广场上的书贩子巴普蒂斯托，你知道吗？他是我的竞争对手，也是我的敌人。嗯，他没有这套书稿，他没有，但是我有！"

"那您要卖多少钱呢？"

吉尔科莫停顿了良久，重新开口时，他用一种十分自豪的语气回答说：

阅读的盛宴

"两百个皮斯托尔，先生。"

说完，他以一种胜利者的姿态望着这个年轻人，那神情似乎在告诉他："你就要走了！那可是笔不小的数目，而且少一个子儿我都不会卖给你的。"

但是他错了，他身边的那个人打开了钱包，说道：

"这儿是三百个皮斯托尔。"

吉尔科莫的脸霎时间变得惨白惨白的，差点没晕过去。

"三百个皮斯托尔？"他重复着。"但是，先生，我是个十足的傻瓜，我改变主意了，少于四百个皮斯托尔我是决不会卖的。"

那个学生大笑起来，他把手伸进口袋里摸索，然后掏出了另外两个钱袋。

"唔，那么，吉尔科莫，这里是五百个皮斯托尔。噢，不，你根本就不想卖，吉尔科莫，但是我却一定要得到它，就是今天，马上。如果需要的话，我愿意卖了这枚被施与了祝福的戒指，或是我的嵌满了钻石的宝剑，还有我的马，我的房子，甚至是我的灵魂，因为我势在必得。是的，我会不惜一切代价，不论花多少钱，我都要得到它。一周后，我就要在萨拉曼卡参加一个学术辩论会。我必须用这本书让我成为一名妙手神医，帮助我登上大主教至高无上的宝座。但是在戴上教皇的三重冠之前，我要先拿到那件紫袍，不是吗？"

吉尔科莫慢慢地靠近他，脸上流露出一种前所未有的崇敬之情，仿佛面前这个人是这个世界上他唯一的知音一般。

"仔细听好了，吉尔科莫，"这位贵族先生打断了他。"我还要告诉你一个可以让你更加高兴的秘密，会给你带来更巨大的财富。有一个住在阿拉伯之门的人。他有一本书：《米迦勒之谜》。"

"《米迦勒之谜》？"吉尔科莫喊道，他已经高兴得快哭出来了。"噢，太谢谢您了！您就是我的救命恩人啊！"

"那么，快！把《土耳其编年史》给我！"

吉尔科莫奔向书架。然而，突然他又停住了，转过苍白的脸，用一种很惊讶的语调说道：

"但是，尊敬的先生，我根本没有那本书啊？"

"噢，吉尔科莫，你骗人的技巧实在太糟糕了，你的表情已经告诉我，你在撒谎。"

"啊，敬爱的先生啊，我向您发誓，我真的没有。"

"为什么呢？吉尔科莫，你这个老傻瓜。看，这儿是六百个皮斯托尔。"

吉尔科莫慢腾腾地取出书稿，小心翼翼地把它递给了那个年轻人。

"可千万保管好了哦。"

那个年轻人走出门去，大笑着，对给他牵骡子的侍从说道：

"你的主人可真是个大傻瓜，不过他刚刚骗了一个更蠢的低能儿，就是那个笨透了的坏脾气的和尚！"他笑着重复道："他居然会相信我就要成为教皇了！"

可怜的吉尔科莫此时正在为失去他的那卷书稿而郁郁寡欢，他把滚烫的额头贴在书店的玻璃窗上，望着被那个粗壮的侍从拿走的书卷，那可是他生命里的挚爱，他全部感情的寄托啊。愤怒而悲痛的他就那样趴在窗子上抽泣着，任眼泪一颗接一颗地流下来。

"噢，那个可怕的从地狱里来的该死的家伙！我诅咒你，诅咒你一百次！是你，是你抢走了我在这个世界上的最爱！噢，我活不下去了！我知道他肯定骗了我。那个声名狼藉的坏东西，你骗了我！如果这是真的，我一定要报仇。现在，让我赶紧到阿拉伯之门去吧。如果那人向我要更高的价，那我该怎么办呢？噢，如果是这样，我将愤怒得足以杀死任何一个人！"

他抓起那个学生留在桌上的钱，跑了出去。

 阅读的盛宴

当他急匆匆地穿过街道时,他什么都看不见。他眼前出现的一切就像是一场噩梦,梦里的一切就像是一个他永远都猜不透的谜。他听不见身边行人的脚步声,也听不到碾过的车轮发出的噪音。他无法思考,也不再抱有任何梦想。除了书,他的眼前一片空白,什么都没有。他脑袋里想的全是那本《米迦勒之谜》。他想象着,那将会是一本大大的、薄薄的、饰有金字的羊皮卷手稿。他试着想猜出那本书会有多少页。他的心怦怦地敲打着他的心房,此刻,他仿佛就是一个等着宣判死刑的犯人。

终于,他到了阿拉伯之门。那个学生并没有骗他。在那儿,真的有一张已经旧得千疮百孔的波斯地毯摊在地上,上面随随便便的丢了十来本书。书的旁边四仰八叉躺着那个卖书的人,在太阳底下睡得正香,还打着呼噜,没来得及叫醒他,吉尔科莫跪了下来,用他那双焦急不安的眼睛在地上的书里搜寻着。一无所获的他脸色显得愈加白了,垂头丧气地大声叫醒了那个旧书商,迫不及待地问道:

"嘿,朋友,你这儿有没有一本《米迦勒之谜》?"

"什么?"小商人睁开眼睛。"你说我的书吗?你自己看吧!"

"蠢货!"吉尔科莫用脚踢了他一下。"除了这些,你还有别的吗?"

"有啊,让我看看,喏,在这儿呢。"

于是他拿出一小袋用绳子捆住了的书。吉尔科莫拽断了绳子,在一秒钟之内就把所有书都扫了一遍。

"该死的,"他说,"都不是。也许,你还没有卖掉,是不是?噢,如果你有,就请你拿出来吧,请你拿出来!我出一百个皮斯托尔,两百个!你要多少我就给你多少!"

旧书商十分诧异地看着他。"哦,你说的可能是那本我卖了八个金币的小书吧,我昨天把它卖给奥维耶多大教堂的一个神甫了。"

"那你记得那本书的书名吗?"

"记不清了。"

"是不是《米迦勒之谜》啊?"

"对,就是它。"

听到这儿,吉尔科莫仿佛突然被鬼上了身一样,完全失去了知觉,他向后倒退了几步,然后就一屁股坐在了地上,一动也不动。

等他回过神来时,已经是傍晚了,地平线上那轮缓缓下坠的落日映红了整个天际。他挣扎着爬了起来,失望至极的他像患了重病,深一脚浅一脚跌跌撞撞地回了家。

一个星期之后,吉尔科莫仍然没能从那场变故中摆脱出来。伤心失望的他,只要一想到那一天的情景,心口就会感到一阵紧过一阵的悸痛,痛得他欲哭无泪。整整三天,他的眼睛片刻都没有合上过,因为他的眼前总是会闪过他卖书那天的一幕幕场景。他卖掉的是西班牙印制的第一本书,也是这个国家里独一无二的绝版啊。很久很久以来,他就梦想着能拥有这本书。当他被告知书的主人已经去世了的那一天,他是多么地高兴啊。

但是现在,忐忑不安的焦虑已经完全占据了他的思想。巴普蒂斯托会买到它的,是巴普蒂斯托夺走了那本书,而不是那位顾客——他关心的不是这个,而是那本古老罕见的书;巴普蒂斯托,一个他讨厌的人,就像那些让他万般厌恶的艺术家,让他恨得连牙齿都痒痒的。这个人成了一个他无法承载的负担。通常都是他,将书稿从他这里夺走。在公开拍卖会上,他总是那个出价最高而买得书稿的人。多少次在梦中,在这个可怜的僧侣充满了自豪之情的梦中,他都会看见在卖书的日子里,巴普蒂斯托伸出他长长的手,穿过熙熙攘攘的人群,伸到他的面前,像个强盗一样从他怀里把他觊觎已久、梦寐以求的财宝抢走。但是,他努力把自己从这种梦境中拉回来,试着把自己的注意力从憎恨转移到书上,转移到睡眠之中。

清晨,他站在即将举行拍卖会的房子前。他来得特别早,比拍卖商还来得早,也比所有的人都来得早,甚至,比太阳还早。

就在大门被打开的那一瞬间,他如同一只离弦的箭,嗖的一声蹿到楼

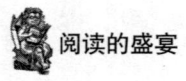 阅读的盛宴

梯上,冲进房间里,向他们讨要他的书。于是,他们拿出了那本书。那一刻,他简直高兴得快要死掉了。

噢,那一刻将会是他所见过的最美妙、也是最动人的情景了。那是一本用拉丁文写的并带有希腊文注释的《圣经》。他以一种无比崇敬的眼光望着它,牢牢地抓在手中,他的脸上呈现出一种痛苦的喜悦之情,就像一个守财奴见到了黄金。

他从来没有像现在这样如此迫切地想得到一样东西。噢!日日夜夜横亘在他脑海里的,他想的、念的、盼的就是它啊,为了得到它,他可以不惜一切代价,他所有的书,所有的手稿,以及他的六百个皮斯托尔,甚至是他的鲜血,他也在所不惜。噢!他是多么多么想得到那本书啊!卖掉他所有的一切都可以,只要能让他得到他心爱的书,什么都可以。但是他要那本书完全属于他,这样他才可以拿着它向全西班牙的人炫耀,才可以对国王摆出一幅轻蔑的笑容,才可以对那些王子和学者表示深切的同情,而最重要的是,他可以向巴普蒂斯托自豪地说:"我的,这本书是属于我的!"然后,他可以用两只手把它紧紧拥进怀里,让它一辈子都留在他怀里,让他可以时时刻刻爱抚它,闻到它散发出来的芳香!一辈子都可以!

最后的时刻终于到了。巴普蒂斯托站在大厅的正中间,面色祥和的他看起来是那么镇定自若。他们一起走到那本书前。吉尔科莫出价二十个皮斯托尔。巴普蒂斯托什么都没说,也没看那本《圣经》。当这位僧侣伸出手想去拿那本他不费吹灰之力就得到了的书时,巴普蒂斯托开始说话了:

"四十!"

吉尔科莫满脸惊恐地看着面前的这位敌手,看着随着书价成比例的上升而渐渐兴奋起来的巴普蒂斯托。

"五十!"他使出吃奶的劲,叫了出来。

"六十!"巴普蒂斯托回应道。

"一百!"

"四百!"

"五百!"懊恼的吉尔科莫又加了一百。他已经失去了耐性,气急败坏地一边跺脚一边嚷着,而巴普蒂斯托却依然显得那么平静,只是从他皱巴巴的脸上流露出了些许的鄙夷之情。这时,拍卖员扯着尖利而嘶哑的嗓子开始重复:"五百个皮斯托尔。"于是,吉尔科莫脸上逐渐露出了笑容。但是,从他身边那个男人的嘴唇里吐出的一阵吹气却让他几乎没晕过去,那个宫殿广场的书商,向前迈了几步,说道:

"六百个皮斯托尔!"

于是,拍卖员沙哑的声音又再次重复了三遍:

"六百个皮斯托尔"——房间里一片寂静,没有任何回应。只看到在桌子的尽头坐着一个人,他面无血色,双手正不停颤抖着,那张被痛苦扭曲了的脸上渐渐露出了笑容,而那笑声仿佛来自一个但丁笔下的被诅咒的恶魔。他低下头,拼命地用手捶打自己的胸口,当他停下来时,胸口一片血肉模糊,而他的指甲里则全是红殷殷的血和肉。

书从一个人的手里传到另一个人的手里,以便交到巴普蒂斯托的手中。从吉尔科莫的眼前,书就这样被传了过去。就在它传过他面前的那一霎那,他闻到了从书中散发出来的芬芳,然后他眼睁睁地看着它停在了一个人的面前,而那个人,大笑了起来,接着,他拿走了书。

吉尔科莫把头埋得更低了,他开始轻轻抽泣。在回家的路上,他感到心痛欲裂,机械地挪着步子,脸上是一种十分奇怪的傻傻的表情。他步履蹒跚,看起来极不协调,仿佛是中了毒一样,摇摇晃晃地走着。他没精打采地半耷拉着眼皮,双眼又红又肿,豆大的汗珠沿着额头一直流下来。他的牙齿在双唇间不住地打颤,既像是一个喝多了的酒鬼,又像一个在盛宴上不知节制的饕餮者。失去了控制的思想在他身边忽悠忽悠地飘着,既没有终点也没有焦点,飘忽不定的思绪重重地压在他的心头,使他看起来异常古怪。重得有如铅块一样的头抬不起来,就那样吊在脖子上,而此刻他

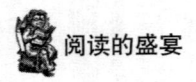 阅读的盛宴

的额头却烫得像个烤火的铜盆。

是的,他醉了,一杯苦酒就让他醉了。活了这么久,他累了,他觉得活够了。那一天——正好是星期天——人们在街上散步,聊天和唱歌。可怜的吉尔科莫听到他们在话家常,在唱歌。他收集着路上那些漂散在空中的话语片断,那些从人们口中说出来的字字句句,还有那些哭声,但是所有的一切在他听来全都是一种声音,噪音。那些模糊不清的声音就像是一曲奇怪的音乐,闹哄哄的,在他脑海里嗡嗡地吵着,慢慢撕裂着他的心房、他的身体以及他的意志。

一个男人对他的邻居说:"你听说了那个可怜的奥耶维多神甫的事儿没有?听说他被人勒死在床上了。"而另一边,笼罩在暮色之中的一群妇女正站在门前的楼梯上闲聊着。正好经过的吉尔科莫听到了她们的谈话:

"唉,玛莎,你知道吗?萨拉曼卡的那个年轻的有钱人,唐·伯尔纳多——就是前两天来这里的那个骑了匹漂亮的黑骡子、穿得很不错的英俊小伙?噢,今天在教堂,有人告诉我,那个可怜的年轻人死了。"

"死了?"另一个年轻姑娘回应道。

"是啊,孩子,"那个女人答道。"他死了,就死在这儿的圣·彼埃尔酒店里。起初,他只是觉得头有点不舒服,后来就发烧了,四天之后就死了。他们把他给埋了。"

吉尔科莫还听到了其他一些事。这些听来的消息让他兴奋得发抖,一丝可怕的笑容也随之浮上了他的嘴角。

他拖着病恹恹的身体精疲力尽地回到家里。他平躺在桌子前的长椅之上,睡着了。睡梦中,他感到胸口憋得透不过气来,喉咙里发出一种空洞而嘶哑的声音。在一片燥热中他醒过来。一场骇人的噩梦耗尽了他所有的力气,他软绵绵地躺在那儿。

已经是深夜了,这时邻居家的钟正好敲了十一下。吉尔科莫听到了叫喊声,"着火了!着火了!"他打开窗子,探出头向街上望,真的看

到了远处屋顶上迸射出来的火苗。他转身回到屋里，想拿上灯去他的书店里看看，就在这时，他听到从他窗前跑过去的人叫道："就在宫殿广场，是巴普蒂斯托家着火了！"

吉尔科莫惊了一下；接着，一阵雷鸣般的大笑声从他心底的最深处爆发了出来。他跑到街上，和人群一起奔向那个书商的家。巴普蒂斯托的房子全都着了火，闪亮的火苗欢快地跳跃着，借着风势越爬越高，也越烧越旺。熊熊的火光搅乱了巴塞罗那的宁静，使整个城市陷入一片喧嚣之中，而挂在西班牙上空的蓝天则平静地望着发生的一切，像一层面纱一样将这片火光连同火光中的哭闹声纳入她深蓝色的幕布之中。在火光的照映下，人们看到一个半裸着身体的男人，他显然已经陷入绝望之中，发了疯似地拽着自己的头发。他在地上打着滚，怒气冲冲地大声叫喊着，咒骂着上帝。他就是巴普蒂斯托。

凝视着在绝望中挣扎的巴普蒂斯托，听着他痛苦的哭喊声，吉尔科莫显得十分平静，脸上露出了高兴的笑容，就像一个刚刚撕掉蝴蝶翅膀的小孩得意于他施与蝴蝶的酷刑一样，他开怀大笑。

人们看到火苗已经蔓延到了楼上的房间里，烧着了一捆捆的书。这时，吉尔科莫搬来一架梯子，把它靠在那已经被火熏黑了的摇摇欲坠的墙上。他在颤悠悠的梯子上一步一步向上爬，来到一扇窗子前。该死的！这里除了一些从书店买来的毫无价值的老书外，什么好东西都没有。怎么办？他已经进来了。笼罩于火海之中的房子里到处都是浓烟，是继续前进还是顺着那已经被火烤得发烫的梯子回去呢？不能走！他继续搜寻着。

他冒着火穿过了好几个房间。地板在他脚下颤抖着，往往都是他还没走到门边，门就倒下了，而那些梁柱也会忽然从他头上砸过来。他躲了过去。可是，气急败坏的他没有后退，他气喘吁吁地又闯进了火海深处。

他必须要找到那本书！他必须找到它，不然他宁愿死在这里！

他根本不知道书在哪里，也不知道该怎么走，但是他依然在大火中奔

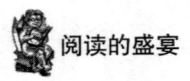 阅读的盛宴

跑着。

最终,他来到一个隔间前,隔间的门被锁着。他一脚就把门踹开了,于是一个阴暗狭窄的小房间出现在他眼前。他摸索着走了进去,昏暗中他的手摸到了一些书。他拿起了其中的一本,把它拿到外面,借着火光看了看。就是它!是的,就是《米迦勒之谜》!他高兴得有些神经错乱,兴高采烈地转过身往回走。他像一只小鸟一样在大火中飞舞着,跳过地板上的空洞。当他来到窗边时,却没有找到原来搭在那里的梯子。他只好爬出窗外,用手和膝盖扒着墙壁爬了下去。他的衣服开始着火了,当他终于下到街上时,他立刻就跳进路旁的水槽里,一边滚,一边扑灭身上那些烧得他生痛生痛的火苗。

几个月过去了,再也没有人听到过任何关于书店老板吉尔科莫的消息,除了在谈到那些让人们觉得不可理喻的神经兮兮的疯子时,吉尔科莫才会作为笑料出现在人们的谈话中。

西班牙多了很多新的坟墓,全国的气氛也变得紧张起来。一个邪恶的精灵似乎盘旋在这个国家的上空。每天,都会出现新的谋杀案,而所有的凶杀都像是出自一双隐秘的、看不见的手,就好像每一个家庭的屋顶上都悬着一把匕首,突然就会有人消失了,而且没有留下任何痕迹,连血迹都没有。一个人踏上了旅途,然后就再也没有回来。人们不知道究竟谁才是罪魁祸首,因为如果将这所有的不幸都归咎于陌生人的身上,那么谁又是那个从中受益而快乐万分的人呢?事实上,生活变得如此黑暗而可怕,以至于没有人知道谁会在诅咒中从这个世界上消失,而谁又会在一片哭喊声中升入天堂。在这个不幸的时代中,人们开始相信这就是天命,谁也没办法改变。

然而,有一个思维敏捷而且工作勤奋的警察试着想找出所有这些不幸

的元凶。他像一个暗藏的间谍一样潜入每一户人家，偷听每一个人的淡话，仔细打量每一张脸，甚至是哭喊声也不放过——只是对于不幸，他仍然一筹莫展。他弄破了每一个封印，拆开了每一封信，在每一个角落里搜寻着，但还是一无所获。

但是有天早晨，谜底终于揭开了。

巴塞罗那的人们脱掉了悼袍，蜂拥来到了代表正义的法庭，争相目睹这个造成这所有不幸的可怕凶手，他们要看看他究竟会得到什么样的下场。虽然他们的笑容看起来更像是面部肌肉的抽搐，但是人们还是用笑容把眼泪掩藏起来，因为当一个人正饱受折磨、泪流满面时，只要能看到别人的痛苦和泪水，就立刻会觉得好受多了。这尽管很自私，但却是事实。

可怜的吉尔科莫，他看起来是那么镇定，那么的安详，但他却被指控纵火烧毁了巴普蒂斯托的家并偷走了他的《圣经》，同时，他还被指控犯有其他上千条罪行。他就在那儿，坐在那张为凶手和歹徒而准备的板凳上。他，可怜巴巴的吉尔科莫，一个一门心思只想着书的诚实的藏书家，现在却背上了凶手的罪名，还有被送上绞刑架的危险。

法庭里挤满了人。最后，公诉人站了起来并开始念他的诉状。他的诉状冗长而啰唆，在一大堆的插语和倒叙中，人们几乎分辨不出他诉状的主要内容是什么。这位公诉人说，他在吉尔科莫的家里找到了这本《圣经》，既然全西班牙只有一本这样的书，那么，这肯定就是原来属于巴普蒂斯托的那一本《圣经》；所以，他有理由相信，很可能就是吉尔科莫为了能得到这本罕有的珍本而放火焚烧了巴普蒂斯托的房子。一口气说完这些之后，他坐了下去。

而吉尔科莫依然还像刚才那样平静，什么都没说，面对那些一直辱骂着他的观众，连看都没有看他们一眼。

他的辩护律师站了起来，读完了一段长长的精彩的辩说词。当他相信他已经打动了下面的观众时，他从他的律师袍下面掏出一本书并将它

阅读的盛宴

展示给所有的人。那是另一本一模一样的《圣经》。

见到那本书,吉尔科莫突然大叫了一声,然后跌坐在凳子上,拼命拽他的头发。这是很关键的一刻,所有人都等着这位被告说话,但是他却连一个字都没说。最后,他坐在那,就像一个刚睡醒的人一样,呆呆地望着法官和他的律师。

陪审团问他是否承认纵火焚烧了巴普蒂斯托的房子这项控罪。

"不!"他回答说。

"不?"

"不过,你们是不是要判我的死刑呢?哦,我求求你们,请判我有罪吧!生活对我来说只不过是一种负担。我的律师骗了你们。不要相信他。噢!判我有罪吧,是我杀了唐·伯尔纳多,是我杀了神甫先生,也是我偷了书,就是那本独一无二的书,因为整个西班牙都找不出第二本!法官先生,杀了我吧!我就是那个恶贯满盈的凶手!"

他的律师走向他,把那本《圣经》给他看,说:

"我能够救你的,你看!"

吉尔科莫拿过书,翻了起来。

"噢!我还是相信全西班牙仅有一本!哦,告诉我,你是骗我的!愿不幸降临到你身上!"

说完,他就晕了过去。

短暂的休庭后,陪审团回来了,宣布他们决定判处吉尔科莫死刑。

吉尔科莫听了,一点也不害怕,甚至显得比刚才更加镇定,更加祥和。

陪审团给了他一个向教皇申诉的机会,他也许能因此而活命。但他却根本不想做任何申诉,只要求在他死后,将他的图书馆交给一个西班牙藏书最多的爱书的人。

接着,当人群渐渐散去时,他祈求他的律师行行好把那本书借给他看

书　痴

一下。那个人把书递给了他。吉尔科莫满怀着爱意翻看着它，他的眼泪滴在了书页上。然后突然地，他十分生气地把它撕了个粉碎，并把那些碎片狠狠扔向那个为他辩护的人，对他说道：

"你撒谎了，律师先生！我告诉过你，全西班牙只有唯一的一本！"

任何有适当收入的人，一辈子买得起的书远超过他能阅读的书。

拯救书籍

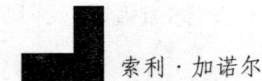
索利·加诺尔

索利·加诺尔在他1994年写的名为《点亮一支蜡烛》的文集中,给我们讲述了他死里逃生的经历,其中包括下面这篇关于拯救书籍的文章。这个不平常的故事让我们得以真实地了解,在那次骇人的战争和迫害中,人们是如何为保护书籍而努力的。加诺尔的朋友杉原千亩,一个日本外交官,为好几千个处于绝境的犹太人发放了出境签证,使他们免受死亡的威胁,并且得以从达豪集中营以及其他集中营里逃出来。

1941年末,上千个冻僵的德国士兵乘坐火车返回德国。虽然苏联在战争中的伤亡人数令人惊愕,然而纳粹德国的党卫军同样遭受到了重创,大约损失了80万士兵。对苏联的进攻由于冬季的到来以及泥泞不堪的道路而暂时停止,这样,德国的补给线也就得到了一个喘息的机会。

但是,这时候的纳粹德军,已经到了相当需要补给和支持的时候了。1942年1月20日,那个金发魔鬼莱茵哈德·海因德里克,主持了提出犹太人问题最后解决方案的万塞会议。在这次会议上,他向纳粹领导集团建议,让所有欧洲的犹太人都参与修建通往苏联的公路,直到他们累死为止。

在德国已经占领的土地上,德国人强迫当地的工厂投入生产,为他们服务。由于万塞会议最后解决方案的出台，已经没有几个犹太人对自己的命运抱有幻想了，只希望能因为自己对德国人还有利用价值而保住性命。犹太人委员会组织了犹太人区里的工厂，生产德国人的必需品，再用这些产品向德国人交换一些食物和不定额的报酬。

考纳斯的犹太人委员会却与大部分的犹太人委员会不同，他们的犹太警察部门设法使各个犹太团体团结在一起，并且开设了职业技能培训学校，教授年轻人木工技术以及其他基本的谋生技术。这种学校能够为传统的犹太教育提供掩护，而且还暗中支持犹太复国运动青年组织。通过这些秘密的行动，考纳斯委员会以及这个犹太人区的居民努力保留着某些犹太文明的残余。

1942年2月6日，许多犹太人被放逐到里加，接下来是更多令人悲伤的消息。在这个月末，德军下令，所有犹太人区的书籍都必须移交给纳粹当局，任何在交书期限之后还持有书籍的犹太人，都将被处死。我们这个犹太民族，多少年以来就是以爱书民族而著称，现在却被迫要与这些古老的同伴分离了。

在1942年初，德国人曾经命令我们所居住的那个街区的所有人都疏散到其他地方去，之后那块区域就一处出于被废弃的状态，并且严格禁止任何人进入。但是没有多久，我和科奇就偷偷地溜进了那块地方，寻找一些木柴或是其他任何有用的东西。这当然是非常冒险的举动，但是我清楚地知道，如果我不冒一点风险的话，就要活不下去了。我想，即使被抓住，我也没有什么可以失去的东西了。

在好几次这样的搜寻之后，我们发现了最珍贵的宝贝——一个存有不少老书的阁楼。这个阁楼只有通过天花板上的一个开口才能到达，我们在经过一番清理之后，终于做出一副能让我们到达阁楼的绳梯。于是这个阁楼成为我们另一个更好的藏身之处。在这样的区域里居然还能找到书，真是太完美了，我们管它叫"军事图书馆"。

阅读的盛宴

科奇开玩笑说，我们也许能够把犹太人区一半的书都藏在这个阁楼里，但是话一出口，他马上就后悔了。他非常清楚地知道我在想什么，而且他不喜欢我的想法。他明白我肯定想要实施这样的计划，但是他的勇气并不足够。自从去过一次第九堡垒之后，他以前的活力虽然多少恢复了一点，但是毕竟已经不是一个勇敢的人了。我必须努力推动他加入这个行动。

几乎每一个人都遵从德国人的命令，开始陆续向书籍集结处交出自己那些珍贵的书籍。

在最后期限的前一天晚上，下了一场纷纷扬扬的大雪。第二天一早，整个犹太人区都被一层厚厚的洁白的地毯所覆盖。我的母亲含着眼泪，将她心爱的书籍往我的自制雪橇上搬。最后一次交出去的书籍是俄国十位最伟大的作家的巨著，都是用红色皮革封面装订着，上面有烫金的字母。托尔斯泰、莱蒙托夫、陀斯妥耶夫斯基、屠格涅夫、普希金、果戈理——这些文学巨匠的思想、激情、理想和情感全部都融入了这些书籍中。而且这套书还是妈妈从乔奇那里收到的结婚礼物。

我深深地同情妈妈。前阵子，赫尔曼在第七堡垒的墙后面和她走散，妈妈一直没能从这件事中恢复过来。后来，她的兄弟乔奇又被驱逐到里加，也许再也见不到面。这些天里，妈妈脸上很少能看见笑，她和我一样，通过阅读来逃避这么多令人伤心的事情。她常常一动不动地坐上几个小时，只有两个手指在不断翻着书页。而现在呢，他们连这些书籍也要夺走了。

"留下它们吧，妈妈，"我很想这样对妈妈说，"反正我们一定会被杀掉的，等死的过程中还不如好好享受这些书呢。"但是我保持着沉默。妈妈觉得要在这种可怕的现实中继续生活，实在是太困难了。

"你得保证把这些书直接送到德国人的储存中心，"她非常悲伤地对我说。突然，她似乎感觉到我头脑中的想法了，又用严厉的口吻补充道：

拯救书籍

"想都不要去想把它们藏起来,你听到了吗?为了几本书而吃枪子是不值得的。"

我马上把我的眼睛转开,妈妈总是能够从我的眼神里读到我心里的想法。

科奇正在街角等着我,他的雪橇上也放了很多书,而且看起来他紧张得瑟瑟发抖。

"我们走吧。"我坚定地说。我知道他非常厌恶我的想法,可是我也知道他一定会跟着我这样做。我们很快地穿过马路,径直朝那块严禁进入的区域滑去。半个小时以后,我们就把所有的书都运上了那个阁楼。

这一天,我们还另外运了四批书。因为有些邻居家里没有雪橇,所以他们很高兴我们愿意为他们把书籍带走。这四批书也都转运到了阁楼上。

但是我仍然不满足,并且又有了另一个主意。这一次科奇表示了强烈的反对意见,但最后他还是同意了。我们到书籍集结处去,加入到书籍分类的工作当中。那个负责书籍分类的加洛德尼克先生,很高兴我们能够来给他帮忙。他把书籍按照语言和科目分好类别,我们就把分过类的书从一楼搬到二楼去。第二天,我再去那里工作时,我告诉这位先生,科奇生病了,所以待在家里,不能来工作。而实际上,科奇就在这所房子的后面,在那个楼梯间的一个小窗户底下等着呢。整整一天,我都一只手臂各夹着一叠书在楼梯上跑上跑下。当我夹着这些书上楼时,我就把左胳膊下的书从楼梯间的窗户扔到下面的雪地里,科奇会在那里等着捡书。然后我继续上楼,把剩下的右胳膊下的书堆放在指定的位置。一个钟头以后,我已经可以非常娴熟地操作这一切了。

这是一件有很大风险的事情,所以,尽管天气非常寒冷,我却常常汗流浃背。大概这样进行了两三天之后,科奇被一个德国守卫抓住了。他告诉这个守卫我们事先就已经编造好的故事:他是运输这些书籍的,正在找这个大楼的入口处。守卫相信了他的话,仅仅只是踢了他一脚作为惩罚。

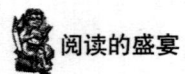
阅读的盛宴

那天科奇吓得尿湿了裤子,并且说什么也不愿意继续干下去了。到那个时候为止,我们已经聚集了不少书了。有一些犹太区的居民见到我们在往那个阁楼搬运书籍,不过他们似乎毫不在意。这也说明,可能有很多其他犹太人也和我们做着同样的事情。

开始时,我每次只往家里偷偷带一本书,并且瞒着我的家人。但是,这种做法让我的良心越来越不安。我和科奇两个人与这么多的好书待在一起,但是我们只是自私地供自己享受。于是,很快地,我们开始向外分发书籍,首先是给我们最亲密的朋友和亲戚,然后给越来越多的人——我们称他们为"消费者",这个词很快就传播开来。

我和科奇开始在中等专业学校上课了,学习木工技术。有一天,埃德斯登先生向我走来。他是我们的老师,在战前是教数学的;现在,每当我们没在忙着钉钉子时,他就想要教我们数学知识。他直截了当地问我,能不能帮他弄到教科书,特别是数学课本。一开始我拒绝了他,告诉他我没有任何书籍来源。但是在他的坚持下,我说我可以帮他问问。事实上,科奇常常为我保留了一些教科书而诅咒我,特别是那些数学教科书。他最讨厌数学科目。"难道这些书值得我去冒掉脑袋的风险吗?"当他看到那些数学课本时,他这样叫道。在这些教科书中间,有一本看起来还比较新的几何课本,我把它偷偷带去学校,交给了埃德斯登先生。他拿到这本书以后,简直欣喜若狂,给了我一个大大的拥抱。"你知道这是一个什么宝贝吗?这本书是希伯来人写的,而且就是几年前在特拉维夫出版的。天哪,你是在地球上哪个地方找到它的啊?"

这些教科书,我们实际上只是把它们堆放在墙角里,并没有正眼看过它们。我曾经跟科奇说过我的一个梦,在梦中,我让所有的动物两个两个依次进入诺亚方舟。从那以后,科奇就把教科书称为我们的鳄鱼、毒蛇和饿狼。

埃德斯登先生是一个非常害羞的人,他有一双棕色的大眼睛,长着稀疏的头发。他在考纳斯的中学里教书。他的家乡是一个小镇，在那个镇上，立陶宛游击队曾经把犹太居民赶到犹太教堂里，然后放火将教堂烧掉。埃德斯登先生的家人全部被那场大火活活烧死了。尽管他经历过这样不幸的事情，他却依然怀有神圣的信仰，他相信正义终将战胜邪恶。

埃德斯登先生在考纳斯犹太人区没有任何亲人，简直就是一个完完全全的单身汉。他被一个没有男性劳动力的家庭"收养"，实际上这是因为犹太人委员会的指派。委员会为了保护那些单身妇女、孤儿以及老人，经常会做出这样的安排。劳动管理局的负责人——纳粹党卫军中尉古斯塔夫斯·V.赫尔曼——显然非常了解，那些犹太工人的工作热情，来源于尽可能地保证家庭完整的强烈愿望，所以他也允许犹太人委员会做出这些安排。于是，许多事实上并不存在的家庭就这样被创造出来了，而埃德斯登先生也与一个家庭一起生活了五年的时间。

埃德斯登先生和他所处的家庭感情非常好。像其他人一样，他也常常拿一些东西和立陶宛守卫交换他们多余的食物。那天，我把书交给埃德斯登先生之后，他马上就把书放进一个包里，包里面还有很多他准备用以交换食物的衣服。那天下午，我离开学校的时候，在校门口与埃德斯登先生擦肩而过。他正站在那里和守卫交换东西，很显然，他所要求的食物的数量超出了守卫所乐意给予的范围。突然，那个守卫叫起来："你把什么东西藏在这里了？犹太佬！啊哈，一本书啊？还是用你们的蛮语写的。你知道，我可以因为这本书而枪毙你！怎么样，愿意破财消灾吗？"

我离埃德斯登先生只有十码距离，非常清楚地目睹了这一切。就在这个时候，一辆德国军车从另一侧往大门开了过来，并且在门口停住了。一个纳粹党卫军的军官走下车，询问发生了什么事情。我觉得我的心已经提到了嗓子眼。

守卫把书交给了那个军官，埃德斯登先生则脸色惨白地站在一边。只见那个德国人慢慢地翻着书页，并且问埃德斯登先生是从哪里得到这本书的。我没有听清楚埃德斯登先生是怎么回答的,但是那个德国人狠狠地扇了他几巴掌,叫道:"别想骗我,你这个肮脏的犹太佬!这本书是在巴勒斯坦印刷的,是一本密码书!你的接头人是谁?在哪里得到这本书的?你老老实实告诉我,不然我就毙了你!"

当那个守卫开始疯狂地殴打我的老师时,我吓得站在那里无法动弹。我多么希望埃德斯登先生把手指向我,可是他却向我做了个不易察觉的手势,让我快点离开。

在这个手势的提示下,我的腿才有了一点知觉,于是我开始跑起来。当我往一条小巷里跑时,听到了一声枪响。我回过头去看,埃德斯登先生的双膝软了下来。德国人又把手枪抵在他的头上,再开了一枪,埃德斯登先生倒在地上,一动不动了。

那天晚上我做了一个噩梦。我梦见我和科奇掉进了一个巨大的墓穴里,我还看到我们的朋友莉娜,她正从高处掉进这个墓穴。突然,她的身体停在了我的上方,我看见她喉咙上的伤口越变越大,从伤口里还冒出好多好多血来,淌在我的脸上、嘴上和鼻子上,我快要被血淹死了。我尖叫着从梦中惊醒,虽然这尖叫发生在我的梦中。我躺了五分钟,努力使自己的呼吸平静下来。而从噩梦中逃离以后面对的这个现实世界,却也不比梦中的世界好多少。我的老师被杀害了,而且是因为我的过错。

第二天我没有去学校,待在家里哭了一整天。后来,科奇到家里来看望我,并且试图让我振奋起来。可是,我的伤心根本无法治愈。都怪我的愚蠢,都怪那些书!我第一次意识到我的愚蠢给多少人带来了危险。妈妈是对的,因为书的缘故而被杀害是不值得的。我没有听她的话,结果呢,埃德斯登先生死了。我至今都记得,埃德斯登先生对我所做的那个让我离开的手势。其实,他只要把手指向我,就可以挽救自己的性命。可是,他没有这样做。

"不要傻了！你难道真的相信，如果他出卖你的话，德国人就会放过他吗？德国人很明显会把你们两个都干掉。埃德斯登先生明白这一点。"科奇试着说服我，"另外，他应该更小心一点才对。"但是，任何逻辑和假设都没有办法让埃德斯登先生回到我们身边了。

埃德斯登先生被安葬在犹太人区公墓，离他被枪杀的地方不远。只有和他一起生活过的家庭成员以及几个学生——包括我和科奇，在安葬时出席。他原本就没有任何亲人，而且这种遭到暴力而突然死亡的事件在犹太人区里司空见惯，没有人会在意。

由于所有的宗教仪式都被德国人禁止了，所以连葬礼都没有举行。只有曾经和埃德斯登先生睡一间屋子的男孩子们，看到先生的尸体被推往墓穴里时，哭了起来。我呆呆地站在那里，一句话也说不出来，像是完全失去了知觉一般。直到几点雨滴落下，乌云密布的天空让人们急着跑开避雨的时候，我才清醒过来。

接下来的十天，我都没有去学校。我羞于面对老师和同学，他们肯定都在因为埃德斯登先生的去世而责备我。这十天里，我再次到飞机场的建设基地，代替艾萨克·托洛茨基，行使"天使"的职责。"天使"制度是犹太人区里为大家熟知的一种惯例：和我年龄一般大的男孩子，代替那些生病的人工作，以获得食物。我把自己大量的时间，都花在用镐敲碎坚硬的粘土地面。镐非常重，哪怕是成年人，在身体状况不好的时候也很难挥动它们。而且很多工人正是因为没有力气工作，而遭到乌克兰工头的虐待和毒打。

我能够将这十天的工作坚持到底，部分原因是因为艾萨克·托洛茨基的妻子多拉大婶曾经有恩于我。多拉大婶是我在牙痛的时候唯一能够帮助我的人。很多个晚上，我都因为可怕的牙痛而无法入睡，有时候牙痛实在把我折磨得不堪忍受，我就会一路跑到多拉的诊所里，像个小孩一样哭泣。由于多拉大婶手边的工具和药品有限，她只能帮上我一点点，但是这

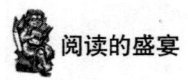 阅读的盛宴

就足够让我的疼痛减轻了。出于感激的心情，我同意某些时候代替艾萨克·托洛茨基到飞机场工作，一般每次只代替一天。不过，这次艾萨克被工头痛打了一顿，需要十天来恢复健康。而在这十天的工作结束时，我也快要站不稳了。结束工作回到犹太人区的路上，我脚步蹒跚；终于到达多拉的家时，我几乎要晕倒在地。我还不到十四岁，而且营养不良，十天的工作对我来说实在是超负荷了。

多拉看到我的样子，心里感到非常内疚。这之后的一个月里，她让我每天晚上都去她家里，并且给我一定量的食物。以犹太人区的生活标准来看，多拉是个富裕的人，因为很多人都需要她的服务，而且她的老厨师还一直偷运食物给她。

这十天对我来说真是炼狱一般，不过它在某种程度上减轻了我对埃德斯登先生的内疚。我开始对整个事件有了更透彻的认识，同时我还获得了多拉额外给予的食物，于是，我准备回到学校了。令我非常惊讶的是，不管是老师还是同学，都没有把埃德斯登先生的死与我给他的那本书联系在一起。他仅仅是在和守卫交易时被抓住了，然后死了。同样，很多人也是这样死去了。

另一件让我惊讶的事情是，科奇几乎每天都会到我们那个"图书馆"去。而我曾经发誓，我再也不会靠近那个鬼地方一步了。也许科奇是因为没有亲眼看见埃德斯登先生被枪杀，所以他才敢每天都去那里；也许是在我被吓倒了的时候，科奇却变得越来越勇敢了吧。

有时，科奇会给我带一两本书出来，一个月之后，我终于又和他一起回到了那个"图书馆"。在这个地狱般的现实中，人们不仅丧失了对上帝的信仰，也丧失了对社会的信任，甚至丧失了对人类自身的信念。只有在书籍中，我才能找到一点安慰。有一天，妈妈下班比较早，当她回到家时，发现我正在看书。妈妈为此非常不安，我于是决心以后再也不把书带回家了。

我和科奇待在那个隐蔽的阁楼里的时间越来越多。我们在阁楼里阅读，或者讨论读过的书。有一天，科奇从我们的那些希伯来书中拿出一本有点破旧的《圣经》。我不知道当初是什么样的原因让我把这样一本书抢救出来，也许是因为我觉得一个没有《圣经》的图书馆称不上是一个真正的犹太图书馆吧。

"我想，我们应该为埃德斯登先生念祈祷书。"科奇在一番踌躇之后这样说。我看着他，惊诧万分。每当我们讨论宗教信仰问题时，科奇总是不愿意多谈。他的父母都是不可知论者，科奇在他们的教育下长大，对宗教的态度一直都是轻视。

"我知道你在想什么，但是我觉得我们对埃德斯登先生有愧。不管怎么说，他是因为我们的书才惹祸上身的。我想，也许他希望有人为他念祈祷书。"科奇有点尴尬地解释道。于是，我在一张纸片上抄下了祈祷书的内容。第二天放学以后，我和科奇来到墓地，在没有立碑的埃德斯登先生的墓前，为他宣读了祈祷书。奇怪的是，这样做了以后，竟让我的心里好受了很多。于是，接下来的好几个月里，我经常去埃德斯登先生的墓前，并且清理照料他的墓。当天气渐渐暖和起来时，我在先生的墓前种了一些豌豆，没想到它们竟然长得很好，后来还结了果实。我和科奇分享了这些果实。我们知道，埃德斯登先生一定不会介意我们这样做。

书籍被焚毁在何处，何处的人们也终将被焚毁。

——海涅

未曾读过的书

托马斯·西晋生

本文第一次发表于 1904 年的《大西洋月刊》。

虽然藏书越来越多，他或许不再承认书籍是他的良师益友，但他迟早会去找个木匠来。迟早犄角旮旯里会堆满他的书，每一扇窗户或多或少都会被书填满，新添的书架又要改造。也许把书整理好是一件极其不易的事情，但是更不容易的是面对木匠的询问："这些书你真的统统都读了吗？"这个问题本应该这样回答："那当然，难道你不信？"然而你也可以这样反驳他："那你工具箱里的每一件工具你都统统用到了吗？"很可能他会这样回答："至少这三个月来，有一半还没用上。我还随身带着一些别的工具以防备用呢。"如果一个工匠都老老实实地这样讲，那么世间一切事情、一切想法莫不如此。

玛格丽特·福勒说得更是清楚明白：

"一个人倘若想要在二十六岁之后大量地思考和写作，他就得不遗余力地全面阅读。"有一些闲人挺乐意沉湎于某一本书中不能自拔，而忽视了其他。就好像某个英国学者，每年要读一遍《伊利亚特》和《奥德赛》的原文，每周看一章，暑假的时候还研究其中的短诗。可是，还有很多很多的英文书籍，一般读者是无需研究文本和脚注的。

未曾读过的书

吉朋的《罗马帝国衰亡史》差不多就包含了整个13世纪的世界史。当那位作家在1787年7月27日写完了这本书的最后一章时,在日内瓦那个历史性的花园里,他得知自己的书将以四种不同的语言出版时,他是否曾经怀疑过,他的读者能否从头到尾地读完?我们知道他预言菲尔丁的《汤姆·琼斯》会替代西班牙的埃斯克里亚尔派和奥地利的皇家鹰派的地位,可他对自己的作品却没有这样高的评价。政治家福克斯认为此书不朽,在这个世界上不可或缺。谢立丹则以轻浮的口吻道,就算这本书称不上流芳千古,至少它内容庞大。但是一般现代读者,大都例行查询参考资料,而不去阅读。

我面前摆着的也许是英语中最最庞大的阅读目录手稿,作者时年83岁。这位3岁时就能在妈妈怀里朗诵《圣经》诗句的作家,9岁就把《圣经》通读完了,然后一生都在阅读所有别的文学作品。他的庞大的阅读书目从1837年开始,经历了大半个世纪,直到今天他还在读。吉朋的著作不过是沧海一粟。在他的阅读书目的空隙处,人们发现这样的笔记:"吉朋所作《罗马帝国衰亡史》,1856年和1894年初读和再读。""吉朋所作《罗马帝国衰亡史》,1895年三读。""吉朋所作《罗马帝国衰亡史》第一卷、第二卷,四读。"下面紧接着是"吉朋著作第三至六卷,四读。""吉朋著作第七卷、第八卷,四读。"《汤姆·琼斯》更是有读了上千遍的壮举。同时还有人很欣慰地发现,作者的阅读面如此之广,以至于他的书单内还包含了纽约作家弗兰斯曼和巴勒的书。

那些尚未读过的书放在大型图书馆里以封面示人,或者堆在过道里似乎更合适。没有被人读过的书根本算不上是书。就像我们知道的那样,人们想要的只不过是让书摆摆样子,并没有真正想要拥有它。这只不过是一些原木纸浆,印刷精美、皮革包装、装潢高档,然而显然并不是为了阅读,因为这些书在内容上实在是一无可取。跟那些真正的书截然不同,这样的书只适合被书商拿来摆放在旅行社里装装门面。我正好手上有我自己

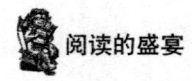 阅读的盛宴

翻译的大部头《尤里庇德斯》,第 18 页上问道:"你的丰功伟业在哪里?"当然,最不为人读的都是真正的书。很少有书被保存得如柏林汉姆的图书馆里那样好——那已经是很久之前了,我曾在那里问图书馆小姐,是不是管理这些满是灰尘的书很麻烦。岂料那位小姐一脸惊讶地回答道:"没有,先生,这扇门已经十年没有打开过了。"美国的一些图书馆也是如此。

马修·阿诺德曾经这样回应一个评论家抨击他没有学识修养:"他说的是对的,我确实没什么学识。并且我希望我的学应该再少一点儿,知识越多越难扛。唯一的学识就在于自由自在、没有束缚。"

知识就在那些未曾读过的书里——我说的是学生书架上的那些原封不动、很长时间或者永远被遗忘了的书,他连饭都舍不得吃,省下钱来把它买下,一千次一万次地盯着这本可爱的书,直到他都不记得这本书是用什么语言写的了。他从未读过它,也不打算将来有一天把它卖掉——这可是他青春的一部分。他只在梦里读它,在梦里读希伯来文,他知道那个著名公式:"他和它在一起将会多快乐啊!"他忽然醒悟过来,发觉他的整个书架,其实就好像一个年轻女孩儿向他微笑着,走了过去。如果一切重来,天晓得她会不会有一天变成他的。她现在已经老了,然而对他而言她还是充满魅力的。

我们在小角落里曾经偶尔听闻过的书,不论后来读了与否,我们往往会记在心里。那就是为什么哈兹利特常常记起 1798 年 4 月 10 日那天,他坐在一个小酒馆里,面对一瓶雪莉酒和冷切鸡,读《新爱洛斯》。同样我也想起在大学里的时候,朗费罗教授为了培养我们的法国风度,曾向我们推荐巴尔扎克的《忧伤的皮肤》。十几年后,我在讲学途中一个乡下旅馆里发现这本书,半夜不睡觉把它读完。这样偶然的邂逅有时会产生一种不适感,比如我第一次读惠特曼的《草叶集》,那是在我的第一次海上旅途中。那天这本书让我有一些轻微的晕船,这种晕船感一直持续到上岸还没有消退。

华兹华斯在他的《私语》中说道:"梦和书,各是一个天地。"

未读过的书和梦交织在一起,把两个不同的天地连接起来。这个比喻

尤其适用于旅途中的书:我们买下来,特别喜欢看,但总有各种各样的原因使我们不能一遍又一遍地读它。然而像厄克特的《大力士之柱》这样的知识财富,全世界不同的地区都能见着的书——不在此列。最富有诗意的莫过于惠特尔的脾气,他在读关于某个国家的书之前,非常想先去该国一游。然而读了那书之后,梦想实现了一半,他的兴趣就转向别的书了,再也想不起来要到国外去看看的愿望了。书架上有这样的书,可以把一个人从南极带到印度洋。

鲁弗斯·科特不无忧郁地说道:"不管怎么说,只有书是不朽的。"

有的时候,书也会被人抨击和指责,然而这样只会更加巩固它的好名声。因此,当教皇皮奥·诺诺被一个冒冒失失的作家要求帮助出书的时候,他说他只能帮助他把此书列入禁书目录。然而如果一本书最后落得没人看,该谴责的就只是作者,就好像了不起的伊丝蕾柯夫人写到一个现代英语小说作者时抱怨的那样:

"他写的这些东西读一次就够了,再不要多,它只配让人读一次。从前一本书花五年来写,被五百个人读五百次。现在的书花三个月写,被五十万个人读一次。这恰到好处。"

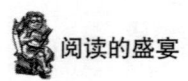阅读的盛宴

被出版商拒绝过二十次以上的畅销书

- 《都柏林人》,詹姆斯·乔伊斯
- 《外科医生》,理查德·胡克
- 《天晓得,阿里森先生》,萧伯纳
- 《康·蒂基》,多尔·黑尔达尔
- 《海鸥乔纳森·利文斯顿》,理查德·巴赫
- 《邮递员总是按两次门铃》,詹姆斯·凯因
- 《洛娜·多娜》,理查德·布莱克莫
- 《欢乐梅姑》,帕特里克·丹尼斯
- 《彼得定律》,劳伦斯·彼得
- 《沙丘魔堡》,弗兰克·赫尔伯特

阅读的价值

蒙田

蒙田被认为是散文这种文体的创始人,他最初的两本散文集是在 1580 年出版的,八年以后,第三本散文集也出版了。蒙田对于生活一般是持温和的怀疑态度,但是这种态度却并没有在对待阅读上得到明显的体现。他认为阅读是一种"迄今为止所能找到的人生旅途中最好的消遣,而那些不能享受阅读乐趣的人们,真的是非常可怜。"

在整个人生旅途中,我一直与书籍相伴而行。而在任何时候,只要我需要,它们都会不遗余力地帮助我。当我老去而渐感孤独时,是书宽慰了我,是书卸下了我肩上无所事事的重负,让我从各项令人厌恶的事务中解脱出来,让我淡忘忧伤和悲痛。它已经占据了我的整个灵魂。

我飞也似地从讨厌的白日梦中逃出来,奔向书,它们马上就能抓住我的思想,把其他令人生厌的思绪从我的头脑中驱逐出去。我为了贪图方便,从书里寻求一种更加真实、更加自然而生动的东西,久而久之就对它们产生了依赖。但是它们并不会因此而背叛我,每一次它们都用同样的热情迎接我。它们说:"手中牵着马的人,也一样有充分的理由步行。"詹姆斯,这位硬朗健壮的那不勒斯和西西里岛的君王,就曾睡在一辆颠簸的手推车上,头下枕着一个有点寒酸的羽毛枕头,身上穿的是粗

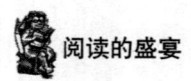 阅读的盛宴

糙的灰布衣服,头上戴的也是同样质地的帽子。但是尽管如此,他依然能坐上皇家火车,骑着各式名马,指挥着形形色色的绅士和官员,只不过建立在这之上的他的威严就得打点折扣了。这个胸中自有妙计的人是不需要别人的同情的。

我从这句话中学会的以及从中得到的锻炼,都体现了书本带给我的所有好处;但是和那些并不了解这一切的人一样,我却没有很好地利用它们,就像一个守财奴看重他的每一分钱,并会在他高兴的时候把弄那些钱一样。我酷爱书,也会在心情不错的时候看书,也会因为拥有这份财富而感到十分满足。无论是在战争时期还是和平时期,我旅行时一定要带上书。但是我却会几天、有时是几个月都不看它们一眼。我告诉自己,我会一点点地看,或是等我有了兴致时再看。然而时间却在不知不觉中一点一点地流逝了。关于这一点,我真的想不出来,到底要到什么时候我才会有迫切想读书的念头,并且意识到书本给我的生活带来的慰藉和帮助。我不知道究竟这种想法要到一种什么程度,我才会去看书。书是迄今为止我所发现的最好的一种能陪伴我们走完人生旅途的伴侣,而且我也很同情那些没有书陪伴的人们。我可以从书里获得任何娱乐活动能带给我的欢愉和兴奋,而且无论何时何地,它都从没让我失望过。

在家时,我经常会光顾藏书室,从那里我可以了解到家人们的喜好。走进藏书室,就可以全面了解我的花园、庭院、后院以及房子的其他部分。在那儿,我可以随意浏览各种各样的书。有时我会陷入沉思,有时我又会做些记录,并在来回踱步的时候口述些随想之类的东西,正如现在你们看到的这篇文章。

我的藏书室位于三楼,一楼是我做礼拜的小教堂,二楼是一套有一个小隔间和壁橱的公寓,那儿是我休息生活的地方;而在此之上的就是这个伟大的书橱,这儿原来曾是整座房子里最没用的地方。在这儿,我度过了一生中的大部分时光。白天的大部分时间我都待在这儿,但我从不在这里

过夜。这是一个漂亮、整洁的小房间,屋里有一个冬日里取暖用的壁炉。房间里有很多窗户,所以这儿不仅有充足的光线,还有美丽的风景。在这个三十步长,十二步宽的小小的空间里,我免去了很多麻烦,还省下不少开支,还有那足够高的隔音墙,这些都使得我可以远离一切,安心沉浸在书的世界里。

每个休息的地方都应该有散步的空间;如果我静静地坐着,我的思想就会沉沉睡去;但我从不会任幻想飘摇而不加制止。我的双腿会让它们在适当的时候停下来;而那些学习时不看书的人则通常都是一样的。我的书房是圆形的,除了几面干干净净的墙壁、一张书桌和一把椅子,剩下的就是环绕着墙壁排放的五排书架了。这样我就可以坐在中间,对我的那些藏书一览无余了。

这个以十六步距离为半径的圆房子三面墙上都有窗户,所以从这里望出去,可以看到三个优雅宽阔的视野。冬天,我并非一直都呆在这儿;因为想要远离俗世的尘嚣的我,当初正是因为爱上了它的偏僻,它的高耸,喜欢身处其中那种完全暴露在自然之中的感觉,才决定定居于此的。这儿是属于我的王国,我努力使自己成为一名纯粹的称职的国王,统治好这个与世隔绝的小小角落,使它摆脱尘世里的婚姻和子女的枷锁,还有那些纷繁复杂的社会关系。在别的地方,我除了不断地说些无关紧要的瞎话,什么都不能做。在我看来,那种人实在太可怜,因为他没有一个让他找回自我的家,也没有一个自娱自乐的天地,更无法从人群中抽出身来。野心会让她的追随者们像市场里等待出售的雕塑一样,时时刻刻都表现得像在做秀:"巨大的财富就像那些大奴隶主一样奴役着人们。"他们从不满足于些许的最基本的自然需求。我一直认为,节俭的生活和宗教的教义一样,都是十分严肃的;也就是说,为了获得一个恒久的世界,它们都需要规则来规范每个行为,还需要很多很多的帮手来帮助他们实现这一目标。

如果有人告诉我说,在娱乐的时候仅仅用沉思来打发时间是一种浪

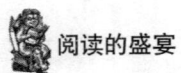 阅读的盛宴

费,那我要告诉他,那是因为他不像我一样深刻了解娱乐休闲的价值;我不能再说下去了,再说就会让本文显得有些可笑了。我穷得一塌糊涂,如果要说得体面些,那就是我为了自己而活,穷得也有志气。这是我的意愿,也会成为我人生的终点。年轻时,我曾为了满足自己的虚荣心,为了让自己变得聪明而学习。现在,我是为了娱乐自己而看书,绝不是想从书中得到什么。从此之后,那种不仅为了满足自己的虚荣心,而且多半是因为想炫耀自己的知识的做法,在我看来,已经是徒劳无益而且愚蠢的了,所以很久以前我就抛弃了这种做法。

对那些懂得如何选择书的人而言,书十分诱人。但是,每件美好的事物都有它不好的一面。从书中获得的乐趣是最复杂、最不纯净的。书有书的伟大之处。也有它的不便之处。它的确可以锻炼人的心智,但同时因为身体缺少锻炼而变得沉重和消沉起来。不过多年来我倒是一直都很重视身体的锻炼。在我年纪一天天大起来时,我学会了适可而止,并避免接触那些对我身体有害的东西。

书籍收藏

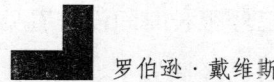

罗伯逊·戴维斯

罗伯逊·戴维斯是一位小说家,也写戏剧、文艺批评和散文作品。下面这篇文章最初发表在1962年的《假日》杂志上,后来于1970年被收入他的随笔集《罗伯逊·戴维斯的狂热》。在这篇文章里,作者对两种不同的个人收藏者进行了描述,前者收藏书籍是因为有些书很稀有,后者收藏书是因为热爱书籍,并最终使大家明白,如他所说,谁才是"真正的收藏家"。

几个月之前,我到爱尔兰拜访一位朋友,他带我去看望他的一位邻居。这是一位贵族妇女,但同时我还被告知,这位贵妇人目前正陷入财务困境中。可是,当我看到这位女主人家的图书馆时,我感到非常惊讶,因为我马上就意识到,如果这个图书馆被拍卖的话,至少能够卖上好几千英镑。于是,我建议她给自己的书估个高价,然后设法和文学界以及收藏界的人会面。但是这位贵妇人并没有理会我的建议,她只是和我们谈论了农耕、园艺,以及在没有佣人的情况下维持这样一所大房子的种种困难。

最后,我实在忍不住了,干脆直截了当地向她询问起她的图书馆,她的眼睛立刻笼罩上一层薄雾。就在这一瞬间,我感觉自己仿佛侵入了她心中某种隐秘的痛楚,或者是暴露出了北美人的鲁莽。不过,随后她的回答

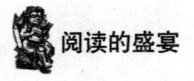
阅读的盛宴

让我的心放了下来。

"我想这个图书馆应该很不错吧,"她说,"我先生的父亲对于书很在行,但是我们对这个一直不太上心。图书馆里有莎士比亚的原稿,但是我已经很长时间没有看见了;还有《傲慢与偏见》的第一个版本,不过我怀疑已经遗失了。哦,我们还有维纳罗伯·比德的书的首印本"——她指着那本《历史学家詹特斯·安哥伦神父》说。其实我早就注意到这本书了,而且发现这本书的封面已经有些松动了。"这里还有一些其他的东西。"她最后说。

确实,这里还有一些其他的东西。趁着别人谈话的时候,我快速浏览了一遍图书馆里的藏品。这个图书馆因为主人的疏忽而承受了不少痛苦,但是它仍然保持了相当辉煌的收藏。如果有一个好的书籍修理员来爱护它们该多好呢!这个时候,我听到女主人在谈论她的资金短缺状况有多么严重,于是我问她,为什么不把图书馆里的书拿出来拍卖。我想,恐怕她对这个图书馆的重要性还没有清晰的了解。

"我不知道该怎么样卖,"她说道,"几年前,我在一个宴会上遇到一个个子矮小的男人,他问我们有没有藏书。他是一个美国人——我猜他可能是个医生。我告诉他我们有一些藏书,并且让他有空来家里看看。你知道吗,他竟然第二天就到我们家来了!而且他来的时候恰好是下午茶的时间,家里还有一些客人。所以,我丈夫走到门厅里,跟他说今天不是很方便。我想事情后来应该没有什么进展了,因为后来这个矮小的男人再也没有出现过。"

"我猜那个美国人的名字该不会是罗森巴赫吧?"我问道。

"对,就是他,"贵妇人说道,"我觉得他真是一个很急切的人呢。"

这次遭遇应该算是罗森巴赫医生在爱尔兰的旅途中为数不多的挫败之一,在爱尔兰走了一圈之后,他为他的客户挖掘出了那么多的好东西,可是这一次,他却错过了。埃德温·沃尔夫和约翰·弗莱明最近为他写的传记中，并没有提到这件事。这件事也许对罗森巴赫来说并不重要，但是对于这位贵妇人来说，她错过了把莎士比亚的手稿卖给我们这个时代最狡猾也最愿意出高价的书商的机会。

我发现这个故事可以用来衡量，人们到底对书籍中的什么因素感兴趣。那些主要是对书籍的价值感兴趣的人，会为贵妇人错过了与罗森巴赫交易的机会而感到惋惜。而那些真正热爱书籍的人，会为贵妇人的图书馆受到这样的漠视而感到难过。当然，只有很少一部分人，会因为下午茶会的重要性而忽视赚钱的机会，对这种贵族精神的光荣感的需要，超越了他们在经济窘迫的情况下对一笔商业交易的需要。

第一种人只将书籍看作可以用来买卖的、值钱的东西，他们在看到一本达到罗森巴赫标准的书时才会对书籍感兴趣。如果他们买卖书籍的量不是太大的话，他们也许同时还收藏稀有邮票，就像许多收藏其他东西的人一样。他们只是喜欢讨价还价的交易者，偶尔也会为了完成自己私自定下的收藏标准而产生一些困扰。比如说，如果一个人决心要收集贺瑞斯·沃波尔的私人出版社希尔草莓出版社出版的所有书籍，那么他就给自己定下了一个非常困难而且可能花费甚多的任务，因为这个领域的书籍已经被很多不易辨认的赝品搅得一团糟了。给自己定下这样一个任务的人，也许是一个——或者将要成为一个——真正的沃波尔狂热者，但是这种收藏会表现出非一般的困难，而且收藏种类的特殊性会更进一步增加难度，所有这些都会使收藏者产生迷惑。

这种对待收藏的态度有什么不对吗？不，没有错。他们收集著名画家的作品，并不是因为他们喜欢那些作品，而是因为那些作品值钱。这是一种能够为自己脸上贴金的收藏，同时，我猜想，这还是一个人富于创造性的证明：如果你不能自己创作艺术作品，你至少可以拥有令人惊讶的艺术品收藏。这些收藏者开办的画廊和博物馆，都是很有价值的。而且透过画廊和博物馆，我们可以看到，实际上公众欠了他们一笔不可计数的债务。

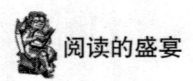
阅读的盛宴

但是，我真正最为崇敬的，还是那些出于对书的热爱而收藏书籍的人们。

如果你真的热爱书籍，那么为什么不喜欢那些既没有第一个版本那么昂贵，而且质量还非常好的版本呢？为什么不喜欢那些具备某种特色的书籍呢？埃德姆德·威尔逊在1926年曾经攻击过罗森巴赫及其效仿者，他说道："所有这些交易对那些真正热爱文学的人来说，造成了深深的困扰。同时，也让那些不懂文学的人感到极度的着迷。他们以高昂的价格购买显赫的书信。"这句话有一定的正确性，但是如果我们去参观那些古老的大学图书馆，看到过去的图书爱好者的收藏被统一摆放在一起时，我们很快就会对这个问题形成更好的认识。在这些囊括了辉煌灿烂的文化的房间里，我们会觉得某些书非常神圣，因为正是这些书在塑造一个人高尚的思想的过程中，起到了非常重要的作用。我们会觉得，书籍比起一般交易中的商品来，具备更多其他的特点。我们可以毫不过分地说，平装本的莎士比亚，和精美的典范出版社于1929年出版的精装本的莎士比亚一样伟大。我们也珍视美丽，我们也喜欢联想，而且我认为我们不需要为此而自嘲。因为，我们当然希望我们心目中的英雄能够被恰当地包装。

最令人厌恶的是书籍收藏中的势利。假如我们的一个朋友——一个收藏者，给我们看他的一本藏书，是马克斯·比尔博姆的《朱莱卡·多布森》的首印本，我们愉快地互相传阅这本矮矮胖胖的棕红色书籍，想象着马克斯当年也看着同样形状的一本书，有着如此令人愉快的外表，感受着自己孕育已久的婴儿终于来到人世间的喜悦。这个时刻，我们仿佛与伦敦的1911年挨得很近。我们怀着崇敬的心情怀念着马克斯，似乎他跨越了五十年的距离，和我们重新相聚在一起。但就在这个时候，我们的朋友开始自夸了。他指出，他这本藏书是纯正的第一个版本，在书脊上印有绿色的印痕，而不像其他的第一个版本，是金色的印痕；他还让我们不要把这本书和另外一本相似的书搞混淆，那本书比他所拥有的这本要低多了，根本不值钱。也许我们要对这位朋友生出嫌恶的感觉了，我们告诉他，我们所拥有的只是现代图书馆出版社的版本，几乎每年都会阅读这本书，对它的喜爱也与日俱增。也许这只是一个假设，但是不知道为什么，我们觉得似乎有必要这样说。我们竟然被这位朋友非文学的废话激怒了，从而变得像一个书籍方面的清教徒了。

上面谈到的这种情况是完全有可能发生的，而且也许还会发生更糟糕的事情——我们可能开始变得非常渴望得到他的那本藏书。我们并没有觊觎他的房子，或是他的妻子（实际上他的妻子是他缺乏品味的一个明证），而是对他的书产生了难以抑制的强烈欲望。我们知道这本书花了他多少钱，因为他控制不住自己的情绪而告诉了我们。他从一个英格兰的书商（他称为"我的书商"，仿佛这个书商是他的佣人似的）那里买到了这本书，所以他只花了不到二十美元的价格，比在纽约买一本相同的书的价格要低多了。

这个时刻，我们的口袋里都有二十美元。但是，能够使我们最终得到这本书的重要因素并不是钱，也不是我们的能力，而关键是：这是他的书，而我们想马上从他那里得到这本书。也就是说，我们的内心深处认为，这本书不应该在他的手里，不应该属于他。

在这种狂热的状态中，有人也许会想到偷窃这个方法。藏书者常常会受到诱惑而产生偷窃的想法。如果他不是一个很坚强的人的话，他常有可能真的这么做。罗森巴赫在他的《书籍和书籍竞标人》一书中就承认，当他看到曾经被盖瑞克在1747年伦敦的特鲁里街大剧院开幕的晚会上朗诵过的强森的《序言》时，他真的希望自己能够卑劣到直接盗走这并不属于他的东西。如果他真的做出了这种事的话，那么拥有显赫的古董公司的罗森巴赫先生也必须对自己的行为负责。牛津大学图书馆的创建人汤姆斯·波迪利先生，曾经必须在朋友的看守下才能抑制自己想要偷盗书的强烈欲望；教皇英诺森十世，在他获得三重冠之前，曾经被卷入盗窃著名藏书家蒙蒂尔的珍贵藏书的丑闻之中；法国波普拉修道院的修道士唐·维森

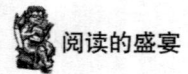 阅读的盛宴

特,谋杀了多名藏书者以获得他们最好的收藏。当然,政界的许多显赫人物也有过类似的行为,像卡迪纳尔斯·马萨林和卡迪纳尔斯·黎塞留,曾经在解除被占领地的财产的伪装下,窃取了那个地方的所有图书馆里的藏书。诗人弗雷德里克·洛克·兰普森,承认他与泰德·卡斯特女士结婚仅仅是为了得到她手中的莎士比亚手稿和其他珍贵的四开版本手稿。这种对书籍的狂热是一种无法形容的可怕情绪,我希望任何人都不要沾染上这种狂热。

在买和偷之间还有一种方法,那就是借。不过久借不还的话,我觉得和偷也没有多大的区别。我心中也常常产生这种邪恶的想法(哦,在我的心里,在沉沉的长夜中,在图书馆阴暗的角落里,是什么东西在和邪恶的怪物做斗争呢?),于是多年以来,我形成了这样一个习惯,我总是在书中夹上一张标签,上面写着詹森博士的警句:"忘记,或者装作忘记归还别人的书籍,是最为卑劣的一种小偷小摸行为。"我不知道那些偷窃我的书籍的卑劣之徒们,是否需要忍受良心的谴责,才能忘却我夹在书中的标签上的语句。

姑且不说那些愚人一味追求珍本的盲目行为,我们且看看那些像我们这样真正的收藏家吧。我们为什么藏书?仿佛没有固定的答案。这也不等同于人们因为爱美而收藏图片、家具和瓷器。爱书的人的确会有很多好书在他的书架上,但同时也会有一些坏书。我的珍藏之一就是一本出版于1686年的、印刷很差的笑话集,书里满是污损折痕,简直就是一代又一代兽医行医途中的口袋书。可这是孤本啊!老实说,我倒不在乎它是不是孤本,读着这本书的时候,我好像又回到了三个世纪以前查理二世执政的时代。我真心期望,要是能有一本现代印刷的版本就好了,这样一来我在看这些笑话(都是地地道道的下流笑话)时就会更加舒服。对于藏书家来说,无论如何历史感要胜过美感。

孤本自然可贵,但想要拥有大量的孤本,则非富人不能。这类例子里

我可以举个最简单的，单单一本乔治·格鲁桑克的《庞治和朱蒂》剪贴簿，就足以叫出版商布罗怀特使出浑身解数了。像皮尔蓬·莫干这种了不起的藏书家，就拥有数百种孤本。这里所谓的孤本说的可是手抄本啊。莫干精益求精，他不仅有萨克雷的《玫瑰和戒指》，还弄到了作者手绘的水彩插图。哪怕这种孤本的摹本也是价值不菲的。这类藏书价值连城。罗斯巴赫购买《爱丽丝漫游奇境记》的手稿花了15400英镑，一英镑时值五美元。

另一类有趣的孤本是收藏界所谓的"额外插图"。19世纪早期人们以此自娱。一个人若喜欢某本传记中的主人公，他就会炫耀许许多多他所搜集到的主人公的画像、风景和信件。他把这些统统拿去给订书匠，然后订书匠把这些图片和信件附在原书后面，装订得整整齐齐、一丝不苟。这样的书要不就极具趣味、价值连城，要不就是一堆垃圾，这就要看藏书人的品味了。类似的书我倒有一两本关于戏剧方面的，附加的插图对我来说很有价值。可那些对19世纪早期的戏剧不感兴趣的人，我可说不准他们会不会喜欢。

藏书家若要实际一点，就应该早早明白哪些书是为了增值，哪些书仅仅出于个人兴趣。倘若是为了有朝一日死了之后捐给某图书馆而博得身后名，他便不可忘记买书的初衷。那些一钱不值的书，只能让后来的专业藏书家不屑——或者叫失望的遗产继承人唾弃。然而换作只为爱好而藏书的人，他就可以随心所欲地买他喜欢的书，一点儿也不必在乎死的时候，那些钟爱的书只能一毛钱一本卖给收废纸的人。他可能有一些精品收藏，但他却没有刻意去收集完整的一套，因此单单一本也卖不出好价钱。这样的人舍得把他精藏的每一本好书或手稿送给舞女，布顿·格温尼特认为这样的人十分了不起，至少在藏书这个领域里来说，要比那些拿垃圾书折腾大学图书馆古籍部的家伙了不起。

对于前一类藏书家来说，每一个脚注都应该是一炷香火，到他死的时候燃成熊熊火焰。他会要求某大学永远感激他，"某某学院永远感激

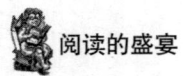 阅读的盛宴

已故的伊诺克·珀布乔伊,感激他那些被扔进厕所里的藏书带来了新的光明。"——他将会变成这样的人。真正的藏书家只为乐趣活着——而他呢?

就以上所叙,爱书的人才是不折不扣的藏书家。他爱书且读书。他不仅喜欢书中的一切,还喜欢书的外观、手感,甚至气味。他可能把书放到一边,决不去考虑买那些发霉的经典藏书。他一辈子都高高兴兴、充满激情地和书打交道。

想一想那些书是多么招人讨厌,你便会惊讶怎么会有如此众多的藏书家——要知道书可真是麻烦到家的东西,区区几千本藏书就可以叫一个人不能轻易搬家——搬家可不是个轻松的事儿。

搬家可是件让我受尽折磨的事情,先不说我是如何费尽心力面对现实的,单是对新房子里书架的估算就叫我头痛不已。

是把书堆作一堆放进地下室里呢?还是想出一套好的整理方案,一眨眼之间就能找着想要的书呢?

无论如何,我从来没起过这样的念头:处理掉旧书,再不买新书。或许,凭这就算得上是真正的藏书家了吧?

我收藏有一万本书,死之前还会再添。这很招女儿们的讨厌,招朋友们欢喜,叫账房为难。倘若不是多年前养成这个藏书的癖好,可能今天我的银行户头里已经存有很多的钱——多得不能再多。

——皮特·哈米尔《第九街的阿南:书房里的布鲁克林男孩》

恋书成癖的人

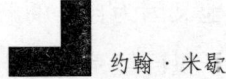

约翰·米歇

这篇小品文选自约翰·米歇于1984年出版的作品《古怪的生活和特殊的想法》,一部可以将之归纳为米歇自传的经典之作。米歇的作品涉及面从消失了的亚特兰蒂斯到神秘的飞碟,十分广泛,此外,他写的几本阐释古代智慧的书也都登上过畅销榜。描写书痴们恋书成癖的故事以往也曾有过,但由米歇这个故事带给我们心灵的奇妙触动却是我们从未感受过的。

许多文人都对那些有恋书癖的人发出过警告,告诫他们不能任由自己的理智被疯狂的激情所驱使,也不能任由自己对书的占有欲一点点膨胀,更不能任由自己执迷不悟地费尽全力收集占有每一本书。然而,这些文人中的大部分人,都和这些书痴一样曾经沉迷于书中,为了书而疯狂。但是只要听到这种警告,肯定就会有人反对说,既然一个人愚蠢和疯狂的程度会随着年龄的增大而一点点加深,那么为什么不让他选择收藏书籍这样一种文明高雅的方式来发泄这种愚蠢和疯狂呢?

历史上曾经真有过一些异常狂热的恋书癖患者,这些人对书的喜好简直达到了令人害怕的程度,有些人甚至为了书而倾家荡产。因为书的缘故,他们甚至会抛弃妻子和家庭;而只要待在图书馆里,他们就永远不会

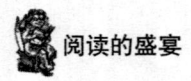 阅读的盛宴

想到回家。托马斯·罗林森,一位18世纪初的藏书者,将他所住的格雷小旅馆的房间塞满了书,以至于他自己只能睡在旅馆的走道上。接着,他搬进了一个更大的房子里,和他兄弟一起住,但是同样的事情又发生了,他又因为自己的藏书而无处安身。后来,当托马斯于44岁去世时,那房子里已经完全被堆满了灰尘的各种书籍和文书所占据,连一个让他弟弟站脚的地方都找不到了。

另一位巴黎的藏书家,布拉尔先生,他一生都在孜孜不倦地购买各种各样的图书,直到最后他的藏书超过了60万本。为了节省空间,他的房间里没有书架,于是他就把书装在箱子和壁柜里,然后是阁楼、地窖和储藏室,最后是每间房子的地板。终于有一天,他的房子不堪重负被书压垮了,所以布拉尔只得又买一所更大的房子。结果,这栋有六间屋子的房子最终又全都挤满了书,最后这些还在不断增加的藏书迫使这位房客不得不再次搬家。

1809年曾经出版过一本书,书名就叫《恋书成癖的人》,这本由哈弗·托马斯·福格纳尔·迪布丁所写的书,讲述的就是生活于当时的一位出类拔萃的藏书者的故事,这个人就是理查德·赫伯。书的作者迪布丁出生于一个演艺之家,由他叔叔所作的两首脍炙人口的民间歌曲《汤姆打保龄球》和《哈弗号上的提瓦斯》,后来都被橄榄球运动员改成了诙谐逗趣的打油诗。当时,迪布丁与赫伯以及其他一些图书收藏爱好者一起,组织成立了一个罗克斯巴勒俱乐部,他们的第一个口号就是:"让藏书爱好走向全世界。"在此之后,还有许多著名的印刷商和藏书爱好者加入了他们的行列。

在那个时候,书价都很低,所以迪布丁和他的同伴们只需花几个先令就能买到现在价值几千英镑的书。而任何事一旦和书有了联系,迪布丁仿佛就会立刻摇身一变,成了一名精明的商人,变得锱铢必较起来。他也会忘记身为一名牧师应该具备的宽容美德,甚至与他的牧师同行他

也一样讨价还价，不讲半点人情。有一次去林肯大教堂访问，他在教堂的图书馆里发现了一些相当罕见的古籍，但该教会的那些无知的教士们根本没有意识到这些古籍的宝贵。于是，迪布丁用当时最优秀的作家所写的新书换回了一批价值连城的古书。最初，林肯大教堂的牧师们兴高采烈地接受了由哈弗·迪布丁为他们所选的这批价值 300 英镑的新书。可是当他们得知，慷慨的捐赠者只须卖出一本从他们这里换走的古书就能到手 1800 英镑时，他们原来的感激和兴奋立刻就烟消云散了。当迪布丁再次拜访想要换取更多的书时，恼怒的牧师们当着他的面生气地关上了图书馆的大门。

至于迪布丁书中记录的那位理查德·赫伯，在藏书这一行里更加算得上是个天才了。1774 年，赫伯出生于英国柴郡霍纳德的一个牧师之家，当他只有 18 岁时，他就为自己所有的藏书编制了一个目录，并在目录之前十分详细地介绍了各种图书是怎样被装订成册的。而在他的整个学生生涯中，他用于购买书籍的金钱和精力都已经超出了一个学生的极限，但他仍然想尽一切办法扩充他的藏书。理所当然的，他成了各种书籍拍卖会的常客。当他父亲看到家里的各种书籍已经开始泛滥成灾以及随之而来的无数来自书商和装订工人的账单时，便不得不想尽一切办法来制止理查德的这种癫狂行为。但他所做的一切，最后都证明是徒劳无益的。理查德依然不加任何节制地继续着他的事业，而渐渐的，他成为了一名鉴赏力极高的古籍购买者；并且通过阅读收藏的各种书籍，他又成为了一名学者，这在藏书者中是十分少见的。不过当他去牛津深造后，编辑出版了一本让其牧师父亲认为很不适当的古典著作，使得这位老父亲更加恼火于他的收藏。

老赫伯先生去世后，给理查德留下了一笔相当可观的遗产，从而让这位书痴先生再也不必像以往一样，因为受到父亲的经济制约而捉襟见肘，他终于可以随心所欲地购买他钟情的各种书籍了，于是他的购书行动也变得变本加厉起来。这时的他，已经不再满足于任何书籍的复制本

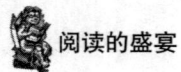 阅读的盛宴

了,他想拥有的是每一本书的原稿。他曾经说过,每一位绅士都至少应该拥有一本书的三个不同版本,一本用于自己的收藏,一本拿来阅读,而剩下的一本则是专门借给朋友的。但是这三个版本只是他的一个底限,绝不是他的极限。在他的收藏中,最多的是同一本书在各个时期的印本,或同一时期的不同版本和复制本,而仅仅这些书本身,就已经能称得上是相当丰富的收藏了。这个爱书成痴的人往往会买下一个书商书目中所有的书,或是一口气购买上千本别人的藏书,而有时只不过为了一本觊觎良久的书,他会跋山涉水走上好几百英里。在他的一生中,只有唯一的一次因为动了结婚的念头,他才暂时中断了心爱的藏书事业,但那也只是一小段时间的暂停而已。事实上,那也许根本就算不上中断,因为那个几乎要成为他妻子的女士,柴郡的理查森·科勒小姐,正是当时英国最著名的一位女性藏书爱好者,理查德的求婚可能更多的是针对她的藏书而来的。只是后来的事实证明,这一对儿实在是不相配,无论是藏书还是性格,他们都无法让对方满意。

用迪布丁的话来说,赫伯对书籍的占有欲"是如饥似渴的,几乎已经失去理智而达到一种近似于掠夺的程度,真可谓是前无古人后无来者"。霍尔布鲁克·杰克逊在总结理查德·赫伯的一生时曾说:"如果世界上曾经只有过一个恋书狂,那么他肯定就是那唯一的一个……而他所展现的完全是恋书狂们常有的怪癖中最让人讨厌的一面,他就像一个不知节制的酗酒者和无药可救的瘾君子,没有人会比他的自制力更差了,只要看见书,他就立刻会产生想拥有它的欲望,然后他就一定会想方设法占有它。他将所有的激情全都倾注于他所心仪的事业之中了,不知疲倦地收集更多的书籍,以使他的藏书能超过以往的任何一个人……他所收藏的书已经多得不计其数,但他却从未停止过这项伟大的事业。他总是通过各种渠道,随时随地向他的收藏中添加各种各样的书籍。"

在他生命中的最后几年,赫伯过着隐士一般的生活,一个人成天躲

在伦敦的小屋里对着自己的这一堆宝贝沾沾自喜。1833年，在他出生的那间房子里，就在他刚刚向一位书商下了一份订单之后，这位一生都专注于买书的书痴，在孤单和失望之中与世长辞。因为长期以来赫伯一直严守着他的藏书，从不允许任何人进入，所以好奇的迪布丁在得知赫伯去世的消息之后，为了能成为第一个闯进这位藏书家内心世界的人，他立刻就赶到赫伯在伦敦皮姆里科的故居。在书中，他这样写道："我环顾四周，目瞪口呆地站在那。这是怎样的一所房子啊！房间里，衣橱里，过道上以及走廊上到处都塞满了书，铺天盖地的藏书压得人喘不过气来，让人有一种快要窒息的感觉。这儿堆着三摞，那儿摆着两排。几百本瘦瘦长长的四开本——有许多都是压在其他书之上——被纵向搁置在一堆矮矮小小的十二开本的书之上，从书架的一端一本挨一本地排到书架的另一端。房间的地板上是无数呈繁星状的书堆，有的都堆到了屋顶。当我站在那儿看着周围的一切，想着他位于霍纳德以及其他欧洲大陆上的那些家中的情况时，我实在找不出任何合适的语言来表达当时的感情。"

最终，迪布丁从不计其数的书堆中找到了理查德·赫伯的遗嘱。和莎士比亚一样，他的遗嘱中没有任何关于藏书的支言片语。不过，这份遗嘱确实是赫伯在其意识仍十分清醒时所写。后来人们发现，他在伦敦的两所房子里全都塞满了书，而他所继承的位于柴郡的大房子也同样淹没在书海之中。至于其他那些在巴黎、布鲁塞尔、安特卫普和根特以及另外一所位于德国的房子，也都无一例外地成了他的图书馆。而且，没有谁知道这八所房子里的书是否就是理查德·赫伯的全部收藏。也许在欧洲大陆某个城市的一个角落里，正隐藏着他不为人所知的另一个藏书室。

一位疯狂的书稿收藏者

在1836年举行的理查德·赫伯藏书拍卖会上，最大的买家是伍斯特郡的庄园主托马斯·菲利普爵士，他后来成为了英国最大的古文书

 阅读的盛宴

文献收藏者。生于1792年的托马斯在二十六岁那年继承了他父亲位于米德山的一处房产,并娶了一位爱尔兰将军的女儿为妻,在其岳父关系的影响下他最终获得了准男爵爵位。托马斯爵士收入颇丰,但他却将这些收入加上抵押房产所获得的资金,全部都用在了购买各种古籍手稿上面。

没有任何人的生平会比这位托马斯·菲利普爵士的更加详尽了,一部分原因是因为他一直很小心地保存着他生命中遇到的每一张纸片,这其中包括他的家庭账单和银行汇票以及他所有的信件,而另一个原因则是因为由 A.N.L. 芒拜编辑出版了一套五卷本的由菲利普所写的《学习》(后来被精简为一卷本,并被重新命名为《描绘一种意念》)。作者在这本书中着力描绘的是菲利普为了收藏那些古代和中世纪时的手稿所付出的一系列让人瞠目结舌的行动,而他最终建立起来的收藏,则更是远远超过了大英博物馆和任何一所大学的图书馆。这本书以最详尽的笔墨刻画了书痴中最极端的一位收藏者一生的经历。

芒拜自己就曾经深受恋书癖的折磨,但他凭着世间已知的唯一一种良方控制住了这种病态心理的继续恶化,那就是使他自己成为书籍爱好者中的一员。芒拜不仅收集各种书籍,而且还搜罗了有关书商和他们的顾客的一些奇闻轶事。后来,当他成为剑桥大学国王学院的图书馆馆长后,他便将其中的许多故事结集成书并付诸出版。在那些最受欢迎的故事中,有一些就是他自己的亲身经历。年轻时候,当芒拜还是著名的经销商伯纳德·夸瑞克手下的一名小职员时,他曾得到过两篇中世纪的手稿,后来他卖掉了其中的一篇,所得的钱使他拥有了一辆1925年生产的布加蒂40型轿车的一半所有权。这是辆不错的车,但就是因为一个密封片总是出故障,所以常常闹些小毛病。芒拜用一张从老书上撕下来的厚厚的牛皮纸修好了它。所以每当有人问到这辆布加蒂40轿车的出厂年代时,他就会回答道:"车上的一些零件完全可以追溯到15世纪。"

然而，在托马斯·菲利普爵士的一生中，他从没做过一件如此无聊而愚蠢的行为。这位严肃、单调而性格暴躁的恋书狂已经完全为书着了魔。除了一些几乎算不上兴趣的业余爱好之外，例如谩骂教皇和反对天主教教义，菲利普爵士将他的全部时间都用在了不停购买书籍和手稿上。他会将图书馆里那些珍贵的藏书和图书经销商书库里的存书全部买下来，也会买来政府各部门废弃不要的以往的文件记录，甚至还会将路边的那些即将被制成纸浆的一车车的废纸买回家。埋藏在这些垃圾之中的许多稀世珍品正是因为菲利普才逃脱了毁于一旦的厄运。为了买到古老的文书，菲利普开出了比废纸商更高的价格，也因此而打破了他们在市场上的垄断地位。在他的影响下，许多收藏者纷纷效仿，许许多多独一无二的历史记录和文件才得以保存下来，这一切完全得益于托马斯爵士对于文书古籍的热爱之情。

没有任何一个人能够为一个如此庞大的图书馆列出一份详尽的书目，更何况藏书的数量一直在不断增加，但是菲利普却尽力做到了这一点。他将编制书目的任务分派给了妻子和三个女儿以及她们的家庭教师，并要求她们把那些他认为值得出版的手稿抄写下来。通过一些小的印刷作坊，他不断地将这些书目印制出来，并出版了少量供学者们研究用的小册子。但这些活动常常因为债权人上门讨债而被打断。有很多次，菲利普似乎已经深陷于各种债务之中无法自拔而濒临破产了。可无论环境如何艰难，他都没想过要卖掉自己的收藏，而是坚持着熬过每一次难关。他一心只想着如何才能为他的收藏添加新的藏书。他的几栋房子都因为他拒绝花钱修理而最终倒塌，他的家人也被迫过着像他一样的守财奴生活。对待卖书者，菲利普的要求总是苛刻得近乎无情，事先谈好了交易条件，他通常会在预览过商品后拒绝付款或是归还样品。尽管由于他的吝啬，许多与他合作的书商最后都被逼得以破产告终，但菲利普却总能找到其他的书商接下他的大批量订单。

30岁那年，菲利普不得不逃往海外以躲避债主的追债。但他的这

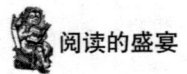 阅读的盛宴

次逃亡却将整件事情弄得更糟了,因为当时的欧洲正处于拿破仑战争之后的一片混乱之中,许多大的图书馆也被迫出售一部分藏书。负债累累的菲利普一见到书就完全忘了自己的困境,为了扩充他的收藏,他竭尽所能地购买了许多现在看来简直是毫无价值的书和手稿。同时,他还雇用了一个名叫阿道弗斯·布莱利的印刷工人,当阿道弗斯来到米德山之后,才发现他工作和生活的地方是一座位于孤山上的破得连窗子上的玻璃都没有的塔楼,而塔楼里唯一的水源就是顺着屋顶流到墙上的雨水。破破烂烂的塔楼里还住满了当地的穷困潦倒的人们。早已熟知如何不需任何花费就能将菲利普的财产打理得井井有条的管家,在接管这位年轻的印刷工人之后,为他找到了一个栖身之所,并且请求他一起来帮助他们那位逃亡的主人。但是年轻的印刷工人却拿不到一丁点工钱,像所有为菲利普工作的人们一样,他也不得不学会如何靠自己来维持生计。和其他的工人一起,布莱利终于帮助住在塔里人们搬了家,并将塔楼修补得足以安装各种印刷所需的机器和工作仪器。因为将其所有的家当全都投入到了这个印刷车间里而无法脱身,布莱利足足为菲利普工作了三年。在这期间,他还同时为皇室印制各种古老的手稿,并为了这项工作而学习了拉丁语和盎格鲁—撒克逊语。最终,主人的吝啬和坏脾气以及遥遥无期的工资,让这位可怜的印刷工人实在无法再忍受下去而告辞。在他之后的那些印刷工人的遭遇也好不到哪里去,甚至比他的更糟,所以每一个人都很快就离开了。这些印刷工人的工作都一样,就是印制菲利普藏书的书目,但每一位工人所用的尺寸、颜色和纸张的种类都不一样。于是,菲利普最终分发到一些图书馆和少数几位他尊敬的学者手中的书目,已经不知道经过了多少个印刷工人的手,这些独一无二的书目也因此获得了独一无二的评价。

最后,还是菲利普太太的父亲莫里鲁将军接管了米德山的房产并帮助其主人还清了欠债。这样,菲利普才得以回到了阔别已久的家乡。可

是没过多久他就故态复萌，比先前更加疯狂地大肆购买书籍和手稿。当各种书稿像洪水一般涌入米德山庄时，山庄里立刻就变得狭小起来。许多房间因为堆满了书而再也无法发挥其原来应有的作用，走廊也被书挤得刚刚能通过两个人。当餐厅已经完全被书稿占据后，菲利普干脆将它锁了起来，于是这一家人吃饭时就只能坐在起居室的地板上了，或是将就着在楼上的三间卧室里各自草草了事，因为卧室里有一块没一块的墙纸和破破烂烂的窗户让人看了实在有些倒胃口。为了能在遇到火灾时迅速地将所有的手稿都转移到安全的地方，菲利浦将它们全都装进了无数个像棺材一样的长长的盒子里，再把这些盒子一个压一个地垛起来，然后在每个盒子正面的下方安装了一个水平的铰链开关。菲利普卧室的墙边就厚厚地摆着一堆这样的盒子，它们占据了卧室里大部分的空间，以至于菲利普太太只有几平方英尺的地方来放她的梳妆台。

长期生活在这样的环境中，面对着那些财产查封官和各种公务人员无休无止的盘问和欺侮，菲利普太太的身心一直承受着巨大的压力，可她那位书痴丈夫却从来不会向她表示半点关心和怜惜。终于有一天，这个可怜的女人完全崩溃了，神志不清的她靠药物勉强支撑了没多久就死了，死的时候才三十七岁。而在太太的葬礼之后没多久，菲利普先生就又开始物色妻子的接班人了。他指望从妻子那里得到的一切就是能供他买书的钱。他已经将一生的感情全都交给了他所挚爱的书。在给一位朋友的信中他写道："给我五万英镑，我就是你的了。"但是要想找到一个既温顺听话又能带来一大笔嫁妆的妻子，还真不是一件易事。整整十年之后菲利普才终于再次步入教堂，而在此期间，他一直都和许多未婚少女的父亲保持着密切的联系，并积极地穿梭于不同的婚姻谈判之中。按芒拜推算，再婚之前的菲利普应该曾经提出过十七次正式的求婚。他的再婚之路是十分坎坷而艰辛的，他为此付出过巨大的经济代价。一位他预想中的岳父就曾很公正地谴责了他这种过激的买卖婚姻行为。在无数的讨价还价之后，他最终与一

阅读的盛宴

位牧师达成了交易,娶了牧师女儿的菲利普,每年能从岳父大人那里获得三千英镑的收入。这位新娘长得矮矮胖胖,十分结实而且为人和蔼可亲,所以这场婚姻一直幸福地延续到最后。

同样地,他也把女儿的婚姻当作了牟利的手段,而这种交易开始于他的长女十二岁时,他想把女儿嫁给他的老朋友,查里斯·马登,大英博物馆书稿部的负责人。但是亨丽埃塔·菲利普却有她自己的另一番打算。他父亲讨人喜欢的习惯之一就是,他会热情招待那些来查询书稿的学者,尽管他常常说不出他们所需文献的具体位置,也不会打开那些书箱子。在众多拜访的学者中,詹姆斯·欧查德·哈利维尔似乎命中注定会与这个家庭建立某种联系。这位来自剑桥的年轻学者才华横溢,是19世纪文坛上一个谜一般的人物。帅气俊朗的他衣着华丽,却有着十分隐讳的身世。他的原稿研究为他赢得了学术界至高无上的声誉,并使他在十九岁之前就被推选为皇家学院的成员。后来,这位年轻有为的学者成了莎士比亚文献和珍品收藏者中的领头人,并撰写了著名的《莎士比亚生平》一书,深深影响了埃文河旁的现代莎士比亚学派。最关键的是,他是少数几个在与托马斯·菲利普爵士的争斗中占了上风的人之一。

在邀请哈利维尔来米德山庄之前,菲利普就一直与他以信件的方式讨论有关手稿的问题。这个年轻人在来访时表现得像菲利普的崇拜者一样恭敬虔诚,并极力讨好迎合菲利普。而当他成为这家的熟客之后,他开始追求亨丽埃塔——并且很快就向这位小姐求婚。像往常一样,她的父亲仍然用金钱来衡量整件事情。而无论是在收入还是在前途方面,哈利维尔都达不到菲利普对女婿的要求,并且他还同时遇到了另一重阻力:有人散布了一些有损哈利维尔人品的恶意谣言。甚至有人说,他是那些视书如命的藏书者的最可怕的敌人——一个狡猾的偷书贼。因此,菲利普坚决反对他们俩的婚事。而当他们不顾他的反对毅然结婚之后,无情的他便开始想尽一切方法来惩罚这对夫妇。

恋书成癖的人

在他们婚礼结束后不久，菲利普就有了一个报复女婿的机会。哈利维尔被指控偷了剑桥大学三一学院图书馆里的手稿，并卖掉了这些手稿。为了证明这不过是对他的污蔑，哈利维尔对此做出了强烈的反击。他在公共集会上振振有词地为自己辩护，还印制了一个小册子，说明整件事情的来龙去脉。但无论如何，这件事最终并没有闹上法庭。这让一心想好好整治这个女婿一番的菲利普十分懊恼，而当他意识到，他的房产最终会在女儿继承后转交到哈利维尔手中时，他沮丧得几乎痛不欲生。律师劝告他别再枉费心机了，因为没有任何办法可以改变詹姆斯·哈利维尔通过他妻子而继承米德山庄的事实。在铁一般的现实面前，菲利普决定用一种玉石俱焚的方法，让哈利维尔最终只能得到一片什么都没有的荒野。不顾所有继承人和庄园管家的抗议，他截断了庄园里幽静的林荫小道，砍光了一大片郁郁葱葱的灌木林，下定决心要让这片庄园彻底变得一文不值。用卖掉那些林木所得的钱，菲利普在切尔滕纳姆买下了一栋名为塞莱斯腾庄园的大房子，并从1863年开始将他的藏书从米德山庄转移到新房子里。这次庞大的搬家行动足足耗费了八个月的时间才得以大功告成。菲利普的藏书装满了100辆马车，由230匹马拉着的马队在浩浩荡荡经过科茨沃尔德丘陵时，因为负重太大，马车被压垮了好几辆。这一大队人马最后好不容易才挪到了目的地。塞莱斯腾庄园很大，院子里有一栋主楼和两个侧翼建筑。为了安置好他的收藏，还在马背上颠簸的时候，菲利普就已经开始筹划如何在新房子里翠设他心爱的书稿和图片。而米德庄园则像一座被遗弃了的城堡，空荡荡地立在那里，渐渐荒废下去，也许应该说如菲利普所愿一般，最后成了一片废墟。牛在属于庄园的花园里或一楼的房间里悠闲地走来走去，嚯嚯地叫着。当地的一些野蛮人可以随意来这里蓄意破坏而不会受到任何阻拦，他们打烂窗子上的玻璃以及其他的家具——为了让继承者得到一个毫无利用价值的米德庄园，房间里大多数的家具都已经被菲利普搬走了。

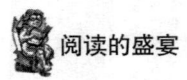
阅读的盛宴

在塞莱斯腾庄园的最后几年，托马斯·菲利普爵士的恋书癖让已经病入膏肓的他完全丧失了理性。在不断取得更多的手稿的同时，他又开始了一种新的收藏——印刷版的书。成千上万卷的书籍，不论是便宜的俗品还是罕见的珍品，都一并涌入了他的图书馆。被可怕的新野心迷了心窍的菲利普，不辨良莠地疯狂购书。他写信给一位朋友时说："我希望能拥有这世界上的每一本书！！！！"成天因为订书并将书籍打包、整理和列书目而已经忙得不可开交的菲利普，还要抽出时间回信给学者朋友或是接待来访的其他学者，所以他根本无暇顾及他的家庭。吃、睡都埋在书中的他，只有在印刷书稿或是参加反抗罗马天主教的活动时，才会暂时离开他的宝贝藏书。反对天主教的菲利普从不让任何信仰天主教的学者进入他的图书室。

第二任菲利普太太十分痛恨塞莱斯腾庄园。庄园里不仅仅书满为患，她抱怨道，而且还因此而滋生了很多老鼠。厨房被建在庄园的另一端，所以当饭菜端上桌时常常因为路途遥远而已经冷了。后来，她患了神经衰弱症，被送到了位于托奎的一家廉价公寓里。在那儿，她的丈夫经常会让她陷入没钱交房租的窘境之中，还因为她向他要钱而写来回信怒气腾腾地斥责她。

菲利普与他的继承人之间的竞赛，最后是以他的失败而告终。当这个老书痴在80岁那年去世时，哈利维尔仍然还是个精神抖擞的年轻人。他修好了米德山庄的屋顶并找到了一个买主，打破了山庄的继承权，卖掉了菲利普先生的米德山庄。在他的余生当中，他一直过着富裕的生活。他的妻子亨丽埃塔在她父亲去世几年之后也死了，于是詹姆斯·欧查德·哈利维尔—菲利普先生（正如他称呼自己的一样），得以继续研究莎士比亚的生平和他的时代，并成为这一领域声名赫赫的权威学者。尽管两人之间冲突连连，但哈利维尔依然十分敬仰他的岳父，并模仿他印制了少量的文学书稿以及一些有关地形学和民间传说的读物。他特别喜欢收藏世间少有的珍稀作品，所以他经常买回自己的作品，然后销毁掉，从而使得只有一两本他的著作能够留于世上并传给后代。这种做法显然破坏了印刷的初衷。他一生中只收集、整理有关莎士比亚的各种文献，而这些收藏正是从他偷来的那些文稿开始的（其中包括他从菲利普图书馆的藏书中拿走的、作了些破坏以隐藏其出处的 1603 年版的《哈姆雷特》）。随着时间的流逝，他那些不光彩的事迹都渐渐被人们淡忘了，而他也成了一位受人尊敬的学术大师。哈利维尔的那些珍贵的莎士比亚文献，都被收藏在位于布莱顿附近的霍里勃利森林里的一间十分奇特的平房里。随着藏书的增多，他便不停地在房子的周围加盖新的房间。他是这样描述这间图书馆的："这座隐藏在苏塞克斯郡小树林里的小棚屋，因为收藏了在世界其他图书馆里都找不到的、关于英国最伟大的戏剧家一生的历史记录和他的文学作品而赢得了无上的荣耀。"

托马斯·菲利普爵士死后，哈利维尔在为他所写的讣告中表达了自己对他博学的景仰之情。但大英博物馆的马登却不同意他的观点。长期以来，因为始终站在国家图书馆的立场上，马登一直都是菲利普在收购手稿时强劲的竞争对手。作为对哈利维尔的回应，他指出托马斯爵士根本不能成为学者，更无博学之说，他所印制的各种出版物因为充斥着大量的错误而毫无价值。

菲利普活着时几乎和所有的朋友都闹过不合，但他们中的大多数人在提到他时，都会用褒扬之词来评说他，因为他们更多记得的是他爱书藏书的癖好中美好的一面，还有他对待年轻学者的和蔼与宽容，以及他敞开图书馆的大门、欢迎每一位有需之士的慷慨大方。他因爱书过于执狂所表现出来的可怕的一面，因为只是表面现象而获得了人们的谅解，即使是对那些他曾经犯下大错或是迫害过的人们，例如他的家人，他们对他也仍然保有一份最纯真的感情。

若想只是通过菲利普的传人就将他的图书馆分解开来是根本不可能

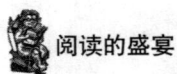阅读的盛宴

的。拍卖那些现在看来当之无愧为价值连城的书稿的工作,从 19 世纪一直延续到今天。芒拜写道,将那些书稿过滤后,我们看到了一些在菲利普的温床上沉睡了一百年的珍宝逐渐放出耀眼的光芒,显现出独一无二的价值。"我们希望,"他补充道,"爱书成痴的菲利普仍然在心底深处珍藏着一些我们还不知道的秘密。"

> 一个人的图书馆就像一位少女的闺房一样神圣而神秘。
>
> ——拉尔夫·爱默生,《书之赞》

名副其实的狂热

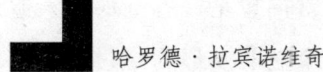

哈罗德·拉宾诺维奇

"一个共产主义者!"

"共产主义者?!"

"绝对是一个共产主义者!"

我哑然失声,想了又想不知道该说些什么。我并不想和钱恩争论起来,但是他却以十分肯定的样子看着我,简直是在向我的怀疑挑战。实际上他的眼神更接近于一种带有责难意味的斜视,像是认定我就是一个共产主义者,或者说,如果我为共产主义者辩护的话,我也将具备某些嫌疑。我笑着把视线转开,而钱恩却坚定地看着我。他的看法仍然没有改变,那个人是一个共产主义者。

我们刚刚在钱恩的起居室里度过了一个阴冷的冬日下午,在电视频道上观看了一部电影,名字叫做《决战猩球》。我经常想象,如果有那么一部电影是关于我们大家一起看电影的,那一定会非常有趣。

钱恩和他的妻子住在位于布朗克斯的公寓里,那是一套非常舒适的两居室的房子,就在离凡克兰公园不远的地方。作为他的邻居,我发现他有两件引为自豪的事情:一是他的长子的射击技术,堪称打遍整个街区无敌手;二是他常常夸耀的那个大型的俄罗斯犹太移民团体。钱恩在这个团体里是一个著名人物,他曾经是一个很有名气的犹太作家,20世纪50年代《犹太人早报》非常繁荣的时候,他的作品经常得以在那份报纸上发表。

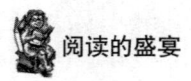 阅读的盛宴

当钱恩每天在公寓附近进行日常锻炼的时候,他总是会碰上一些人——通常都是男人——就他作品中某些部分的细小情节与他展开争论,而那些作品都是早在30年前发表的。尽管这样,钱恩却不会让那些人走开。我经常揣想是钱恩把那些人邀请来的,以便有人和他争论。(在钱恩看来,一个老朋友最为难过的事情莫过于没有人再跟他争论了。)自从我和他有了一起散步的经历之后,我们看起来相处得很融洽。我想我也感觉到了钱恩的某种魅力,他的确是这个犹太移民团体引以为傲的后代。

我们很长时间以来互相交融的生活,就在那个特殊的下午结束了。我至今还记得,大概是两年以前,在一个位于马萨诸塞州布鲁克兰的汽车旅馆的休息室里,我和钱恩偶然邂逅。就是这次邂逅引发了我翻译钱恩的一部意地绪语作品的兴趣,现在这本书已经由阿尔弗雷德·克诺夫出版社出版了。从我们着手翻译开始,就一直有一种非常迫切的感觉。所以有时候我会越过钱恩和他妻子已经审阅过的章节,转而对剩下的章节反复润色。对我来说,那真是一段非常混乱的生活,令人高兴的是,我能在钱恩的家里得到庇护。我和钱恩臭味相投,以至于某些时候会令我和他之间的界限变得很模糊。这种情形类似于结婚后的伴侣开始变得越来越相像,或者说就像人们看起来和他们的宠物有几分相似。我们都是不学无术的学生,远远谈不上有信念,却依然对传统心怀敬意,因为恪守传统本身就是一种传统(而且除了传统之外还有什么值得尊敬的呢?)。我们都没有幸福的童年生活——钱恩成长于维尔拿的一个被战争破坏的家庭,我在新英格兰的一个稍有温情的单亲家庭长大;我们都热衷于写作——我们常常为如何恰到好处地翻译一个句子或者一个词语而争上几个小时。几个月之后,钱恩终于确信我并不是随随便便地和他唱反调了,也不是由于受到痛苦生活的伤害而大放厥词(而我竟然也一直这样怀疑他呢)。我们都非常欣赏充满

名副其实的狂热

智慧的女性；我们都为辛格公然攫取了本应属于钱恩的诺贝尔文学奖感到伤心不已。尽管如此，钱恩却稍许有些欣赏对手为争取奖项而玩的种种狡猾手段，如恳求《纽约时报》的支持，以及借助纽约知识界的帮助（钱恩最为"欣赏"的是：辛格在获奖演说里认为任何意地绪语作家事实上都没有可能获得诺贝尔奖——钱恩真的很欣赏这一点，因为这很可能就是他所要做出的行动）。我们都觉得诗歌过于神秘，不过钱恩在这方面也很全面，他写过七八本诗集，全都是优秀之作，有的甚至堪称不朽。我们都对钱恩妻子的厨艺不敢恭维，尤其是无法忍受她煮的咖啡——比诗歌更为神秘的事情是：一个人怎么能煮出味道那么差的咖啡。还有，我们都喜欢书。

其实更准确的讲法应该是：我们都嗜书如狂。

钱恩那套位于布朗克斯的公寓，在未来的二三十年里都将成为我那套布鲁克林公寓的后院。他家的前门没有办法完全打开，因为门后边有一个从地板一直延伸至天花板的巨大书柜（实际上钱恩家所有的书柜都有从地板到天花板那么高，稍微矮一点都会觉得是太随意的浪费）。公寓的走廊里，两侧的书柜全都一字排开，摆满了书；钱恩是一个非常壮实的人，但哪怕是一个身材瘦小的人，也得侧着身子穿过他家走廊的转弯处。另外，钱恩就连门上方的空间也利用起来——每扇门的上方都装了书架，书全都竖着一排叠着一排放置，每个书箱都在两三层书的重压之下吱吱作响。钱恩和我经常讨论把书按照前后排的方式摆放有何优点，就像两个工匠就某些工艺（例如皮革制造之类）交换意见。钱恩非常羡慕我大部分的书在书架上都是单排摆放，但是我知道，将来我也会不可避免地将他们双层摆放，那将是任何一个藏书者生命中的里程碑。

钱恩家起居室的装饰台，以前一定摆放过陈列瓷器的展览箱，当然，还应该放置过装着银器的抽屉。可是现在，装饰台上面全都结结实实地塞满了书。（也许你认为你已经想象出这种情形了，但是请听我说完，更厉害的还不是这个。）起居室墙边的每一英寸自然都被书架占据了，而且沙

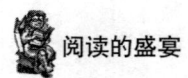
阅读的盛宴

发底下也塞满了书,在沙发两端的桌子底下同样整洁而细密地摆满了书。而在桌子上面,除了用来为房间照明的灯盏之外,剩下的就全是书了。(这些桌子的桌腿都呈曲线型,因而摆放在桌子底下的书堆边缘也如桌腿的线条一般凹凸有致。)沙发前的咖啡桌也是同样的情况,就连沙发本身也如此。不仅沙发底下塞得满满当当的,就连沙发上方的墙上也做了一个架子放书。(在这个架子前面挂了一幅很大的画——用来把架子里的书遮挡住——我后来发现画上的那个人是钱恩的继母)。起居室里还有几张作为打牌之用的轻便小桌,桌子底下也塞满了书——不过还是有足够的空间让人围坐在桌旁,只是如果没有像钱恩那么短的腿的话,可能就需要侧着点坐。窗前也放着摆满了书的架子,使得只能有那么一线阳光浅浅地投进屋子里。

我早些时候曾经问过钱恩,为什么不干脆把四面墙都用书架围起来呢?钱恩说他不想把阳光完全挡住。不过我想他真正的理由应该是为了四处走动都很方便,同时又不舍得浪费窗子那块空间。

桌子底下的空间、每个房间的角落(有谁会往角落里跑呢?)、包括水槽边的厨房和卫生间后面的卧室、甚至还有洗衣机盖盒的底部(真的,我亲眼目睹的)、橱柜后面的空间——橱柜的前半部分已经足够放置供一对夫妇使用的简单碗碟和食物——全部都塞满了摆放得整齐紧凑的书。有一天晚上,我正和钱恩一起吃着他妻子做的烤比目鱼(我猜可能是)时,他问我温度非常低的环境对书会不会产生什么影响。我马上觉察到此刻正在厨房里的那位女士神经异常紧张起来,直到我向钱恩保证,低温一定会把书毁坏并使所有的纸张都翘起来,那位女士才松了一口气——冰箱总算是安全了(到目前为止是这样)。

我刚刚描述的一切,对钱恩的研究来说仅仅只算一个热身运动。钱恩的研究很明显是顺着这些书架一个一个进行的,而随着时间的流逝,他的书架也就变得越来越多,现在已经占据了整个屋子的长度。这些书架排列

名副其实的狂热

在房间的两边,每一层都堆满了两三排书,两列书架中间只有一条窄得不能再窄的过道供人穿行。在书架的尽头,留了一方小小的空地,勉强可以放一张椅子和一个小巧的打字机台。一台意地绪语便携式打字机就摆在那个台子上,正是在这台打字机上,钱恩创作了他的小说、诗歌、散文等一系列杰出的作品。为了方便钱恩创作,这个打字机台不能不放进书架之间,但是无论如何,打字机台周边的空间实在是不够钱恩查找在打字机台附近的书籍。他曾经让我匍匐在地上,帮他找一本放在底层书橱里的书。我虽然是趴在地上,却什么都能看得清清楚楚。因为钱恩在书架末端牵了一根延长电线,装上了一盏灯,用钩子挂在底层的书橱边上呢。(我只去那个狭窄的地方找过两次书,一次是为了找一本围绕果戈理展开的争论的书,另一次是为了找一本古老的《犹太百科全书》。两次找书完毕,我从书橱底下爬起来,那幅模样和在地下山洞里失踪了一个礼拜的人获救时的样子毫无二致。)在这所公寓里的每一个壁橱里——而且全都是很大的壁橱——无一不是严严实实地挤满了书,这也就意味着,当一个人打开钱恩家的壁橱时,他将看到一堵又一堵的书墙,除此之外别无他物。那些值得收藏的好书都在恰当的位置得到很好的安置,它们挤满了从地板到天花板所有可以利用的空间。

不仅仅只是公寓的地板,也不仅仅只是这栋公寓,整个布朗克斯区都承受着钱恩数以万计的图书的重压。

在这两年里,我大概有两百天从早到晚都是在钱恩的家里度过的。但是我从来没有见过钱恩有任何访客——没有客人,没有邮递员,也没有小时工,一个人都没有。有一次和钱恩一起散步的时候,我曾经问过他这是为什么(我随后理解了这位杰出的意地绪语作家为什么没有任何访客,也不接受任何人拜访的原因。另外,我还有一个猜测,也许是他的妻子煮的咖啡那糟糕的味道令所有人望而却步)。他的回答是:不想让人看到他有那么多的藏书而认为他生性怪异。我想他的话道出了所有藏书者都不堪忍

阅读的盛宴

受的那个问题：这么多的书难道你都看过吗？我于是告诉他，詹森博士通常这样回答——当然，我全都看过了，有些甚至还看过两遍！钱恩却停下脚步，轻蔑地看着我说："如果有人问你是不是把这些书都看完了，那就表明你收藏的书还远远不够多。"

我们正呆在钱恩的起居室里看《决战猩球》来消磨一个冬天的下午。通常情况下，我认为我是没有办法说服钱恩花上几个小时来看这样一部电影的，因为他连点一份沙拉时都要问一句："这样的蔬菜沙拉适合像我这样的作家吃吗？"所以，谁知道他会怎么看《决战猩球》呢？不过，好在这天下午我们只是在等一个电话。我们翻译完的那本书已经出版，并且好评如潮。但是，就在几个礼拜前，我们得知普利策奖的候选人名单已经被精简了。接下来就有无数电话打到可能知情的人士那里，而各方面给我们的都是一个同样的消息：钱恩的作品已经进入候选之列，并且将和安·泰勒的《思乡旅馆的晚宴》角逐文学奖项。紧接着就是那些没完没了的讨论，都是关于钱恩到底有多少胜算——作为一个生活在美国的犹太作家的作品，究竟有多少几率能赢得普利策奖、能够畅销并且被认可？我们在外面散步的时候，经常会碰到一些人，他们总是关心这个犹太人的妻子，想知道她的家庭生活是否幸福；关心欧洲那些犹太人村子里的政治，关心维尔拿的犹太人居住区里那些神秘的庭院。我非常清楚我在这些讨论中应该扮演的角色——我是钱恩的安慰天使，也是他的担保人，还应该是他最坚定的支持者。我对他说：钱恩，他们——或者至少那些更为用心的读者——肯定会非常欣赏你。我从来没有像现在这样确信，我是一个好士兵，并且履行了自己的职责。

就在这天，我们被告知最终的决定即将出炉。我们不能确定是由出版社还是评委会的人通知我们，但总之会有某个人给我们打电话。毫无

名副其实的狂热

疑问，我们得继续下一部作品的翻译，可是就连一些稀松平常的手部扭动都让人觉得很伤脑筋。所以，当我从报纸上看到《决战猩球》在这天下午播出的消息时，我感到最完美的放松方式莫过于看电影了。这就是美国人喜欢的电影，我对钱恩说。如果钱恩能耐心地好好看完这部电影的话，他会发现这部电影的情节走向和他自己的小说也没有很大差异，而且这部电影的布景看起来就像从美国的城镇主街到欧洲犹太教堂后的小巷移植过来的。

但是这部电影的情节发展非常曲折，我用意地绪语向钱恩解释《决战猩球》的情节，有时候还不得不用打比方之类的方法帮助他想象。

"喏，你看，那个女人死了，因为她正睡在密封的胶囊中保持假死状态时，那个胶囊破了一个洞……不过他们只能采取这种假死的办法，太空旅行的行程实在是太远了……这个大猩猩觉得他在这个猩球上就像人一样蠢，因为他不会说话……那个猩猩嘛，是一个科学家，哦，没错，确实是个科学家……他们把其他宇航员都变成了人，使他们就像这个猩球上的其他人一样丧失了说话能力……这个啊，这就是他头上的伤疤……哦，不对，这是那个猩猩的男朋友……那个猩猩知道他非常聪明并且会说话，但是她对此感到很害怕……对，那个，就是那个医生……不，那个女孩没跟着他们一起上太空船；她是这个猩球上的一员；查尔顿·赫斯顿非常喜欢她，差不多就是这样……当某个玩偶说话时，就表示在这个猩球上的某个人曾经说过话，不然他们为什么要做这些说话的玩偶呢？……不，这是真正的自由女神像；他们回到了地球。是的，他们正往别的某个地方去，但是几百年后他们将结束旅行返回到地球上……不，这是真正的自由女神像……对，就是真的那个；战争就在地球上爆发了，把一切都毁灭了，所以查尔顿·赫斯顿双泪横流地狂叫着：'你做到了，你真的做到了……'"

正是在这个时候，钱恩认定这个编剧是一个共产主义者。

"共产主义者！？"我说，"是什么让你觉得他是一个共产主义者呢？"

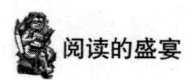 阅读的盛宴

"因为这就是他们的风格——把一切弄得乱七八糟，特别是弄出这个一切都被毁灭的结局，连自由女神像都没有放过。美国人会这样写吗？"

"的确，一般来说，确实如此。我想，如果是美国人，应该会安排两种不同的结局，至少两种。"

"听见了吗？"他头向着书房那个方向说道，"这就是美国人喜欢的方式。"

因为就在这个时候，电话铃响了。它响了好几声，可是看起来钱恩和他妻子都不打算去接电话，他们似乎都在等着我去接。那就让我来接这个电话吧——我不入地狱，谁入地狱呢？我跑进书房拿起了听筒。当我放下电话走进起居室时，他们俩都用非常期待的眼神看着我。

"嗯，好消息是我们把安·泰勒踢出局了。坏消息是我们是亚军，赢得奖项的并不是我们。"

钱恩看着他的妻子，听天由命似的笑了笑。谁能预料那些评委们的想法呢？他微微耸了耸肩。

"那么谁赢得了奖项？"钱恩的妻子问道。

"这同样也是个令人吃惊的消息，"我答道，"一个我从来没有听说过的人——而且也是一本我从来没有听说过的书。书名叫《紫色》，是一个叫艾丽斯·沃尔克的人写的。"

房间里好一会都是静静的，然后，我们三个人似乎为了同一个原因同时站了起来。钱恩大声对他的妻子说道："去开车，我们要去巴诺书店看看这是本什么书。"

我和钱恩在第五大道与十八街交叉的街角下了车，他妻子还得到更远的地方泊车，我们于是就站在街角等她。在街对面就有一家挺大的书店，但是我知道我们不会走进那家书店的，我相信钱恩也没有去过那样的书

店——他甚至可能从来没有以零售价买过一本书。我们都是二手书店的常客,钱恩把二手书店称为"shenk"——也就是意地绪语里"酒馆"的意思——因为我们每次淘书的时候就像酒鬼一般。上帝啊,天知道我和钱恩花了多少时间淘书呢?我们的足迹遍布曼哈顿和波士顿,甚至包括钱恩那栋避暑别墅所在地的二手书店。我们一有机会就会跑到书店搜寻我们喜欢的书。钱恩喜欢找成套的书——例如巴尔扎克的七本集子之类的。我喜欢找那些我所知道的作家写的书,比方说我因为正好在参加某个课程培训而错过了的书,或者某个作家的书我几乎全都有——恰好缺了一本他写的关于哲学方面的书,或者是斯蒂芬·杰·古尔德全集,等等。钱恩常常会对我挑选的书报以嫌恶的目光(我们在书店里常常把粗略挑选出来的书摆在某个地方,留待进一步的遴选。我的职责就是要好好看着这些书,以免被别人拿走,尽管我们最后可能只会将其中的一小部分买回家),他也许会说:"你怎么能把莫泊桑这三本杰出的文集和芭芭拉·土克曼的垃圾放在一起收藏呢?""但是芭芭拉·土克曼的书你不是都收藏吗?"我这样回答他,"而且,你甚至收藏了好几套一模一样的呢!"钱恩于是说道:"哦,是这样,我忘记我已经买过哪些书了,所以不小心又买了一样的书回来。"我很久以前就学会了一点:不要在钱恩避重就轻地偷换概念、转移话题时过分穷追不舍。

所有的藏书者都不可避免地有一个通病,简直就像是先天遗传的一般,那就是:当你看到一套非常合意的好书时,你总是记不起来是不是已经买过这套书了。也许你已经买了一套封面包装不一样的,比方说你买的是平装本的,而现在看到的是精装本;不过这也很难说,弄不好家里那套也是精装本呢!正因为这样,我在二手书店里常常会看到一些人傻傻地站着不动,眼神呆滞,眉头紧锁,努力用想象力使自己的书架还原于脑海中,以便有助于判断他到底是否买过这套书。对钱恩来说,当然也是如此。每次当他踏进书店的门之后,他就要承受这种甜蜜的痛苦了,而且虽

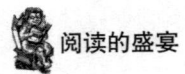
阅读的盛宴

然收藏书的历史越来越久,这种甜蜜的痛苦却从来没有减轻过。有的时候,当他走向一本非常喜欢的书却想不起来是不是买过时,我就告诉他,我在他的书架上看到过一本一模一样的。可是钱恩似乎对此完全不领情,反而用略带嘲讽的眼神看着我。我也不能确定他是不是真的在嘲讽我,也许他并不愿意我把他从这种甜蜜的痛苦中解救出来,或者他因为感觉到我对他的藏书多少有点觊觎之心而生气吧?!(但是想想看,我又怎么可能不垂涎欲滴呢?)不过,打那以后,当我再碰上类似的情况时,我就学会了保持缄默。

钱恩的妻子已经把车停放妥当了,于是我们三个打算到"shul"——意地绪语里就是犹太教堂的意思——里面去,因为钱恩总是说,这家巴诺书店的连锁分店就像一个古代的犹太教堂。书店里面设有男性读者专区和女性读者专区——男人们一般都看运动或是航天飞机方面的书(同时又没法管住自己的眼睛,时不时鬼鬼祟祟地往女性内衣画报上瞄两眼),女人们通常都是看小说(不过也不会忘记偷偷看几眼日历上印着的健硕的消防员)。而且在这个书店里总是有些熟面孔,大概因为他们实在没有别的地方可去了吧——他们坐在这里翻那些破书或者是无聊的陈旧课本,也许除了在这里看书又便宜地方又大之外,没有别的任何理由。书店里面还有一个不太体面的人——样子有点像教堂司事,头发乱糟糟的,不修边幅又常常心不在焉,时不时露出一副心烦意乱的神情。我们后来才知道,原来他就是这个书店的老板。他的名字叫沃尔特,对他来说,我们简直就是他的冤家,因为钱恩从来都要跟他讨价还价之后才肯买下他的书。作为商人的沃尔特,心里当然非常不乐意。

钱恩在任何人手里买书都要还价,哪怕那本书已经放在了特价五毛钱的书柜上(但是在除了书之外的东西上,钱恩从来不这样。实际上,他经常慷慨地付小费,在金钱方面是一个出手很阔绰的人)。一开始我总是为他的举动感到尴尬,但是他又老把我牵扯到讨价还价的过程之中——当

名副其实的狂热

然，我不得不承认，我的参与在很大程度上能够保证还价成功。通常钱恩问老板所要的折扣，老板都不同意给；这个时候，钱恩就会暗示我出马。于是我就会诚恳地跟老板说，钱恩是一个很著名的犹太作家，现在正陷在困难的处境里；他还是一个学者，买这些书是为了回去进行研究的——不管是买什么方面的书，我总是用这一套台词。就在我这么说着的时候，钱恩便以一种忍辱负重并且坚韧不拔的姿态站在一旁的角落里。我们这样的配合往往都能奏效，但是涉及到跟沃尔特之间的交锋又得另当别论了。在过去一年里，我们碰到过几次很难堪的情况——当我们和沃尔特讨价还价时，他只是走到一边去打电话给街对面的保安，让他们把我们赶出店门。

当走进沃尔特的书店时，我们看到他正站在收银台附近。一见是我们来了，他马上退缩进店里，随即把目光转向别的地方。但是我却径直向他走过去，跟他打招呼，并问他书店里是否有一本特别的书。

"什么特别的书？"他问道。

"我们正在找一本有个叫艾丽斯·沃尔克的作家写的《紫色》。"

"我想这应该是本新书，你们可以到街对面的书店去找找看。"

我呆呆地站在那儿，不知道该怎么说下去。

"穿过这条街，你们就能找到那本书啦——"

"哦，是的，我知道。但是我们不打算买……"

"什么？哦，我明白，他是一个贫困潦倒的犹太作家……"

"是这样的，"我非常平静地对他说，"沃尔特，我们非常想看看这是一本什么样的书，因为我这位朋友刚刚得知，他因为这本书而与普利策奖失之交臂，我们只是想看看这本书而已。"

"你是说他差点拿了普利策奖，却被这本书踢出局了？"

我点点头。

"你们在这儿等着。"沃尔特边说边关上了收银机，走出书店直奔街道对面而去。我于是对远远站在书店另一边的钱恩使了个眼色：一切都

 阅读的盛宴

在掌握之中。几分钟后，沃尔特拿了三本《紫色》回来，然后把他们都给了我。

"看这些书需要多少钱？"我问道。

就在我已经准备好和他还价的时候，他突然很生硬地说："免费。"我耸了耸肩，递给钱恩和他的妻子各一本。这位女士起初似乎是被钱恩硬拉着出门的，可是现在她非常热切地想看这本书，就和我们一样。我们都退到墙角，静静地看起书来。

我大概只花了两个小时就看完这本书了，我想我恐怕从来没有像现在这样怀着如此躁动不安的心情读书。

看完书之后，我回头去找钱恩，发现他和妻子一起待在书店的一个角落里，他妻子在给他讲书上正在进行着的情节。很明显他们还没有看多少，但是钱恩已经听呆了。他转过头问我道："怎么样？你觉得这本书如何？"

"我非常不情愿回答这个问题，"我说，"但是，输给这样一本书，我不觉得我们有什么好羞愧的。"

"付钱把这几本书买下来，我们回家吧。"

"嗯，我已经付过钱了。"

于是我们三个人站起来，准备离开书店——出门的时候，我还对沃尔特点了点头，因为他似乎在笑着目送我们离开——我们出门走到停车场，钻进汽车，驶上回家的路。

汽车往布朗克斯的方向前进着。起初，车厢里一片沉寂。我独自坐在车厢的后座上，但是我能感觉到钱恩的脑子里在想些什么：又一次被打败了，又一次被涮了——也许这次没有被涮，但是至少是被打败了，这是毫无疑问的。当汽车开上罗斯福快速路的时候，天色已近黄昏，气温也渐渐低了。大概在路过一二五街的街口时，钱恩反身问我道："那个吝啬的家伙——沃尔特，是以什么价钱把这三本书卖给你的？"

名副其实的狂热

我愣了一下,然后回答道:"他没要钱。"

"一分钱也没要?"

"是。我告诉他我们想要看看这几本书……"

"对啊,但是应该只限于免费在他的书店里看看而已呀?"

"嗯,不过后来我告诉他,你在普利策奖评选中被这本书打败了……"

我不知道如果我告诉钱恩我是斯大林失散多年的私生子的话,是不是会比这件事更令他觉得羞辱。总之,他听了这句话之后,立刻气得青筋直暴,并且用含糊不清的波兰语咒骂着我。我试图让他平静下来。"不,不要激动,我当时并不是用那样的字眼描述这件事的。"但是,不管我怎么解释,我还是伤害了钱恩。

"把车开回去!我要回那个书店去,我要把这三本书扔在那个家伙的脸上!"钱恩一边这样叫喊一边激动地去拽他妻子的手臂,还老是去转方向盘——方向盘顿时有点失控,汽车也被弄得东倒西歪——于是引起了更多人的狂叫。

我想我应该明白自己错在哪儿——但是,也有可能这是对钱恩的一种微妙的报复方式,因为他总是令我处在一个非常为难的位置——去帮助他讨价还价。钱恩依然气得脸色发青,而且看起来他这样的情绪将一直持续整个回家的旅途——甚至到家以后他也还会这么生气。钱恩把他在书上看到过的所有骂人话都用在了我身上,而且念念有词地责怪我毁了他的生活,还把他所有的心血之作都变成了垃圾(其实这样的责骂我曾经在我妈妈那里领教过多次,比方说忘了在回家的路上买牛奶之类。很多不小心都有可能导致这样的悲惨结局)。当汽车行驶在迪根高速公路上时,出于某种原因,我突然脱口而出,"他被列在黑名单上了呀!"

钱恩转过身子问我道:"谁啊?"

"《决战猩球》的编剧。他被列在黑名单上了呢,所以他只能用假名来发表作品。"

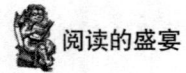 阅读的盛宴

钱恩爆发出一阵狂笑,仿佛他心中的所有怒气全都化为了快乐,然后火山爆发般地一股脑儿喷发出来了。他在前座上笑得前俯后仰,乐不可支。他的动作幅度太大了,以至于比起几分钟前他拼命抓他妻子的手那会儿,现在的他更令他妻子难以招架。"我不是告诉过你了吗?他绝对是一个共产主义者!你还想要反驳我……"

"我并没有说他不是共产主义者,我只是说……"

但是钱恩的笑声打断了我的话,他非常夸张地笑着,每一声"哈哈"都显得那么强劲有力,就像一个发射台不断地发射出炮弹,撞击着我的脑袋。

我们回到了钱恩在布朗克斯的公寓里。我在起居室里百无聊赖地坐着,钱恩的妻子在厨房里东摸摸、西搞搞,愠怒而失望;钱恩则一直待在书房里打电话。从到家开始,他就在书房里面,一个电话接着另一个电话。我不知道是不是有人打电话给他(安慰他,也可能是故意反复提醒他这件事),或者是他给别人打电话,总之,我能听到他一直用他最大的音量向别人咒骂着我,跟别人说我为了免费向沃尔特索要那些书而告诉他我们寻找《紫色》的原因,他还嘲笑我老是糊弄他说《决战猩球》的编剧不是一个共产主义者。

有几次,我悄悄踱步到他的书房门口,如果听到他正在跟别人讲《决战猩球》的事,我就把头探进去看看,于是钱恩向我报以一种心照不宣而且洋洋得意的笑容。如果他没在讲《决战猩球》,我就不往里面看,而是转身回到起居室里去。

对我来说,很难让我完全不去理会钱恩在跟别人说什么。如果我没有记错的话,整个晚上,钱恩跟那么多人通电话,丝毫没提输掉了普利策奖这回事。

与书相关的词典

Bibliobibule 读书读得太多的人

Biblioclast 破坏书籍者、焚书者（焚书者）

Bibliodemon 对书着魔的人

Bibliognoste 对书的版本、版本记录、印刷以及一切细节都很了解的人（目录专家）

Bibliographe 描述书的人（书目提要编著者）

Biblioklept 偷书的人（书贼）

Bibliolater 尊敬书、崇拜书的人（书籍崇拜者）

Bibliolestes 掠夺书籍的人

Bibliomancer 利用书籍占卜、预言的人

Bibliomane 不加选择地收集书籍的人

Bibliomaniac 爱书爱得发疯的人（藏书狂）

Bibliophage 如饥似渴地读书的人（书呆子）

Bibliophile 喜欢书的人（爱书者）

Bibliophobe 害怕书、有书籍恐怖症的人

Bibliopole 卖书的人（书籍商）

Biblioriptos 四处扔书的人

Bibliosopher 从书籍中获得智慧的人

Bibliotaphe 埋藏或者隐藏书的人

《华氏 451》的选择

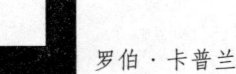

罗伯·卡普兰

1953年,雷·布莱德伯利的关于未来世界的小说《华氏451》出版了,立即成为刻画极权制度的经典。书中描写了一个可怕的世界,在这个世界里,政府当局宣布一切书籍都是非法的,并命令消防队员完成烧毁所有图书馆和书籍的任务。

"华氏451"的含义是指书在华氏451度(摄氏232.7度)时开始燃烧。但仍然有一群爱书的人,决定通过把书背记在心里的方式来保护图书,以便将来能通过口口相传把人类的精神财富流传下去。由于每个人能背下来的书籍有限,所以他们必须进行分工,每个人选择自己喜爱的图书去背诵。虽然对于爱书的人来说这无疑是一个异常可怕的局面,因为没有被选上的书很有可能遭到焚毁。他们要选择的不一定是最伟大的书,或最有影响力的书,或最重要的书;他们要选的是那些能成为他们生命的一部分的书,因为只有这样,他们才能在心里带着这些书一同生活下去。

如果我们是雷·布莱德伯利的小说《华氏451》中的人物,我们希望背记在心的是哪15本书呢?

告诉你,我的选择是下面这15本书:

- 《太阳照常升起》 作者:厄内斯特·海明威
- 《第22条军规》 作者:约瑟夫·海勒

《华氏451》的选择

- 《夜》 作者：埃利·威塞尔
- 《1984》 作者：乔治·奥威尔
- 《喧哗与骚动》 作者：威廉·福克纳
- 《耸肩的地图集》 作者：安·兰德
- 《四月的早晨》 作者：霍华德·法斯特
- 《了不起的盖茨比》 作者：司各特·菲茨杰拉德
- 《麦田里的守望者》 作者：J.D.塞林格
- 《分开的和平》 作者：约翰·诺尔斯
- 《迪米安》 作者：赫尔曼·黑塞
- 《猫的摇篮》 作者：库尔特·冯尼格
- 《杀死一只知更鸟》 作者：哈泼·李
- 《一个青年艺术家的自画像》 作者：詹姆斯·乔依斯
- 《时间再次开始》 作者：杰克·芬尼

> 决不要将自己的书借出去——这世上没有人会还书的，不信你看，我书架上剩下的书差不多都是我借来的。
> ——阿纳托尔·法朗士

最后的赛跑

爱德华·纽顿

走进东海岸中部各州的任意一家二手书店,你不可能找不到爱德华·纽顿所写的关于书的随笔集——有的甚至还来自他自己那庞大的私人图书馆。下面的文章是编辑们的最爱,选自《一场壮观的滑稽剧》(1921)。

不久前,一位先生永远地离开了我们。他是一位学者,也是一位藏书家,他在我们所热爱的藏书游戏中占据着无可替代的位置。我想,大家都已经猜到了,他就是我们敬爱的贝弗利·詹。在这个国家,的确曾经有——现在也仍然有许多比贝弗利·詹更伟大的藏书家,但是我敢肯定的是,没有任何一个藏书家像他这样为国家鞠躬尽瘁,没有任何一个藏书家像他这样声名远播,也没有任何一个藏书家能拥有像他一样渊博的有关书方面的学识。

詹先生于1850年3月5日出生于纽约州一个小小的大学城日内瓦,那是一个玲珑而美丽的地方。当年,他在一栋非常精美的古老官邸里出生,那所房子建在断崖之上,俯瞰着一片澄清的湖泊。而他去世的地方,是在离那所房子不远的另外一座老式公寓里。他毕业于霍巴特学院,那是日内瓦城的一所小学院。他终身都把自己和母校视为一个整体,念念不忘母校对他的培养。在他毕业以后，他到纽约市发展自己的事业，并且成了一个非常成功的银行家。他在大都会信用银行做了多年副总裁，直到几年前他从活跃的商业场上退隐辞职。在他去世的时候，他是日内瓦城里最为卓越的市民，但是他是那么谦逊随和，以至于并不是所有的邻居都了解他一生的辉煌成就。他在书籍方面的学识极为渊博，是书点燃了他生命中最为炽热的激情。

我至今还能清清楚楚地回忆起与詹先生初次见面时的细节：那是在差不多三十五年以前——正好就在我结婚前不久，我在纽约市格罗里埃俱乐部的接待处遇到了他。他是这个俱乐部的元老级成员了，并且为这个俱乐部义务工作——从图书管理员到总经理，哪个位置需要他，他就去哪个位置干。与他的学识相比，我那时候简直就是极度的无知。不知何故，在我们谈话的时候，他突然问我收集了一些什么书。我颇有些自信地回答道："古诗集。"我讲这句话的意思是：我收集的古老诗歌并不是指朗费罗、丁尼生或者勃朗宁那些人的诗歌，而是更早的像济慈、雪莱等人的作品。我想我永远不会忘记他向我报以的责备目光，他说："我希望你不会认为济慈、雪莱的诗就已经属于比较古老的诗歌了。"后来，当我对他的了解更多以后，我才知道在他的心目中，所谓"古老的诗歌"是指1640年以前去世的诗人——我当时甚至还不知道那些诗人的存在——的作品。随着岁月的流逝，我们成了私交甚笃的老朋友。我想，任何了解他的人都会认同我对他的看法，那就是没有比詹先生更和善、大度和谦恭的人了。

詹先生出身于一个家世背景极好的家庭，与居住在费城德国镇的显赫的詹氏家族是远亲。他的祖父是新奥尔良港的关税征收者，曾经为拉斐特最后一次对美国的访问承担官方接待任务。非常偶然的是，就在拉斐特访问期间，詹先生的父亲——当时是个婴儿——正需要取个名字，于是这个叫亚历山大·拉斐特的伟大男人抱起了那个小男孩，亚历山大这个名字也就这样被写进了詹先生的家史里。

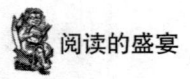 阅读的盛宴

詹先生毕业后不久就和克拉丽莎·反尔逊结婚了,他们幸福的婚姻生活一直持续到1889年5月克拉丽莎的去世。与妻子共同度过的那些年是他一生中最为快乐美满的日子。他曾经许过一个愿,希望能也死在5月间,这个忧郁的愿望最后在他身上实现了:昏迷不醒很长时间以后,他平静地离开了我们,那天是1924年5月21日。他是一个水平相当高的布道师,看望处于痛苦中的孤儿和寡妇并给他们以安慰是他的人生信条;他建立的慈善机构的数目以及服务对象的广度,也许永远也不会有人知道,因为即使是对最为亲密的朋友他也决口不提这些事。他的葬礼在日内瓦城的三一教堂举行,那是一座他从少年时代起就非常喜欢的教堂。他的遗体由一些与他同一个兄弟会的大学男生们抬往走廊。那天天色非常灰暗,光线从黄色的窗玻璃里面射进来(这样的玻璃使日内瓦城如同一个世纪前那般古老,而制造这种玻璃的工艺现在已经失传了),如同笼罩了一层金黄的薄雾,让葬礼显得那么美丽而感人。在教堂举行葬礼之前,他的遗体被安放在他的图书馆里,周围摆满了他钟爱的书籍,他生前最亲密的朋友们围绕在四周,他曾经那样的了解他们,那样热切地爱过他们。

除了书之外,詹先生还喜欢与书渊源很近的一些东西,比方说印刷,还有肖像——这也算是传记的某种形式,尤其喜欢的是一些著名雕刻师的年代久远的肖像作品。像马歇尔为莎士比亚刻印的名为《诗》的肖像(1640),为赫里克创作的《金苹果园》(1648),还有费斯伦于1664年为吉丽格鲁刻印的极为华丽的肖像《悲喜剧》。詹先生曾经对我说,这是他认为在书上见过的最好的肖像。我还记得在另外一本书上见到过费斯伦的一部作品《浪子恨史》。"浪子"!这也能成为一首诗的名字?他真是有着精灵古怪的魅力!在詹先生的收藏中,还有一幅弥尔顿的肖像,那幅肖像我认为完全可以和詹先生最为欣赏的《悲喜剧》相媲美。所有一切优秀的作品——不管是用钢笔、铅笔、画笔还是打字机创作的——都会受到詹先生这位鉴赏者最热诚的喜爱。

我还没有提及詹先生最为显著的一个特点,那就是他非凡的记忆力。也许很多伟大的人物都因为强烈的好奇心而受惠。我曾经听说,皮尔庞特·摩根能仅仅利用手指就心算出许多数字加减乘除的最后结果,而且算出结果的时候也许他的同事们还在找用来计算的铅笔呢。詹先生的记忆力也和这个一样令人惊叹。他几乎从来不会忘记与一本书相关的任何细节,可是有那么多东西需要记啊!想想看,他有多少本书呀,而且每一本优秀的书都存在某些特色,也都会各有优劣。可是在每一本书通过藏书家詹先生的审查时,一些看起来并不是很重要或者很明显的失误,比如日期上的偏差、位置错误的句子,甚至是拼写有误的单词他都会记住。多年以前,我曾经在一次拍卖会上买下第一版的霍桑的《红字》,当我把这本书带回家仔细翻看时,我发现里面有一封长长的信,是詹先生写给这本书的上一位主人的。在信里面,詹先生谈道:"当我回到家以后,我把这本书和我手头上有的《红字》的第二版逐页对照,我发现我之前的陈述的确是正确无误的,那就是——"这句话之后是一系列详细而准确的描述,结尾处詹先生如此总结道:"这本书第 21 页上的'重复'(reduplicate)那个词应该被'批判'(repudiate)这个词替代才对。"

　　在我的私人朋友圈子中,能够与詹先生属于同一层次收藏家的恐怕只有托马斯·詹森·怀斯先生一人。但是怀斯先生显然要比詹先生有更多的机会增长见识,因为他常常走出国门。相反,令人感到好奇的是,詹先生从来没有到国外去过。我很难把詹先生归于当代藏书家的任何一类,因为他实在是非常独特。我想,那些具备常人难以具备的品质的收藏家,他们的投资方式总是令我们自然而然地沉迷不已。而且,当我想起罗伯特·胡、塞缪尔·P. 艾弗里、查尔斯·B. 福特、弗雷德里克·R. 哈尔西、爱德华·赫尔·比尔斯特以及威廉·罗伦·安德鲁这些藏书家,我就感觉现在这一代藏书家似乎比起他们来要退步很多了。

　　我上面曾经提及当我和詹先生谈到"古老的诗歌"时,他的目光那

阅读的盛宴

么敏感地抓住了我的自满，后来我才知道，他个人最终爱的就是17世纪的诗歌，我猜想他在这方面的知识一定也是无人可比的。在美国或者在英国，不管在什么情况下说到藏书目录，由格罗里埃俱乐部出版的书籍目录总是不能不提及的，而这份书籍目录的出版工作，相当大的工作量都必须由詹先生完成。格罗里埃俱乐部的一位图书管理员葛朗丽斯小姐曾经告诉我，她的工作内容就是整理俱乐部里的英国书籍目录。大部分的校勘整理工作以前都是由比尔斯特先生完成，而在比尔斯特先生逝世以后，所有的工作就移交到了詹先生肩上。从这里，我们就可以看出，詹先生承担了俱乐部数不尽的工作，而且都是最为单调乏味而且艰难的校对任务。在这样的工作中，无疑会有相当多的问题需要解决。葛朗丽斯小姐每个礼拜都会把种种问题列出来，当詹先生于礼拜六下午准时到达俱乐部，坐在他的椅子上，点燃雪茄之后，他就会说："让那些连珠炮般的问题从现在开始解决吧！"于是，葛朗丽斯小姐就开始和他一起工作。在这里，我想引用一下葛朗丽斯小姐在一封信中写的几句话：

> 我几乎记不起来任何一个让他没法回答上来的问题，似乎和书有关的所有东西他全都了然于胸。虽然偶尔有那么几次，他得查证一下某些佚名书页或者是不同版本的参考书目上关于词语的不同拼法，但是我敢肯定，他从来没有犯过一个错误。他终其一生所学到的知识是那么广博而精彩，而且立刻就能为所有对书感兴趣的人服务。

战后不久我去了英国，就像平时的习惯一样，我抽时间到大英博物馆去转了转。非常巧的是，有一天我在那里遇见了一位著名人物，阿尔弗雷德·伯拉德，当时他是博物馆书籍部的主任。在和他的交谈中，我偶然提及刚刚由耶鲁大学出版社出版的《关于莎士比亚戏剧的普查（四开本）》，海瑞塔·C. 巴特丽特小姐和伯拉德先生还为这本书作了序和跋。这本书选取的课题难度很大，是一本极有学者风范的书目杰作。伯拉德先生谈及在这本书的制作出版过程中最令人烦不胜烦的事情，那就是战时邮路不畅，校样往返于大洋两岸总是要耽搁很长时间。他说："我简直以为这件工作永远都无法完成了，最后我只好写信给海瑞塔，让她设法说服詹先生看看校样，那样我就放心了。能够在他所认可的任何作品上签我的名字，都令我感到非常荣幸。"实际上，对于一位工作繁忙的人来说，一位伟大的学者拜托的事情其实也不失为一份很好的礼物。"如果你想让某件事快点做完，那么就去找一个大忙人吧！"古老的谚语也是这样告诉我们的。

詹先生曾经加入过多少社团、俱乐部以及协会，我说不上来；但是，所有这些机构都会无比哀悼詹先生的离去。一个老朋友被上帝带走了。有些人可能是我们的朋友，但称不上老朋友——交一个老朋友需要很长的时间，就像一本新书变成一本老书一样。

詹先生是一个诗人吗？我并不知道，但是他至少写过一首能够在诗歌选集里找到的作品，"老书总是最好的。"

差不多是在一年以前，我和亲爱的朋友兼同事 R.B. 阿当先生在布法罗待了几天后，决定先去日内瓦城拜访詹先生，然后再继续去纽约的旅程。现在想起来，我真是非常高兴做了这个决定。詹先生到车站来接我，然后引领我——非常隆重的礼节吧？我想这是因为他是一位绅士，并且毕业于旧式学校的缘故——去他的家。一路上他跟我说了些诸如他在哪所房子里出生，他为那所房子感到很骄傲，还有大学城里美丽的街道之类的话。晚上吃完晚饭以后，我们坐在他的图书馆里，一边抽烟，一边聊天。我们信马由缰地谈天说地，一直聊到深夜。就在我们准备就寝时，他告诉我说，我的来访真是对他的恩赐。我则回答他，他对我的邀请才是我的荣幸呢。于是我们互道晚安。

第二天一大早我就起来了，因为我向来是一个喜欢早起的人。路过

阅读的盛宴

他的卧室时,我看到门仍然是关着的,于是我悄悄走过他的房门,踮着脚尖走下楼梯,往他的图书馆走去。进了图书馆我才发现,这位老先生已经比我先到那儿了。他坐在窗边一张舒适的椅子里,借助老花镜看着手里的一本书,旁边还放着几份没有打开的报纸。见我进来,他放下书向我亲切地打招呼,似乎还有些微的尴尬——为了被我撞见他要带着老花镜才能看书。为了打消他的这种心情,我转而问他手里拿着的是什么书。那是赫里克写的《金苹果园》的第一个版本,我于是告诉他我拥有的那个版本比这本要好。我这句话又说到他饭碗里的事情了,他开始描述那个更好的版本——我记得是由罗杰·佩恩装订的——我曾经收藏过这个版本,后来卖给亨利·E.亨廷顿了。

大概是在十年或者十二年以前,詹先生出让他的私人图书馆那件事曾经轰动一时,图书馆中很大一部分书,都将移交给亨廷顿先生。整个交易过程非常艰难,亨廷顿先生非常想买下全部的书,但是与他相交已久的詹先生明白,亨廷顿从来就不是一个非常富有的人,所以詹先生觉得他没法承受全部书籍的价格。许多天之后,最终的提议总算为詹先生所接受,他勉强同意将图书馆的书拆散卖给亨廷顿先生。但是真正到了分书的那一刻,詹先生简直肝肠寸断。他老泪纵横地对亨廷顿先生说,他没有办法忍受把这些成套的书拆开,但是他又讲道:"如果将来有一天我要把这些书卖掉,我只会把它们卖给你。"亨廷顿先生虽然非常失望,但是他很理解詹先生的心情,他非常有绅士风度,立刻就和詹先生解除了这笔交易。这样又过去了好几年,詹先生所收藏的书持续升值,亨廷顿先生又报了一个价格——这次詹先生接受了——当亨廷顿先生交给詹先生一张面额巨大的支票时,他说道:"为了您卓越渊博的学识,我非常高兴地交给您这张比上次的面额翻了一倍的支票。"这句赞扬的话对他所给予的价钱以及他所得到的书都是一种肯定。萨默·伽亚谟所著的《鲁拜集》常常让我揣想一个人在卖了他的图书馆之后,他将会如何处理他得到的那笔钱呢?詹先生对于这笔钱的处理方式是：他马上又开始了新一轮的藏书；而且，在他去世的时候，他又收藏起了一批数量不大但是极有价值的书籍——他本来是要再建一所图书馆的——他真的是一个离开了书就无法生存的人。

  我又想起了一个有趣的小故事——与詹先生对一本稀有的书的喜爱有关。詹先生听说亨廷顿先生收藏有两本莎士比亚的《十四行诗》的第一版，只不过两本书的包装风格有点不一样。于是，詹先生登门拜访亨廷顿先生，询问亨廷顿先生是否能给他一个特权，让他来收藏这两本书——这两本书很有可能是英语书籍里面最有价值的两本书——詹先生紧紧拿着那两本书，一只手拿一本，急切地等待亨廷顿先生的回答。我真希望能给那个时刻的詹先生拍一张照片——不过，虽然没有能拍下那个时刻的詹先生，现在我的手头上却有一张非常好的照片，照片上詹先生正在读赫里克的《金苹果园》，这是他最喜欢的书之一。而这张照片就是我最后一次去日内瓦城拜访他时拍下的。

  我还想讲这么一个故事。詹先生在生命中最后那几年养成了一个习惯，那就是每到礼拜六的上午，他不去纽约下城的办公室，而是待在他那位于美伦酒店的公寓里，静静地读书，和他最喜欢的书在一起。在我了解到詹先生的这个习惯以后，我也随之形成了一个习惯——如果有哪个礼拜六我恰好在纽约度过，那么我就会去拜访詹先生。有一个星期六的上午，我们在一起看书、聊天，一晃就是好几个小时。这时我突然想起，有一位名叫德雷克的书商让我那天记着去他位于第四十街的书店看看，他那里刚刚到了一批从伦敦来的书。我只好匆忙结束与詹先生的会面——非常凑巧的是，詹先生那天也有一个约会——于是我们互相致意，怀着同样的遗憾匆匆分别了。离开詹先生的公寓，我马上赶往德雷克的书店，就在我刚到达书店不出十分钟，詹先生就走进来了，原来他的约会和我的是同一回事。我们禁不住哈哈大笑，然后一起去看那些书。"这本书你应该买，如果你还没有的话，"詹先生拿起一本《码头农夫》对我说道。那本书是以

阅读的盛宴

旧式的装订方法装订的，上面写着的修订日期非常引人注目，是1550年。我答道："不过这好像不在我的收藏路线之内呀。""不，它不应该被排斥在你的收藏范围之外。"他这样说。就在我听他说话的时候，我的视线偶然看到上面的书架上有一本布莱克的《漫画诗意》，是乔治·坎伯兰郡的藏书，上面还贴有他的藏书标签。这本书里面有布莱克最后的雕刻画作品。"看，你应该收藏这本书，"我对詹先生说道。因为我知道，他曾经有过这本书，后来移交给亨廷顿的图书馆了。书店老板德雷克笑着调侃我们俩："加油挑吧，先生们，我可没法负担像你们这样的推销员哦。"没多久，我们一起离开书店去吃午餐。走出书店的时候，我成了《码头农夫》的拥有者，詹先生的口袋里则放着布莱克的《漫画诗意》。

回顾过去，1918年对所有的藏书者和书商来说，都是极为特别而且值得纪念的一年。战争在那一年终于结束了，大家手头都宽裕起来，而且有许多非常好的藏书室都处在解散之中。我印象非常深刻的有5月份卖出的哈根收藏，还有12月份卖出的赫歇尔·V.琼斯的图书馆。那时候到处都充斥着一种非常和谐的伙伴关系，在图书买卖结束以后，我们这些藏书者习惯于经常聚会。我们通常都喜欢在广场上开圆桌会议，展开我们的口舌大战，激辩不休。詹先生总是会被邀请来参加这样的聚会，他曾经是哈根先生的老朋友，还为他的卖书目录写过介绍。在他的介绍中，他这样写道："如果有谁问我，这个目录里最稀有的藏书是哪一本，我一定会毫不犹豫地说是那套迷人的诗集——里面包括了约翰·斯凯尔顿写的四组诗《亨利六世的诗歌王冠》。耕耘图书馆藏有这组诗中的两组，而这套来自洛克图书馆的书则收藏了四组诗，实在是独一无二。"詹先生并不经常道出某本书的可贵之处，但是对这套书他相当了解，而且目录上也毫不含糊地开出了上万美元的高价。这么高的价钱让詹先生并不吃惊，相反他还很认同。"它们还会继续升值的，"他这样说。在那两次图书交易中，我都买入了许多书，而且都是受詹先生的引导而买的。我挑选书的方法几乎都是依据詹先生的判断。我再一次将自己的铺张奢侈当作一种投资，而我的经济状况则证明，那其实是一种对金钱的任意浪费。

我们亲爱的朋友就这样离我们远去了，
尽管每一个人最后都无法避免死亡，
但是谁能像他那样纯粹地生活，
谁的思想像他那么高尚。

当打开詹先生的遗嘱，我们发现他继承了法国著名的收藏家龚古尔·埃德蒙的遗嘱的风格。这位法国收藏家在遗嘱里要求道：他所有的画作、出版物、书——总之就是一切曾给他的生活带来乐趣的东西，全都不许委托给冰冷的博物馆收藏，不能让那些宝贝躺在如同坟墓一般的博物馆里，供那些并不在行的游客漫不经心地参观。这些东西必须在拍卖会上分散给那些成功竞价的拍卖人，把他曾经体会过的渴望得到这些东西的热切心情传递给其他人，让其他人也能以自己的方式来体会这种心情。

于是，詹先生的朋友米切尔·肯纳利——安德森画廊的经理，作为委托人拍卖詹先生所有的收藏——除了四幅画之外。这四幅画包括：杰勒德·洪特霍斯特为本·琼森作的肖像画；古德菲·内勒爵士为波普和德莱顿作的肖像画；爱德华·鲁特为德莱顿作的彩色蜡笔肖像画，以及他收藏的一些非常珍贵的来自德国、荷兰和佛兰德的镀银画，总共大概有五十多幅；所有这些他都遗赠给格里罗埃俱乐部了。他知道他的这些宝贝在俱乐部里会和从前在他个人图书馆里受到同样的关爱，而且，他和这个俱乐部的其他捐赠者的姓名，也将因为这些宝贝的存在而被铭记。最重要的是，他希望这个俱乐部能够成功地办成世界上最权威的收藏俱乐部，希望它能够繁华常在！

当詹先生的图书馆将要被拍卖的消息传开时，图书收藏界马上闹得沸

阅读的盛宴

沸扬扬。他收藏了些什么书？哪些书将被拍卖？诸如此类的问题都是人们关注的焦点。我非常清楚我自己想收藏些什么，而且我已经准备好了买这些书的钱。也许将来的某一天，我可以撰写一篇与拍卖会上的人们有关的心理学论文：在拍卖会场里总会发生一些奇怪的事，那些重要的目录清单被频繁地分发到各处，偶尔人们还会报出超出物品本身价值的价格。谁知道这是为什么呢？最后，令人期待的那个晚上终于到来了。这次拍卖实在是引起了足够的关注。

首先，我想说明一下，一本珍贵的书在纽约拍卖的情况和在伦敦非常不一样。在伦敦，不管被拍卖的书有多重要，拍卖也不会演变成一件非常激烈的事情。在伦敦苏富比拍卖公司，那些拍卖人或站或坐地聚集在一个很大的类似于教堂讲道坛的厅里，在他们面前是一张又长又窄的桌子，桌子的尽头一直延伸到大厅的墙壁。坐在桌子后面的人都是"交易"中的重要参与者。如果是一本非常珍贵的书将被拍卖，拍卖者的助手就会把这本书传递给坐在右边桌子后的第一个人，这个人看看后再传给坐在他旁边的人，然后，这本书就这样依次传下去。当传到右边桌子的最后一个人时，那个人看完之后就会横穿过道，交给坐在左边桌子后面的最后一个人，那个人再接着往上传，于是这本书最后又传到了站在最前面的拍卖者手中。这个时候，谁出价最高，书就将属于谁。整个过程就和卖一个卷心菜似的，毫无激情。激情在伦敦总是被视为不太好的东西。但是，让我们假设一下，拍卖会正在如它的固有程序一样在进行中，一个本身并不具备取胜希望的收藏者，看到一本底价仅为实际价值一半的书时，也许会忍不住冒险参与竞价。他的出价理所当然会被接受，但是随之而来的就是一系列的竞争。这个时候，坐在桌子后面的"交易"中的重要人物会不声不响，而又不依不饶地一直与他竞价，直到他放弃或者是以实际价值三倍的价格买下这本书。他的经验是这样的：如果最后他得到了那本书，那么他很可能会痛恨自己以及那本让他花费不菲的书；如果他最后放弃竞价，那么书商就要痛恨他了；于是在其他的拍卖活动中，他可能都不会再有机会参与竞价了。这种"交易"就像一个圆环，既没有起点，也没有终点。

一本书在纽约拍卖就完全是另一回事了，它可能和社交活动差不多，像一个只要你觉得自己具备一定的经验就可以加入的游戏。但是，请记住，你在这个游戏里将与职业选手对抗。一个拿着扫帚柄的业余击剑手，有可能会打败一个手持长剑的职业击剑运动员，但是你必须先要取得与他对抗的机会。在积累了多年的经验之后，我的计划一般都是这样的：对于一本我早已垂涎三尺的书，我通常会把我的出价报给一位最有可能买这本书的书商——也许他想买下来存着，也许是为一个客户竞价。比如说有一本《鲁滨逊漂流记》开始拍卖了，我为了不卷入和罗森巴赫博士的竞价之中，就把我出价的最高限直接告诉他。于是他就必须出比拉丝洛普·哈伯、沃尔特·希尔以及加布里·维尔更高的价钱去赢得这本书。另外，我还想得到沃尔特·雷姆尔的《童年的歌》或德拉·玛丽的第一本诗集——这是一本相当轻巧的诗集，现在很多人都在求购这本书，不久前被安德森画廊以超过200美元的价格买进，但是我不到一年以前只花了130美元就买到了——我会把我的出价告诉詹姆斯·F.德雷克，姑且看看能不能赢得一点胜算。如果这个时候，那些重要的东西都拍卖得差不多了，一些零星杂物或者是剩下的不太特别的东西开始拍卖，我就会毫不犹豫地亲自加入竞价。

我想我大概有点跑题了，回到詹先生的拍卖会吧。

在詹先生拍卖会的第一个晚上，大厅里面非常拥挤，所有著名的书商以及许多杰出的图书馆主任和收藏家都来了。我注意到有许多女士也来到现场，比方说有代表皮尔蓬·摩根图书馆的格林小姐和瑟斯顿小姐，代表格罗里埃俱乐部的葛朗丽斯小姐，还有巴特利特·亨里埃塔小姐。在拍卖会开始前几个小时，米切尔·肯纳利还收到一份以前非常著名的来自明尼阿波利斯的收藏家琼斯先生发来的电报，里面这样说道："我将会参加詹

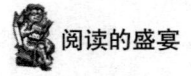 阅读的盛宴

先生的图书拍卖会——不是为了买书,而是为了表达我对这位伟大的收藏家的敬意。"我想,很多人也是出于这样的想法来参加拍卖会的。

我们怎么说明一本书的价值呢?我想没有比价格更好的评判标准了。有一本《失乐园》的原始装订版引起了很多人的注意。曾经收藏过这本书的人都很有名,而且在书的封底上,前任收藏者 M. 狄格拜·怀亚特用铅笔写上了 1857 年 9 月 6 日这个日期,并且写道:"这本书是第一版的版本,而且有最原始的扉页;它价值近 10 英镑,并且在迅速升值。"它确实是在迅速升值,在拍卖会上这本书再一次刷新了历史最高价:560 美元,而詹先生几年之前是以 1500 美元的价格买到这本书的。我非常高兴能看到《鲁滨逊漂流记》的第一版,一套原始装订的三卷本——相当不错的集子,但是绝不比我所拥有的那套更好——卖出了 5350 美元的价格。詹先生曾经花费 1750 美元买到的布莱克的《天真之歌和经验之歌》也刷新了历史最高价,卖出了 5500 美元。布莱克的另一本书《漫画诗意》,也就是那天我在德雷克的书店里劝他买下的坎特伯兰郡的版本,当时花了 450 美元,现在以 900 美元卖出。另外还有一本《码头农夫》,和那天他在德雷克书店劝我买下的版本差不多,卖出的价格却比我当时的出价低了三分之二。所以,这也让我进一步坚定了我早已形成的一个看法:在纽约的书籍拍卖会上存在这样一个趋向,那就是,越有名气的东西往往会卖得比它的实际价值高,而不太出名的东西则常常卖得比它的实际价值低。一不小心,我失去了"休迪布拉斯"三卷本的第一版,正是我打算要买的原始的牛皮书。后来我发现杰罗姆·克恩赢得了那套书,于是我向他表示祝贺。

不管怎么说,我的胃口得到了满足,只要我不太贪婪的话;毕竟我得到了最想要的那本虎克的《阿曼达》,这本小诗集确实非常罕见,它于 1653 年出版,当时是由剑桥三一学院中的一位先生出版的。也许它的稀有程度还得归功于过去的收藏者安德鲁·朗写的《三节联韵诗——学者的至爱》,短短几句话却为这本诗集赋予了流行的潜质。

最后的赛跑

多年以前，我曾经在耕耘书店买到过一个同样版本的《阿曼达》。从那以后，我在那里再见到过一次《阿曼达》，我也买下了。这一次，因为《阿曼达》的不甚引人注目，我有幸赢得了它，也算是搭了个便车吧。虽然我毫不犹豫地迅速为《阿曼达》付账，但是一开始看到它在我的图书馆里出现时，我仍然有些感觉古怪。我发现通常都得花上一点时间来让一本老书适应它的新环境。

当一位书籍收藏家去世，他所有的收藏被拍卖之后，似乎一切就结束了——只有记忆还在。我称詹先生的拍卖会为"最后的赛跑"，其实并不是非常确切。还有一个人，他生命中的最后一页，也像郁郁葱葱的大树上的叶子一般华美，那就是我的另一个朋友——布鲁克林的W.A.怀特先生。他依然活在我们的记忆中。他是一个更为杰出的收藏家，甚至还是一个比詹先生更为渊博的学者，但是他没有能够像詹先生那样声名远播。他因为那些布莱克的收藏而被世人所知晓，但是更主要的，还是他收藏的伊丽莎白的作品——虽然为数不多，但都很优秀。1916年，在纪念莎士比亚逝世三百周年的年会上，纽约公共图书馆决定举办一个莎士比亚以及他的同时代作家的作品展览会，于是，一个盛况空前的展览会就这样举行了。巴特利特小姐毫无疑问是这方面的权威人士，展览会就是由她来负责的。也许并不是所有人都知道，那次展览会上的许多书都是来自怀特先生的图书馆。怀特先生是那么谦恭退让，那么具有学者风度，没有人知道他其实是一个对商业有着浓厚兴趣的人。尽管他对商业抱有很大的兴趣，但是他依然随时准备贡献自己的知识和图书收藏——只要确实有真心喜欢他的收藏的人。随着怀特先生的去世，美国历史上第二个也是最伟大的一个图书收藏时代就渐渐走入尾声了——在这个时代里，享有最高声誉的收藏者无疑是皮尔蓬·摩根，他的家族捐赠的大量图书就证明了这一点。

亨廷顿先生也同样成为我脑中难以忘怀的一个人，但是他留给我的印象不是单个的人；他代表了他所创办的协会。从他多年前迷上收藏的时候

 阅读的盛宴

开始,他一共花费了 200 万美元购买书籍,并且将它们捐赠给加利福尼亚州——而他自己却从来不对外人说起。

新一代的图书收藏群正在形成。我希望,衷心地希望,所有这些人都能够永远保持对学习的热爱——学习书籍知识以及其他,而这种好学的精神,正是贝弗利·詹先生和格罗里埃俱乐部多年来一直坚持的。

书籍对于我来说意味着一切。如果有任何一个时刻能够让我选择生命的去向,我将把自己埋葬在一个巨大无边的图书馆里……连散步的时光也一定要与我的书相伴。

——汤姆斯·B. 麦考利

我的朋友

彼特拉克

　　我有一些朋友,他们生活惬意,尽管他们年龄不同,生于不同的地方。他们了解自然,学识丰富,而且他们在科学领域里的丰富知识赢得了人们的尊敬。他们平易近人,在我需要帮助的时候,他们总是伸出援助之手。他们在我的身旁来去自由,但从来不给我添麻烦。当我遇到难题的时候,他们能够马上帮我找到解决的办法。我们有时一起探讨历史,有时又在一起探索大自然的奥秘。有时候,他们那开朗活泼的性格赶走了我的忧虑,愉悦了我的精神。而有时他们也会给我坚韧的性格,教我控制自己的欲望,让我学会独立。他们在我面前毫无保留,简而言之,在我的科学艺术生涯中,他们可以帮我解决一切棘手的问题。而他们所要求的回报,仅仅只是想住在我那幽静但却简陋的住所里,哪怕只是角落里的一间小屋。他们愿意远离闹市,喜欢安静的隐居生活。

 阅读的盛宴

读书怎样改变了我的生活

安娜·昆丁兰

安娜·昆丁兰是一位普利策奖的获得者,她曾经创作过许多小说,其中有三本最为畅销——《实物教学》、《真实的事》和《黑与蓝》。下面这篇文章选自她1998年为《当代图书馆研究》撰写的系列专稿,在这篇名为《读书是怎样改变了我的生活》的文章中,安娜·昆丁兰将和我们分享她在读书中扮演的角色,以及她对书籍在信息时代的发展趋势所持的乐观态度。

"书本的时代就要结束了。"一位总是只能在网络上碰到的杂志编辑这样说道。她是在某天的一个会议上跟我聊起报纸行业在将来的发展趋势时,对我说这句话的。且不管她说的是对是错,反正我实在是一个幸运的人,因为在看了那么多年的书之后,我终于也拥有了一本自己写的书。当我费时又费力地整理我的书架时,往往能在上面发现从普鲁斯特到安·德兰的书,我想这也就证明了我这一生中所读到的书不仅有名家的著作,也有只能勉强吸引人的流行作家的作品。直到今天,我还清楚地记得,当我拿到我写的第一本精装书的时候,兴奋成什么样子。为我送书的联邦快递公司的卡车卷起一阵尘土呼啸而去,我则在飞扬的尘土中迫不及待地撕开信封,拿出书来,并且把书放在手掌上,上下掂量着它的重量,仿佛重量

就能代表它的价值似的。我捧着这本书就像捧着一个要接受洗礼的婴儿一样。精装书，这是每一个作家最终的雄心所在，不管她承认不承认。

计算机给写作、出版行业和报纸行业带来的冲击是巨大的，而我正是在计算机以暴风雨般的速度和强度侵入这三个领域的时候，真正融入和了解这三个领域的。计算机简直就像一把最不可思议的高科技瑞士军刀：每当你估计它大概可以完成一些什么工作的时候，它总是能够完成比你估计的更多的工作，而且还能更快、更好、更准确地完成。我在创作我的第一本小说时，使用的是一台又大又古旧的机器，它只有256M的内存，而且在存入信息的时候还会微微发出"呲呲"的响声，活像一个喘不过气来的老大爷。它的硬盘也只够存我的那本书、一些文字处理软件和一点七零八碎的东西。而我的第三本小说，却是在一台可以放入手提包的笔记本电脑上创作出来的，这台小巧轻便的机器大概只比还没出世的婴儿重上一点点。它里面的文字处理软件的功能也强大了许多，在我写作的时候，那些软件总是能够自动纠正我在标点符号和大小写字母方面犯的错误。甚至有的时候，我确实是想敲一个小写的 I，软件也会不由分说地自动帮我改成大写的 I，它们就这么认定我犯错了。我可以在这台机器的硬盘里存上好多本书，而且它读入这么多书的信息时，丝毫不会像以前那台机器那样"呼哧呼哧"地喘气。

我这两本书的出版时间间隔还不到十年，所有这些变化就是在这短短的十年里产生的。

20世纪90年代末期，计算机让整个美国都掀起了利用调制解调器上网冲浪的热潮，于是，在这样的信息时代里，我们很容易相信某些人的说法——书本从此与机器变得密不可分，这场热潮的未来将会演变成这样：伊迪丝·华顿的《纯真年代》被放置在网络上，任何人只需要点击一下按钮就能够调出并且阅读这本书；而安·兰德的《根源》在通过网络传阅的时候，也许它里面那些枯燥乏味的争辩和演讲将会用不同的字体标示出

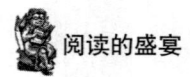
阅读的盛宴

来,以方便读者跳过那些段落(安·兰德的编辑们要注意,也有可能那些段落直接就被删除了)。在信息时代里,将不会再有纸张,不会再有书架,并且实现阅读的终极民主化:存有整个图书馆的书的磁盘,体积比一本皮面精装的《大英百科全书》还要小,谁都可以把图书馆带回自己的家。以前我们总是担忧于文明的匮乏、对文学的兴趣日益减退,还有文化的质量。现在我们又要增添新的忧虑了,那就是计算机芯片。

1997年夏天,一位《儿童文学》的编辑写了一篇名为《书之号角》的文章,引发了技术与传统文学对抗中的一场小冲突。这篇文章不仅为文学在信息时代中的发展情况做出了最坏的设想,而且也摆出了出版行业在粗俗的技术时代中艰难前进的事实。文章作者莎拉·艾丽斯是一位作家,也是一位图书馆员,她曾经有过这样一次体验:她在笔记本电脑上阅读了一本为孩子们写的书——《彩虹的尾巴》。但是这根本就不能称之为书:对每一个热爱儿童文学、了解儿童文学读物、又知道今天这个消费时代出版难度的人,都会因为这本"书"而陷入更深的忧虑之中。《彩虹的尾巴》中讲的是关于一个名叫布斯特的小男孩的故事,这本书是丹尼斯系列图书中的一本,由道顿出版社出版。丹尼斯预先的销售路线就是这样计划的:他们说服出版商同意把这本书免费传到网络上,而不必花费重金以书籍的形式出版。

《彩虹的尾巴》中的故事让艾丽斯女士感到很震动,但是她依然认为这次电脑在线阅读的体验根本不能令人满意。鼠标滚轮的滑动、看起来很时尚的线性阅读方式以及面对机器阅读时所产生的匆忙感,都与真正的阅读乐趣背道而驰。"电脑屏幕让我变成了一个勉为其难的读者,"她这样说道。随后,她去图书馆借出了丹尼斯系列图书中的早期作品,当她捧着纸质装订书籍细细品读时,那种勉强的感觉立刻就消失了。"我一打开书,就有一种被俘虏了的感觉,仿佛心甘情愿地掉进了某个东西的怀抱里。我想,这种感觉是阅读小说时最大的乐趣之一。"同时,她还重申,阅读的体验应该是纯粹而简单的:"我的手指与书页轻轻的摩擦,就仿佛是弹奏着滑奏法的乐声一般美妙。"电脑屏幕的滚动带给人的感觉,根本不能与亲手翻开书页这种体验相提并论。笔记本电脑确实轻便易携,但是它太过冰冷了。

艾丽斯女士认为,她这次的阅读体验暴露出很多问题,而且这些问题还会被一再地提及,甚至越来越严重,因为我们正面临着网络阅读逐渐占优势的未来。不过,透过她文章的字里行间,我却觉得,虽然她提出了许多问题,但是她也解答了更多的问题,其中有些关键性的问题她解答得非常令我满意。当今这个时代,许多技术统治论者预言道:我们通常所熟知的传统纸质书籍即将面临消亡。这样的预言让出版界的所有人都陷入一种狂怒——新的科学技术怎么可以这样改变我们的行业?我最初进入出版业时,只是个誊写员;五年以后,当我被《纽约时报》聘为记者时,打印机上的纸已经开始替代打字机上的纸,而且记者每天发布新闻以及编辑进行校对编改工作,都必须在电脑系统上完成。但是,这应该还是属于一种适度的革新,毕竟它为我们的出版发行工作带来了进步。但是,这种革新并不是毫无代价的,《时代》杂志社的一位资深记者就坚持认为,他已经太老了,以至没有办法跟上现在的潮流。他依然使用老式打字机撰写文章,所以,他的所有报道都需要别人帮他录入到电脑里去。

但是很多人认为真正的革新还不止于此,它最终将在报纸上体现出来。新闻业于是开起了没完没了的座谈会,讨论的问题总是一个:报纸究竟会不会被那些通过网络传输然后在电脑显示屏上阅读的电子报纸取代。现在出现的许多变化确实让人心里没底,那些通过调制解调器从一台电脑传到另一台电脑的信息那么快捷,让每天早晨才能被报童送到大门前的报纸黯然失色,仿佛这些纸质报纸和信件将不可避免地被网络信息所淘汰。将来,真正的报纸就应该是由厨房里咖啡杯旁的那个键盘所调出来的虚拟电子报纸。

也许纸质印刷物被取代的那天将会以这样或那样的方式到来;但是,

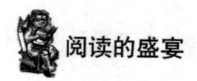
阅读的盛宴

也可能将来的某一天，大家会觉得20世纪末对纸质书籍即将走入末路的怀疑非常可笑。总之，在经历了对出版业将要禅位的恐慌之后，这场纷争却以一种非常特别的方式结束了。新闻的确能够在电脑上发布，同样，杂志也可以通过电脑传播，甚至某些创作就是特别为在线阅读服务的。像道顿出版社，就把布斯特系列图书放在网络上出版，从而避免可能出现的出版后的商业风险。但是所有这些技术进步，都不能令人信服地取代那些人们早已习惯的传统产品。出版行业和计算机行业的人士都意识到一件事——我们必须最深刻地领会读者心中的想法：人们不单单只是关心一本书里面写的是什么，他还会在意书本身的形态。

　　人们所熟悉的书本形状和材质，在四个世纪以前就已经形成了；但是，离开了笔记本电脑，我简直无法想象该如何创作和修改我的作品。当然，现在仍然有一些小说家，热情地鼓励人们在那种特殊的细纹纸上手写作品，或者用老式的皇家牌打字机进行创作。无论如何，计算机就是不能成为书本的替代品。没有人愿意在劳累了一天之后还把计算机搬到床上，享受睡前阅读那么一两个章节的乐趣。也没有人愿意在纽约的地铁从第96街行驶至世贸中心的间隙，把笔记本电脑从手提包里拿出来进行阅读。同样，也没有人愿意在女儿八岁生日时，送给她一张存有海蒂或威廉·卡洛斯·威廉斯作品的磁盘。总之，就算是比我更依赖数字信息技术的人，也绝对不会愿意做这些事。

　　艾丽斯女士在她的《书之号角》评论中所描述的那种在线阅读的不舒适感，是千千万万除了她之外的读者共同的体验，而且，这将是书籍继续走向繁荣的真正原因。艾丽斯女士想知道，孩子们对在线阅读的感受是否不会像她那样觉得不适，对在线阅读的不同感受是否与代沟有关。在这个问题上，我想我是有发言权的，因为我是三个孩子的母亲。这三个孩子都会在计算机上玩游戏、发电子邮件，并且从各个网站上获得大量信息，但是他们大部分的阅读依然是利用传统的纸质书籍，有些甚至是我很早以前买的书。他们看起来更喜欢这样的阅读方式。我最小的孩子是看亚瑟系列图书的光盘长大的,这套互动性很强的光盘能够通过她发出的指令实现屏幕上的变化,比如挪开凳子,或者鸟儿起飞之类,非常有趣。尽管如此,小女儿却依然没有放弃对纸质书籍的阅读。她说:"我喜欢真正的书。"

一本真正的书,而不是一个虚拟的电子版本,往往更适应人们的需要。毕竟,道顿童书出版社并不是应孩子们的强烈要求而决定在网络上出版《彩虹的尾巴》的,它这样做只是出于经济上的考虑,也就是无法承担传统出版方式可能带来的成本。这种原因是经济上的,而不是哲学或心理上的。某些预言者认为,出版业将逐渐没落以至消亡,而虚拟电子图书馆将越来越普及,并最终取代盛行了近千年的纸质书籍时代。但是事实上,出版业里的所有机构——大出版社、小出版社、代理出版社或者各个大学出版社——都生产着比 50 年前或 100 年前多得多的书籍。仅仅 1995 年这一年,国会图书馆就增加了超过 35 万本新书。在两个世纪前靠 5000 美元基金建立起来的国会图书馆,今天已经拥有 200 倍于传奇中的亚历山大图书馆的藏书量。

如果一本新书只能通过网络出版,是不是至少比完全无法面世要好呢?新的信息技术为像道顿童书出版社这样的出版商提供了一条中间道路以供选择,也就是介于承担潜在的商业风险和根本无法把新书提供给读者之间的道路。道顿出版社的克里斯多佛·弗朗西斯以犀利的笔触回应《书之号角》:"我们今天生活在一个日新月异的时代,也许这个时代和 500 年前那个时代有某些相似之处。那个时候,整个文明都在与新发明的铅印活字印刷术相对抗,活版印刷术的发明,让很多人都哀叹文明的丧失。那些独具个性的工艺、形状各异的泥金写本、有着醒目的红色字母的标记以及特殊的皮革装订,都将从根本上被古腾堡和他的子孙后代变为机械的黑白纸张。的确,有很多人都认为,活版印刷的革新仅仅是让书丧失了具有图腾价值的神圣性,使所有的书都变得一模一样——那么低廉、轻便,材质虽然不尽相同,可是看起来却个性全无。"

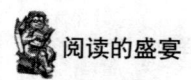
阅读的盛宴

艾伯特·曼古尔在他的文章中这样总结道："对于技术的发展——例如古腾堡的活版印刷术——给现有文明带来的影响，我觉得观察正面影响比负面影响要有趣得多，不要总是盯着技术发展可能导致消亡的东西，多关注技术发展给文明带来的提升。"不妨举个例子，如果每天都有上千本书籍在网络上卖出，那么这些被认为要终结美国的图书出版时代的在线阅读服务，至少在某种程度上繁荣了美国的读书文化。

凯塞林·帕特森在她的有关图书馆的演讲中，同样表现出了长远的眼光。她在演讲中描述道：她在网络上查找某条信息没有能够找到，转而翻看一本古旧的百科全书却找到了那条信息。"我想我们应该知道，我们并不是第一代害怕改变的人，许多古代人也同样害怕改变会将他们的传统吞噬。柏拉图就是一个很好的例子，他在《文艺对话集》中就曾经说过，当人们学会了阅读和写字，诗歌的世界就将消失，因为只有口头传诵才是诗歌得以保存的唯一方式。"

当然，柏拉图错了。所以，我相信那些预言书籍时代将要终结，并且是由电脑微芯片终结的人，也错了。这场围绕着信息时代与纸质书籍展开的争论，常常让我回忆起发生在我童年时代的一次争论——烹饪方法即将因为太空食品的发展而得到极大的飞跃。这个争论开始以后，我们很快便听说，我们吃一颗胶囊就能抵上整个星期天的食量。没多久，我们又听说，奶酪可以装在口袋里面，并且还能在一根软管中再造，只要天气够暖和，就能够再造成和新鲜奶酪一样的美味。

现在距离人类首次登月已经有三十年了，可是当人们坐在餐桌前享受晚餐的时候，摆在我们面前的依然是守旧的一盘牛排和沙司酱，而不是一颗胶囊和一杯清水。我们买的奶酪依然是立体的，湿湿的，凉凉的，美味极了。这都是因为人们喜欢这些东西本来的样子。人们吃番茄酱和肉汤并不仅仅因为营养的需要，更因为番茄酱和肉汤在很多方面都那么讨人喜欢：热乎乎的汤，松松软软的酱，当肉汤从舌尖滑入喉咙时，是那么让人觉得享受。所以，对于书本来说也是一样。人们需要书不仅仅为了获得信息和知识，人们更喜欢的是书本的气息、书本的重量，是把书本夹在胳膊底下的那种感觉，也就是书本现在的样子。

纸质书籍的时代不太可能马上结束，因为有太多爱书的人。而且纸质书籍已经开始在这种困难时期做出抗争，不过要找到这方面的证据要比人们想象的更难。我们已经看到，再也没有刊登长篇小说连载的杂志了，而这种杂志曾经让很多买不起精装本小说的人们享受到了阅读的乐趣。我们还看到，商店里也不再卖书了。在人们眼中，许多商店仅仅意味着礼品店，至多有一些记事册等和书籍相关的零碎东西。更让人觉得心寒的一个现状是：在许多书店里都立着一个与整面墙同样长的书架，专门放置流行小说，然后，才有一块窄窄的空间被标记为文学书籍区。最后，有一块更小的空间里放置着一些已经去世的作家的作品，而这些作家曾经创造了世界上最伟大的文学作品。如今，他们的书要踮起脚尖才能在书架的最上方拿到。

可是，事实上这些伟大的作家并没有离我们而去。这些名著的作者们依然以某种方式活在我们这个世界上，他们塑造的人物形象，哪怕是卧轨自杀或者战死沙场的人物，都一遍又一遍地在我们阅读的时候复活于我们的脑海里和心中。正是书，成就了作家和他们笔下的人物的不朽。柏拉图、狄更斯、苏斯博士都是不朽的，而安娜·卡列尼娜、简·爱、罗切斯特先生也都随着那些作家和书本一起成为不朽的人物。透过这些人物故事，我们了解到了在不同的时代、不同的地方发生的不同的故事，我们体验到了形形色色的生活。我们正是通过阅读扩充了自己生活的容量，活得比现有的样子更丰富、更多彩。真正死去的是那些毫无生趣的人，他们既不能把握好自己的生活，也无法体验到别人的生活。这种无知无异于死亡，狭隘的思想和头脑就是送一个人到另外一个世界去的灵车。

我至今对一次会谈牢记于心。那是一个傍晚，我坐在一所老房子的院子里，和一位年长的老妇人谈话。她是美国一个出版业名家的女家长，对政

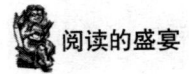 阅读的盛宴

治、社会以及文艺各方面都有浓厚的兴趣。在我们的谈话快要结束时,她直起身子,用一种非常锐利的目光盯着我身后不太远的地方,良久,说了一句:"我再也没法读书了。"那声音听起来就像教堂的钟声一般,洪亮而伤感。我甚至觉得她说这句话的时候,就像在为自己念墓志铭。我猜,她自己一定也有这样的感觉。是的,因为她"再也没法读书了"。

然而,在她的忧伤之中也不乏欢欣,那是记忆中的欢欣,因为她毕竟做了几乎一辈子的读者,她的生命因读书的体验而无限制地扩展开来。也许,我们这些爱好阅读的人的的确确都是对自己的现实生活不满意的人,所以我们才无限向往从书本中到达其他的地方,暂且做另外一个身份的人——因为我们不可能在自己的生活中直接实现这样的愿望。或许,在我们的头脑中,我们就是那个虚构世界里最伟大的游牧民族。我曾经梦想像一个孩子一样地去旅行,而今天,我就在阅读的时候实现了这个梦想。奇怪的是,我并不介意以这样的方式满足自己的愿望。我就是那种喜欢待在家里的人,喜欢被家人、朋友、一切熟悉的事物以及书籍包围的人。把乘坐飞机的时间用在阅读上,孤独而快乐,这就是我喜欢的旅行方式。

年少时想要一双翅膀的心愿已经不复存在,现在的我,只想得到精神的无限高涨。书籍就是飞机,就是火车,就是大道。书籍中有着无尽的目的地和无数次的旅行。书籍就是我们的家园。

在学者们为我们奉献了一切之后,书就成为我们获得知识的地方。今天这个年代,真正的大学就是书的收藏。

——托马斯·卡莱尔,《英雄、英雄崇拜与英雄气概》

谈谈老书

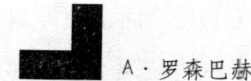

A·罗森巴赫

很少有藏书家能够达到罗森巴赫那样的成就。当他还是一个大学一年级新生时，他就开始了藏书之旅。他收藏的第一本书是花三点六美元买回来的詹森博士写的一本小册子（后来这本书价值一万美元）。他所建立的图书馆是美国最好的图书馆之一，也是位于费城的罗森巴赫博物馆的重要基石。同时，罗森巴赫博物馆还是最好的专业图书馆之一。他不仅收藏书，自己也写了好几本书。下面这篇文章选自他1927年写的《书与书籍竞标人》。

"天才？"那个留着扇形胡须的高个儿男人非常热切地看着他的同伴，同时更加用力地把那一排又一排的书放整齐。这些书都是老书，放置这些老书的架子高得触及天花板，并且占据了房间的四围。"埃德加当然是个天才了。当然，他作为赌徒和酒鬼这两点得排除在外——除了这两点，他确实是个天才，我可以很肯定地告诉你！"

另外一个年轻点的瘦削男人，长着一张非常独特的长脸。在昏暗的灯光中，隐约看见他脸上有种深思的神色。他点了点头。"对，你说的完全正确，"他赞同地说道，"不过是不是赌徒和酒鬼又有什么关系呢？难道这家伙不是赌徒和酒鬼的话，会是一个更伟大的天才吗？我对这点可真是很

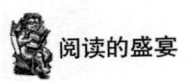
阅读的盛宴

怀疑。"

他们继续争论着，这时候，我的叔叔摩西·波劳克不时地探身过去，挥舞着他那不穿外套的双臂——这是为了方便在衬衫的袖子里放书，也想插上几句话，他那双格外年轻和敏锐的蓝眼睛熠熠发光。而乔治·P.费利斯，这位著名的编辑和藏书家，却和我叔叔恰恰相反，他坐在一张倾斜的椅子上，安安静静地听着他们的讨论。他一会摸摸上唇的胡须，一会又用手绞着下颚上的山羊须，同时还得平衡这张倾斜的椅子，以便坐得更舒服些。这会儿他正不紧不慢地重新点燃那支抽了一半的雪茄。

我常常见到这两个家伙这样争论，他们的争论总是和作家的作品有关，我往往会被他们那些激昂的论调弄得头昏脑涨。他们还喜欢作一些与书相关的预测，大部分的预测都被证明是正确的。最受他们欢迎的话题就是那个神经质的朋友——埃德加·艾伦·坡，一个非常不走运但是很优秀的作家。他们俩都和埃德加是好朋友，并且总会为了什么不同的观点而围绕这个朋友争论起来。有时候，争着争着他们的情绪就会渐渐冷却下来，甚至会转而讨论记忆中许多其他的事情。但是他们都认为，埃德加去世以后不出五十年，他的第一个版本的作品就一定会成为全美国作家中最有价值的书。

还记得在1885年，我九岁的时候，头一次感受到摩西叔叔的书店里那种令人难以忘怀的气氛。叔叔的书店是在老费城的一条商业街上，在一栋红砖小楼的二层。处在当时的年纪，我并不完全明了这种神秘而又无形的美好氛围是因为好书的存在而滋生出来的，我只是像着了魔一般地迷上了叔叔的书店。每次放学的时候，其他男孩子都非常高兴能够扔开书本，而我却总是会直奔叔叔的书店而去。我不知道这是怎样的一种心态——有种通俗的说法大概叫恋书癖——总之，这种心态就是从那个时候开始深入我的骨髓里的，并且以无法估计的速度迅速生长、蔓延，直至占据了我心中所有的空间。从叔叔的书店到我的家有一段长长的路，而且途中还要经过当地乡绅的墓园。在昏暗的月夜,走在这条路上,月光把影子拉得很长很长。要在这种情境中从墓园的石板路上走过,对我来说,实在是一件很恐惧的事情。不过当我长大一点之后,我学会了用闭着眼睛的方式来抵抗心中的恐惧,并且暗暗鼓励自己要勇敢,快速地穿过所有黑暗的街角和幽深的小巷。在途中,我常常考虑如何发明一种游戏,能够使摩西叔叔那满布灰尘并且散发着霉味的书店在一瞬间变得焕然一新。我更经常考虑的事情是,反复让自己回忆白天所看到的书和手稿的报价和年代,这在无形中使我的记忆力得到了很好的锻炼,并且使我的记性一直处于相当不错的状态。

摩西叔叔对书的鉴赏力,早在接管费城的出版和书籍销售业之前就显现出来了,他所接管的这家出版销售公司,是在1780年北美独立战争快要结束时成立的。在叔叔的整个少年时代,书籍就是叔叔最喜爱的宝贝,叔叔的父亲发现了这一点之后,便鼓励叔叔把自己最欣赏的书籍都收藏起来。不过摩西叔叔开始在费城当地为人所知时,人们并不知道他是一个书籍收藏家,只知道他是一个出版发行人。因为在那个时候,摩西叔叔的公司主动出版了一套美国第一代小说家查尔斯·布朗的作品。不过我很久以前就对叔叔这个出版发行人的身份相当怀疑,在我看来,叔叔在出版发行业的工作,只不过是利用职务之便来帮助自己收藏书籍罢了。出版发行工作是他的一个工具,而且恰恰是这个工具,掩盖了他真实的兴趣和至爱——搜索、查找然后珍藏那些稀有的书籍。

但是不管怎么说,只要一个人身处某个行业之中,他必然会被公众赋予某种期望。对于摩西叔叔来说,尽管他不是非常乐意,但随着年岁渐长,他也逐渐学会了迎合公众的期望。他总是认为把书出版出来再卖出去是一回事,而把书收藏起来再卖出去就完全是另外一回事,而且还是一件非常私人化的事。摩西叔叔加入出版业时非常年轻,而且出身贫寒,他能够在这个行业取得今天这样的成就简直是一个奇迹。雅各布·詹森是摩西

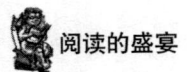
阅读的盛宴

叔叔所在公司的创建人，最初是以出版儿童书籍起家的。后来在1800年，雅各布决定与本杰明·华纳合伙，一起将公司进一步发展壮大。十五年之后，这个公司被卖给了麦卡蒂和戴维斯。公司在他们的经营之下繁荣了很多年，而叔叔就是在麦卡蒂退休的时候被聘用为这个公司的一名普通职员的。这个时候，公司已经开设了多家连锁店，并且出版各种各样的书籍。戴维斯对叔叔非常欣赏，于是，在他1851年去世时，他留给了叔叔一大笔钱，并在遗嘱里让叔叔拿这笔钱买下这个公司。幸运之神一定对叔叔非常垂青，因为叔叔在接管这个公司之后，依靠出版林德·默里的《语法辞典》以及那个时代的其他教科书赚了很多钱。

于是，叔叔那个书店，由最初的出版工作室与书店合二为一的地方，变成了一个出版发行人和作家聚会的场所。那位营养不良的作家埃德加·艾伦·坡，就是在1835年来到这个书店的，并且非常谦虚地在聚会中谈起他的作品和他的希望。

我常常在那里见到诸如詹姆斯·古柏、威廉·布赖恩特、诺亚·韦伯斯特、赫尔曼·麦尔维尔这些人，他们在通往二楼的楼梯上穿行。另外，历史学家约翰·班克罗夫特、《杰克逊的一生》的作者伊顿、在费城当地非常著名的诗人约翰·H.博克、经常使用IK.玛芙这个笔名的唐纳德·米契尔以及其他许多人，也都是这个书店的常客。他们对商业街这条凹凸不平的石砖路都无比熟悉，于是逐渐使叔叔的书店成为藏书家们集会休闲的场所。

拥有一些比较有趣并且很有价值的书籍的男人们——偶尔也会有一两个妇女——经常会带着书来到叔叔的书店，大家一起浏览并且讨论。不管是沉默寡言的人还是口若悬河的人，不管是热情似火的人还是满腹狐疑的保守派，摩西叔叔心中总会对他们手中的某些书垂涎三尺。对叔叔来说，这些书有着比金钱更大的价值，有着比威压更大的力量，令他心甘情愿放弃自己的财宝，来获得这些书籍。就算在某些偶然情况下，叔叔不得不卖出他珍贵的收藏时，他也会用钢笔将原始版本一字一句地按照原样抄写下来，以期至少取得印刷排字上的完美无缺。这项工作需要花费数周时间才能完成，而且叔叔只有在急需资金的情况下才会不得已而为之。我曾经在这种情形下得到了叔叔的几本书，并且都把它们当作奇珍异宝一般收藏着。想要说服叔叔出让他的某本珍藏，一定得花费数月——就算是好几年也不稀奇——坚持不懈的努力。另外一个每天必到叔叔书店的团体也非常有趣，这个团体是由一些一贫如洗但是都对书籍有着特殊爱好的人组成，他们对全世界范围内的书籍搜索有着浓厚兴趣。可以这样描述他们：被贫穷困扰着的高智商阶层，往往只知道填充他们的思想却忘记了填充他们的胃。

我孩提时代所有记忆的中心，就是这个书店里隐蔽昏暗、布满灰尘的角落。就是在这里，我倾听着自己内心的需要，畅快地在书籍之间遨游。叔叔最初对我这个小毛孩子感到非常烦恼，因为我常会到处翻看那些发霉的书页和书本。但是渐渐地，他开始乐于向我出示他在拍卖会或者是私人买卖中得到的一些稀有版本了。随着叔叔年事渐长，他变得有些古怪，他完全不考虑我是一个如此年轻的人，他只把我当作一个书籍爱好者和一个书籍鉴赏家，把我当作他的对手。虽然叔叔成了一个老年人，但是他的记忆力是我所见过的人中最不可思议的。叔叔能够毫不含糊地说出一本书的出版日期，是哪个出版社出版的，在哪里被找到的，它上面可能会有哪些特殊的记号，它的发展兴衰史以及它是怎样被传到最后一个拥有者手中的，中间不会有一秒钟的停顿。

在著名的收藏家之中，有一位和叔叔一起学习但是比叔叔更年轻的人，他非常聪明并且后来发展成为美国最伟大的图书专家之一，他就是查尔斯·本特。在和叔叔相识之初，查尔斯所拥有的收藏已经相当可观了，而且他在藏书方面所做的坚持不懈的努力，给我留下了非常深刻的印象。他说话的时候声音沉稳浑厚，富于音乐感，而且带有很明显的说服力，希

 阅读的盛宴

望他的朋友把某些他觊觎已久的珍藏让给他。但是,我看到摩西叔叔拒绝了查尔斯的请求,在叔叔拒绝的一刹那,一种奇特的坚定神情以及万分满足的表情在他的脸上浮现出来。我还注意到,叔叔以一种高贵而严峻的姿势把书从本特的手指间收回,作为书籍拥有者的自傲溢于言表。他这种骄傲近乎于一种疯狂,就像许多爱书的人一样,在他们眼中,所有的拥有都只意味着一样东西——书。

后来担任宾夕法尼亚州州长的塞缪尔·彭尼帕克,当年也是那个古老商业街上的书店里的常客。和其他人一样,他也是一个热切的书籍收藏者,并且在藏书方面的毒瘾颇深。他的爱好是搜罗一切可以弄到手的关于富兰克林的报纸和杂志,同时他也收藏了所有与宾夕法尼亚州的早期瑞士移民和历史发展有关的资料,以及他自己的德国和荷兰祖先的资料。他是一位身材高大的人,方正的脸上长着一双神色严肃的眼睛。他的声音是最令我着迷的,因为他激动的时候讲起话来会使书架也跟着颤抖,并且在不知不觉中还带着令人难忘的宾夕法尼亚州特有的荷兰式鼻音。

彭尼帕克狂热地崇拜乔治·华盛顿。他听说华盛顿将军在他孩提时代居住过的地方写过一封信,从那以后,他就对那封信念念不忘,不管碰到谁都要谈到那封信。他还希望能够追踪到这封信的所有者,并且最终设法把这封信据为己有。

我想我永远也不会忘记那一天。摩西叔叔告诉彭尼帕克,他终于找到了那封信并且买了下来。叔叔把信递给彭尼帕克看,眼睛里充溢着洋洋得意的神色。彭尼帕克看完这封信之后,把信放在面前的桌子上,垂着头,用一种近乎精疲力竭的语气说道:"波劳克,我必须拥有这封信。你可以任意开一个你觉得合适的价格,但是我一定要买下它!"不等叔叔回答,他就一个人独自冲下楼梯去了。过了一会儿,他抱着两本书回到书店,并把它们摆在叔叔的面前。叔叔只是用一种半疑惑半嘲笑的眼神扫过书的标题。那的确是两本比较贵重的书,但是也不见得有多么稀罕。彭尼帕克在

谈谈老书

这个时候又解开外套的钮扣,我看到他从衣服的内袋里又掏出一个薄薄的黄色信封。

"这些,"——彭尼帕克指着那两本书——"还有这个。"他打开信封把里面的信拿给叔叔看。那竟然也是一封华盛顿的亲笔信,但是叔叔读那封信时脸上依然毫无表情。不过,这笔交易很快就达成了,我很难判断他们当中哪一方对交易的结果更为满意。我曾经多次读过这两封信。华盛顿是1777年9月29日在彭尼帕克孩提时的故乡写的那封信,上面签署道:"有关公共服务的意见。给尊敬的约翰·汉考克,国会总统于兰开斯特。"其中有一段乔治·华盛顿是这样写的:

> 今天,我将会让军队前进的速度放慢四到五英里,这样的行进速度更有利于我方和敌军保持适当的距离,我们也由此更方便侦察敌军的情况,并且能更加准确地做出决定——是给敌军致命的一击比较好,还是保持现有的自卫状态等待增援到来比较好。这是我昨天咨询将军委员会时得到的建议。祝贺你在北上战争中取得的胜利。如果没有什么意外情况发生的话,我想伯格尼的溃败指日可待。

叔叔得到的那封信是华盛顿四年以后写的,也就是1781年,华盛顿在费城写给管理战俘的将军亚伯拉罕·斯金纳的。一眼就能看出在两封信之中,这封信明显更加重要,更具有历史意义。在信中,华盛顿谈到康奥利斯的投降以及在约克镇进行的交换战俘事件。他指示斯金纳将军:无论敌军提出多么诱人的条件,都决不能同意把罗德·奥康利斯交换出去。

哪怕就是我这样一个没有什么收藏经验充其量不过是收藏游戏中的一个旁观者的年轻人,都可以看出这封信所具有的巨大价值。在叔叔去世以后,这封信卖了925美元。今天,它成了比埃尔·摩根收藏中的最重要的

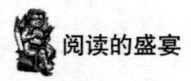 阅读的盛宴

珍宝之一。

几年之前我从彭尼帕克不动产的管理人那里,以130美元的价格买回了华盛顿的另一封信,也就是在彭尼帕克的故乡写的那封信。因为关于这封信发生的故事一遍又一遍地在我的记忆中闪现,让我觉得实在无法放弃这封信。

我从11岁开始收藏书籍。我收藏的第一本书是在栗子街上的亨克斯拍卖场里买到的,那是一本配有插图的《列那狐的故事》,我用24美元把它拍了下来。当时我的狂热战胜了我的商业意识,使我全身心地投入到了竞拍里。最后在拍卖结束时,我只好走到拍卖人斯坦·亨克斯先生那里,向他坦白我并没有足够的经济力量买下这本书。同时,我还向他说明我是摩西·波劳克的侄子,我的直觉告诉我,这样一个亲属关系也许能解决所有跟书有关的麻烦事。这时候,亨克斯先生突然爆发出一阵大笑,而我站在那里吓得一个字也说不出来。我那时实在太年轻、太害怕了,完全没有意识到这竟然成了我们持续一生的友谊的开端。

当亨克斯先生停止了大笑,低头看着我这个沮丧的小男孩,看着我用颤抖的手臂夹着那本书时,他说道:"这本书我在很小的年纪时就读过,后来把它列为了家传读物。你是我所见过的年龄最小的藏书者啦,那么就对你破一次例吧!"于是,他非常和善地宽限了我的支付期限,让我以后每个礼拜从学校的津贴中拿出一部分钱来支付这本书。我把身上仅有的十美元交给了他,然后拿着书雄赳赳气昂昂地走出了拍卖场。我第一次感受到那种狂喜并且洋洋得意的心情,第一次体会到了天生患有藏书癖的人得到每一本稀有书籍时的强烈快感。

斯坦·亨克斯是一个不平常的人,哪怕在他很年轻的时候,他看起来也像一个南方的陆军上校一般。他的模样就像我们常常看到的上校军官的照片:下垂的胡须,高贵的鼻子,一头长发,头上戴着一顶内战时期流行的巨大的黑色帽子。他总是认为自己是一个思想顽固的叛逆者,并且随时

愿意和任何人就内战问题舌战一番。

作为一个职业书籍拍卖人，亨克斯先生第一个使沉闷、毫无生趣的拍卖目录变得生动、迷人、富有文学气息，甚至像小说一般令人兴奋。而在亨克斯先生做出这种改变之前，一个人在拍卖会的目录上了解被拍卖书籍的资料时，除了作者姓名和出版日期之外，基本上再也没法获得更多的信息了。

注意到这种情况以后，亨克斯先生还进一步仔细研究有些书特别不好卖的原因。他决定亲自发掘所有被拍卖的书里面都有哪些动人的地方，并且了解在作者的手稿以及作者和他人的通信中，有哪些发自肺腑的与书相关的话语。然后，亨克斯先生把他所了解到的最有意思的资料附在每个项目的后面。这项工作相当辛苦、繁重，而亨克斯先生是怎么挤出时间来完成这项工作的简直就是一个谜。这样，亨克斯先生为书籍拍卖带来了活泼的色彩与生活化的体验，引起了更多人的关注——于是也给他自己的生意增加了数千美元的收入。在获得商业收益的同时，他还获得了许多书籍收藏者的感恩之心。

在我以分期付款的方式买下《列那狐的故事》七年之后，我做出了第一个有价值的藏书发现。当时我正在宾夕法尼亚大学读书，我对书籍的狂热只能用着魔来形容。我不分白天黑夜地参加书籍拍卖会，完全忽视了自己的课程。我买下自己喜欢的书，而不管能否负担得起。我常常忘记吃饭，而且根本不把睡眠当作一回事。书籍收藏的毒瘾在早期并没有显出有什么致命的危险，但是渐渐的，它们发挥出威力了！

一个晚上我又去了亨克斯的拍卖场，当时离拍卖会开始还有几个小时。我非常高兴地看着许多将要被拍卖的书籍，但是在估算它们的价格时却不免叹气。渐渐的，我开始变得沮丧起来，尤其是在我偶然发现了屋子一角里的那套小册子之后。

不知道为什么，我从少年时代起，就对小册子类型的书籍怀有一种莫

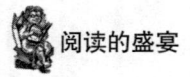 阅读的盛宴

名的热情。不管一本小册子是否有价值，我总是忍不住要读一读。那细长的封面内可能隐藏的故事，像魔鬼一般折磨着我的想象力，恨不得马上一读为快。书籍确实是我的最爱，但是在所有的书籍之中，小册子才是令我最不可抗拒的诱惑。没错，就是小册子，常常挑逗我这个藏书者的胃口。我向墙角走去，懊恼于自己竟然这么晚才发现这些小册子，以至于没多少时间让我好好欣赏它们了。很快，就在我觉得拍卖会马上就要开始的时候，我又偶然发现了格雷的《颂诗》。这本《颂诗》不仅是第一个版本，而且还是由贺瑞斯·沃坡尔旗下著名的希尔草莓出版社专门为沃坡尔印刷的第一本书。高兴地欣赏完这本书之后，我继续看旁边另外一本小册子，当读到上面的标签时，天哪，我简直不敢相信自己的眼睛！我偶然拿在手里的这本小册子，竟然是遗失了很长时间的塞缪尔·詹森博士所写的《序言》。这篇著名的文章，曾经被大卫·盖瑞克在1747年伦敦的特鲁里街大剧院开幕的晚会上朗诵过。尽管《大众广告》和《绅士》这两本杂志在詹森博士纪念日那天刊登了这篇文章，但是从来没有人看见过或者听说过这部作品的原始版本。詹森博士的密友在《詹森的生活》一书中，曾经对这部作品的原版的去向做了一些暗示。这本有关"业余表演批评"的杰作的原版信息，也许只能从那些暗示当中去了解了。

我闭上眼睛，长长地呼出一口气，身子重重地靠在墙上，竭力让自己站稳。我想要买下这本书，这是我在这个世界上最想要的东西。这个时候，一个非常富有而且相当著名的收藏家走进了拍卖场，我立刻感到绝望了。我又看了一眼这本小册子，我真希望我能够卑劣到直接夺走这并不属于我的东西。

突然，我的头脑中产生了一个计划。我将要拥有《序言》！而且我会以值得人们尊敬的方式来拥有它。对我来说，我除了能够将我的未来做抵押之外，一无所有。那么，我就把自己的未来押上去吧！我就这样不顾一切地做了决定：不管是谁来竞买这本书，我都将奉陪到底。

亨克斯先生开始宣读拍卖的一般规则，我则非常谨慎地环视整个房间。我知道，所有的人一定都在等着《序言》这本小册子的竞拍。最后，终于轮到《序言》的竞拍了，然而，现场竟是一片出奇的沉默，仿佛在怂恿我高价竞买这本书。在两三个无力的低价被淘汰出局之后，这本书竟然被我以三点六美元的低价买了下来。我坐在那里，只觉得恍恍惚惚，难以置信。很快，这个消息就在藏书界传开了，行家们都知道我意外发现了詹森博士的《序言》，并且有很多人要出价买这本书。几年以后，在我快要从大学毕业时，我一度急需资金。那时，有一位著名的收藏家把一张5000美元的支票递到我眼前。对我来说，那的确是一个不小的诱惑，但是我最后还是拒绝了。至今，这本书还在我的私人图书馆里被当作珍宝收藏着。

在买这本书之前的某一天，我正在亨克斯先生的拍卖场闲逛时，一位长着一头白发的黑人走过来对我说，亨克斯先生希望我到顶楼去一趟，他有点东西想给我看看。当我走进顶楼的房间，看见亨克斯先生站在一扇朝向栗子街的窗户边，向一些好奇的顾客展示一个曾属于华盛顿的金质小盒。这个小盒已经受到过华盛顿后裔的鉴定，里面还锁有华盛顿的灰白头发。在我也加入到其他顾客之中后，亨克斯先生打开小盒，并且拿到各位顾客的面前，请他们检查。就在这个时候，意想不到的事情发生了：一阵风猛地从窗口吹了进来，恰好把盒子里那团灰白色的卷发从它的栖息之地里带走了。这件事情发生得如此突然，以至于我们所有人都没有反应过来之前，那缕珍贵的头发已经被吹出窗外了。于是，我们急急忙忙跑下楼梯，到栗子街上四处寻找被吹走的头发。我们找遍了整个街区，甚至还找了下水沟和石头与砖块的裂缝，我们尽了一切努力找寻祖国之父的头发。最后，当我们徒劳无功地返回拍卖场时，正撞上刚才叫我上楼的那个白发黑人。

"等一下！"亨克斯先生突然说道，似乎想到了什么办法。

他摸了摸那个黑人的头发，然后挑选了一团较为曲卷的，用随身携带

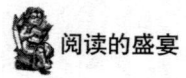

的剪刀剪了下来。他小心修整了一下,仔细地把头发放进华盛顿的金质小盒里,然后把小盒牢牢地关上了。

　　几天以后,我看到这个小盒被拿出来拍卖。拍卖的气氛非常活跃,最后赢得这个小盒的人说,他觉得自己实在是太幸运了。但是亨克斯先生内心的良知,让他无法再隐瞒这件事情的真相。于是,他如实告诉了这位竞买人事情的来龙去脉,并且要把钱还给竞买人。然而竞买人拒绝接受亨克斯先生返还的钱,并说他丝毫不在意这个盒子里面装着什么东西。他说他的兴趣仅仅在于这个金质小盒本身。

　　这太令人难以置信了,因为在今天这个文明的时代,太多的传说包含了虚假内容,以至混淆了许多东西的真正价值和价格。不是所有人都能像这位竞买人一样,选中真正有价值的东西。我有时候对那些日报上的评论感到很迷惑,甚至很厌恶,他们总是自以为是地谈论我以及其他收藏家可能出什么样的价钱来购买某本书。一些喜欢就某些不寻常的拍卖故事而突袭访问我的记者,通常可以划分为两类:过于狂热的和令人厌烦的。前者总是夸大一本书的价值和价格,后者则根本不考虑细节,无法正确地理解一本书所处的地位。

　　去年春天我以 10.6 万美元的价格买下了《古腾堡圣经》,当时我非常仔细地阅读并且更正了关于这次交易的最初声明。因为,这笔交易是藏书史上非常重要的一笔,不能被人们错误地记载。但是尽管如此,依然有很多报道错误地宣称这本《古腾堡圣经》根据已知的情况共有四十二本,而这一本是目前硕果仅存的一本。更糟糕的是,有许多藏书家也常常受到那些错误言论的误导,因为他们从来不依靠自己的观察和学习来更正那些错误言论留给他们的印象。

　　仅仅在几代人之前,收藏家才开始对他们的宝贝给予足够的关注——这是一个非常值得庆幸的转变,因为在此之前,人们对书并不珍视,使用起来毫不爱惜,以至于只有一小部分珍贵的书籍保留到现在。最初开始收藏书的人，一般都是受到占有欲以及拥有许多他人无法得到的东西的优越感的驱使，而渐渐建立起自己巨大的私人图书馆的。

与摩西·波劳克叔叔同时代的书籍爱好者，几乎都认为叔叔会长生不老。看起来，那些喜欢收藏东西的人似乎比没有这一爱好的人更长寿一些。那些收藏者的眼睛总是在不断搜寻一件又一件宝贝，晚上总是睡不着觉，满脑子都想着要得到某本书的第一个版本。我作为一个藏书者也不例外，我和他们一样贪婪。我们就像觅食的老鹰一样，耐心地等待着同僚的去世，然后振翅直冲下来，非常残忍地把那些由去世者收藏了很长时间的珍宝攫取过来。

在叔叔去世的前两年，我放弃了宾夕法尼亚大学颁发给我的英语语言研究奖学金，转而加入到职业藏书团体中，并且开始学习销售专业。摩西叔叔为此非常高兴，他觉得我成了他真正的竞争对手。他常常对我说，他认为我具备收藏家应具备的一切素质：惊人的记忆力、坚定不移的信念、独特的品位以及文学方面的渊博知识。另外，我还有一个优点——勇气。我有勇气出高价买任何一本我看中的好书，而对一本平庸的书，不管多便宜我都绝不会掏钱。唉，是啊，我具备所有这些素质，可我就缺一样东西——钱！叔叔却认为，我早晚会有足够的财富，钱也不会缺。事实证明，我确实是个非常幸运的人。有两位先生像我一样对书籍有着狂热的爱好，正是这一相同的爱好，让我有机会成为一个书商。第一位先生是克拉伦斯·本特，多年来，他坚持不懈地研究并且搜寻书籍，现在已经拥有相当显赫的收藏。所有的藏书者都热切希望能得到他的收藏，因为他所收藏的每一本书都非常珍稀。他是我的一位默默无闻的支持者，在很多方面都对我有着不可估量的帮助。第二位先生是约瑟夫·福克斯，他鼓励我收藏市场上那些精选出来的书籍和手稿，并且向我指出，最好的东西不管在什么年代都会有需求。福克斯先生是我见过的最可爱的男人之一，他住在韦克菲尔德的一所古老的殖民时代的房子里，那房子位于费城的郊区，福克

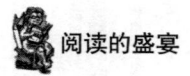

阅读的盛宴

斯先生曾经在那所房子里发现了许多非常珍贵的革命时期的信件与文件。

我们很难说清楚,一个人到底从什么时候开始变成一个书籍方面的守财奴的。在摩西叔叔去世前好些年,他就在自己的办公室后面修建了一个防火的拱楼,所有那些没给人看过的珍稀收藏,叔叔都藏在那个地方。书籍对他来说,简直就是他真正的朋友。他不敢把自己最珍爱的收藏展示给别人看,以免自己在脆弱的时刻同意将它们出让给别人。为了能够永远和这些珍藏不分开,最好的办法就是让它们不为人知。在叔叔的一生中,发生过一件很有趣的事情:他曾经以16美元的价格把一本1694年出版的布拉福德撰写的《纽约法律》卖给了布林利博士,若干年后,布林利博士以1600美元的价格卖出了这本书。前后价格的悬殊并没怎么引起叔叔的悔意,反而是与书的感情牵动了他的情绪,毕竟这本书曾经在他的书架上栖息了三十多年。更有趣的是,随着时间的流逝,这本书今天已经卖到了2万美元,这可真是叔叔不曾预见到的事情,否则他断然不会出让此书的。

1903年叔叔去世了,我成了他部分收藏的继承者,其他的收藏被许多私人买主买走了,现在那些收藏分散在各个著名的图书馆里。当我作为他的遗产管理人,第一次走进那个神秘的拱楼时,我全身禁不住剧烈地发抖。在昏暗的光线中,我不小心被地板上一个坚硬的东西绊倒了。我划亮一根火柴,发现是一个奇怪的大包。当我更加仔细地查看时,才发现原来里面是一大堆时代久远的金币。毫无疑问,这是叔叔囤积的预备金,以备用来购买更多的珍稀书籍。

叔叔的遗产中有几本原属于乔治·华盛顿图书馆的藏书,其中最珍贵的一本是《维吉尼亚杂志》,这是一册相当不平凡的杂志,由威廉斯堡出版社出版,这本杂志我至今还珍藏着。华盛顿在总统之中属于非常懂得收藏书籍的一位。有些总统只是很喜欢书——比方说西奥多·罗斯福——但是并不是真正的藏书者。根据一位伟人的图书馆中的书籍来判断他的个人喜好,是一件非常有趣的事。过去的几年中,我还购进了华盛顿的其他一些收藏，其中有威廉·罗伯逊写的两卷本的《美国历史》、布朗写的《民法》和《内河航行》、杰克逊写的《谈判大全》、八卷本的《欧洲政治现状》以及温彻斯特的题为《预言期待实现》的四卷本演讲课程——在这套书的结尾处，华盛顿写道："作者赠与 G. 华盛顿。"这些书真是一顿丰盛的文学大餐，但是和他另外一本书《给女士的信》比起来，这些书仿佛应该归为同一类型的书籍。在所有的书籍封页上都有华盛顿的签名——"G. 华盛顿"——并且还印有他的藏书徽章。另外，还有一本诗集，是华盛顿收到的一份礼物。诗集是菲利普·弗莱纽写的，创作时间基本上是在独立战争后期。菲利普·弗莱纽是美国早期诗人中为数不多的有作品流传下来的诗人。在书的扉页上，有弗莱纽的亲笔签名，签名之外还有这样几句话："华盛顿将军惠存。在这些自娱自乐的小诗上，寄托着我对您的尊敬。您的阅读将是我的荣幸。"

乔治·华盛顿图书馆中的书没有几本是属于华盛顿夫人玛莎的，也许因为她不太喜欢阅读。我发现她的书中有一本名叫《阿盖尔郡的农业》，这让我觉得她似乎是一位很有实干精神的夫人，并且对农耕很感兴趣。

收藏的激情由来已久，它的历史就像岁月一般悠久。哪怕是人们认为相对而言较晚才发展起来的书籍收藏，其实也可以溯源至古巴比伦时期。古巴比伦人出于保存泥板上的记录的激情，尽他们所能地搜集一切精巧的东西，如最初的纸板模型或是漂亮的用工具装订好的纸板。虽然这些东西都很粗糙，但他们已经算是收藏者了。

在早期的独立书籍收藏家中，有这样一些人的名字格外耀眼：吉恩·格罗里埃、德透、科尔贝特、卡迪纳尔斯·迪特留和玛芝琳等人。吉恩·格罗里埃是 15 世纪晚期 16 世纪早期的收藏家，他被现代收藏者奉为收藏界的圣人，大家都竞相搜集他的收藏。虽然在吉恩的年代，许多图书馆都相当引人注目并且很有价值，但是它们的珍贵程度还是参差不齐的。现在，每一位收藏者都热切渴望拥有格罗里埃图书馆的收藏，每次的拍卖

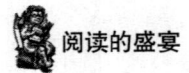 阅读的盛宴

活动中都可以看到格罗里埃图书馆的藏书不断涨价。从他的藏书中可以非常明显地看出,格罗里埃阅读过他所有的收藏,而且从他对书籍的品位,我们可以感觉到他所受过的良好教育,以及他敏锐的洞察力和独到的眼光。那个年代最著名的印刷师阿尔达斯·马努蒂厄斯曾经印刷过专门献给格罗里埃的书,并且用特殊的纸张印刷格罗里埃的某些藏书。阿尔达斯是最早的普及小型书籍的印刷师,这也就是为什么很多格罗里埃图书馆的书要比其他早期图书馆的书携带起来更为轻便的原因。

格罗里埃的慷慨个性在他的书标上得到了非常明显的体现,因为他总是在书标上或手写或剪贴这样一句话:"格罗里埃和其他朋友"——表示他的书是属于他和他的朋友们的。许多人也是从那个时候开始效仿格罗里埃的,把这样的话写在自己的书标上。格罗里埃家族里的人都是书籍爱好者,他的图书馆传了三代依然完好无缺。直到格罗里埃去世后160年,格罗里埃图书馆才被出售。虽然图书馆中的很多书都被著名藏书家买走,但仍然有不少老书彻底遗失了。这种情形让许多执著的藏书家一直怀着希望——消失多年的格罗里埃藏书也许会在某个时刻、某个地点突然冒出来。

大概就是在发现北美大陆的时候,有一位名叫塞巴斯蒂安·布莱特的人写了一本《愚人船》。在这本书里面,作者攻击了那些爱书如命的藏书者:"收藏书籍的激情,是对收藏者的一种讽刺,因为对书籍的拥有只不过是一个人的学识的可怜替代品。"那些外行读者常常戴着谦虚的傻笑问收藏家的那句话"那么,你果真把这些书都看完了吗?"就是从这个时候开始衍生的。而真正的藏书家在面对这样的问题时,往往强抑住心中的疼痛,对提问者报以默认的微笑,仿佛在为他那小小的癖好营造出一种略带歉意的氛围。藏书家用来自我防护的盔甲就是他的学识和智慧。尽管人们常常称呼他为书呆子,但他却以此为荣。他完全可以承受这些小玩笑,因为那不过是一些俗套的嘲笑罢了。

黎塞留大主教也是历史上一位从藏书中寻找休闲和乐趣的人。他那庞

谈谈老书

大的图书馆的藏书来源于多个途径。他除了自己收购书,还曾让两个知识渊博的人分别踏上去德国和意大利的旅程,帮助他收集书籍和手稿。他常常和其他的藏书家交换藏书。你几乎可以想象得到,当他完成了一桩交易时,脸上那隐秘而满意的微笑。

不管某本珍稀书籍的拥有者是否愿意和他的书分离,黎塞留总有办法获得那本珍稀的书籍,那就是靠"留书还是留头"的胁迫。在占领拉罗谢尔港之后,穿着红袍的黎塞留便以侵吞这个城市图书馆的全部藏书来为他的胜利划上句号。尽管在某种程度上来说,黎塞留的行为颇似强盗,但他的最终目的却十分高尚——建立一个为优秀学生服务的图书馆。不过,他的这一意愿只能由他的继承人——他的侄儿来帮助他完成。黎塞留的侄儿在遗嘱中将图书馆捐献给了巴黎索邦大学,并且还成立了一个基金会,用来维护这些收藏,以及随着时间的推移根据需要增加藏书。

马兹林主教对于书籍的热爱,从他还是个小男孩的时候就慢慢形成了。那个时候,他刚刚进入罗马的一所教会学校。跟随着黎塞留的脚步,马兹林必须贯彻前辈的许多方针,其中的一条就是设法削弱法国的贵族势力,因为这些贵族占有了过多的国家财产。他通过摧毁这些封建领主城堡的办法来削弱他们,并且,这位老谋深算的藏书家,尽一切可能从那些贵族城堡中搜集书籍,并最终让他自己的图书馆藏品显赫、名声大振。更令人欣赏的是,马兹林主教慷慨地将他的图书馆对当时的知识分子开放。他非常幸运,因为接管他的图书馆的人完好地保存了图书馆的藏书。今天,在巴黎塞纳河的左岸,你仍然可以找到马兹林主教图书馆。

科尔贝特最初是马兹林主教的秘书,后来成为一名伟大的政治家。他依靠自己的财力收藏了数量可观的藏书,建立起了一个相当不错的图书馆。他设法让欧洲各个地方的法国领事帮助他寻找优秀作品。他不仅和同时代的许多作家,比如莫里哀、高乃依、波瓦洛和拉辛,共同分享他的收藏,并且常常接济这些作家。

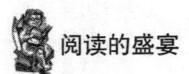
阅读的盛宴

德透也是一位法国人,他生活在16世纪后半期和17世纪早期,他的图书馆是那个时代最好的图书馆。他那成千上万的藏书中有的购自格罗里埃图书馆(收藏家对这部分书籍的兴趣从来没有减少过)。德透是一个无与伦比的爱书人,他通常拥有同一本书的好几个版本,因为他对每个版本都有特殊的感觉。他让印刷师用能找到的最好的纸张印刷他的藏书。他装订的书籍非常漂亮,封面是上等的皮革,设计的款式也高雅大方。他的藏书都非常容易辨认出来,因为他的家徽印章极为独特:在书籍的侧面印着金色的蜜蜂,而书的背面则印着源于德透名字的大写字母和奇怪的密码。德透大部分的藏书涉及的话题都深刻而有趣,这表明他是一个真正的学者,他甚至用拉丁文写了一部关于自己时代的历史巨著。同时,德透也是一个典型的有家庭遗传的爱书者,他的舅舅和父亲都非常喜欢书。

书因为年代久远而值钱是一个普通的观念,但实际上年代这个标准,并不能很好地代表书的价值。每次我发布刚刚完成的一桩关于某本著名老书的交易后,我的邮箱都会连着好几个礼拜被来自世界各地的邮件塞满,简直如洪水泛滥一般壮观。所有来信的人都告诉我说,我没有马上去看看他们家的老书并且买下来是一个多么大的损失,"我家里有一本书,已经有上百年的历史了。"他们这样写道。

每年我都会收到3万封以上有关书籍的信件,对于每一封信,我都会仔细阅读并且回复。其中有很多并不单纯为了与书有关的事情,而是曲折地表露出其他的目的。不过哪怕是在打开一封信之前,你都可能发现这种信件的意图。比方说,最近从德国发来的一封信,信封上这样写着:"千万富翁罗森巴赫先生启。"的确,我有很多信件都来自德国。有一位住在汉堡的男人写信给我,介绍他想卖的一本书,在信的末尾他又说,他还有一所房子想卖掉,这所房子非常棒,只要我肯过去看一眼的话,他保证我一定会喜欢上房子前面的花园。在我以高价买下一本书之后,许多人都会写信告诉我,他们将"以一半的价格卖给我一本值那个年代的价钱的书"。

不过，大概在每两千封信中会有一封信引起我的兴趣。有一次，在我回复一封来自哈格瑙的信件后不久，收到了那边寄来的书籍拷贝，我发现那竟然是《阿多尼斯》的第一个版本。这本雪莱为凯蒂之死而写下的悼词，用蓝色封皮包装着，非常精美。目前这个原始版本的《阿多尼斯》已经没剩下几本了。我立刻回应了一个合理的价钱，把它买了下来。这本书至少值5000美元。不过，有时候我经过长途旅行去看某本书，最后却发现那不过是某本著名的书的较差的版本。曾经有一次，我听说曼彻斯特的塞伦家收藏有哈伯德的《印第安战争》的第一版。可是当我到达这本书的拥有者的家里，目睹他们非常郑重地把蒙在书上的丝巾打开后，我一眼就看出那不过是19世纪的一个重印本，这本书的原版是在1677年出版的。

不过幸运女神在那天并没有完全把我抛弃。因为我的火车还有一个小时才开，我便信步在城市里转转。在经过一家看起来非常古老的小书店时，我注意到门里面的一个手推车。当我拿起这个手推车里的第一本书时，发现那竟然是赫尔曼·梅尔维尔的《白鲸》的第一版。现在，这本书值150美元，而那天我是以20美元的价格买到的。

谈到这本《白鲸》，让我想起了另外一本书。那本书更加珍贵，一直在我的私人图书馆里收藏着。大概是五年前的一天，我和英国的诗人、戏剧家约翰·德林瓦特一起在他伦敦的家中吃午饭。我们一边吃，一边聊着和书有关的话题，谈论着藏书过程中有趣的兴衰变迁。德林瓦特先生告诉我说，他在纽约的一家书店里偶然发现了一本《白鲸》，并且只花了几美元就买了下来。那是作者送给他的朋友纳撒尼尔·霍桑的赠书，这本书正是献给他的朋友霍桑的，在书的扉页上还有霍桑的签名。当德林瓦特先生告诉了我这件事后，我开始变得坐立不安。犹如以前遇到其他的珍稀书籍一样，我非常渴望拥有这本书。我对自己的渴望毫无办法，只能老老实实地告诉德林瓦特先生，我愿意付给他20倍于他当初购买该书的价钱。令我高兴且惊讶的是，他竟然慷慨地同意以这个价格把书卖给我。

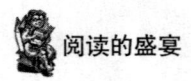 阅读的盛宴

为什么年代总是被看成是衡量收藏品（包括家具、绘画、乐器等）价值的唯一标准，其原因我说不清楚。但是，这的确是一种强大而普遍的观念。对于真正的收藏家来说，他每天的祷告应该始于"美丽、稀有"，最后才是"古老"。而且，书籍与其他收藏品不同，它最终的价值必须仰赖作家为作品赋予的本质上的价值。比如说，莎士比亚作品的原始版本，它的价格必然会持续上扬。同样，对于但丁、塞万提斯和歌德的作品来说，也必然如此。这些作家通过他们的创作为这个世界和人类生活带来了某种价值——而这种价值永远都会得到人们的肯定。

一位作家的伟大，以及他所创作的作品的价值，常常在许多年之后才被人们意识到。一些重大的真理往往通过时间的检验之后，才能被人们看得更清楚。1864年莎士比亚的《戏剧、历史剧和悲剧》的第一个版本，以716英镑的价格卖给了伯德特·库次女男爵。在当时看来，这个价钱已经是相当惊人了。可是，仅仅58年以后，我的弟弟菲利普在伦敦帮我买同样一本书时，却花费了大约8600英镑。也就是说，莎士比亚作品的价格在半个世纪的时间里翻了12倍。

认为年代是衡量书籍价值的主要标准的谬论，每一个书籍爱好者都应该更正。年代久远又如何呢？在今天的拍卖场里，许多15世纪的书只能拍到一个很便宜的价格。与此同时，一些不过十年之前的书却不仅昂贵，而且随着年岁的流逝价格越来越高。A.A.米连的《当我们年轻时》的第一个版本是在两年之前出版的，但是它已经比许多老书都要珍贵了，比如1490年著名的牧师约翰尼斯·詹森写的布道书。因为这些书的内容总是缺乏天真的人性，也毫无其他方面的乐趣。

任何一次伟大的革新——不管是物质上的还是精神上的，将它的源头与它产生的重要影响对照来看时，你都会觉得非常有趣。《古腾堡圣经》的工艺价值以及它的内容价值都是不可估量的，因为《圣经》本身就是世界上第一本印刷出版的书，这个意义已经非凡了。可是那么凑巧，这本奇

妙的《古腾堡圣经》偏偏还是第一本已知的活版印刷品。任何一本书都没法比古腾堡这本先驱作品更美好，尽管这本书是在差不多500年前出版的。对我来说，我一直认为印刷术是唯一一门已经完全走向成熟的艺术。后来的许多年里，书籍的外形越来越统一，但是除此之外，我们仅仅只是在速度上超越了以前的印刷术，工艺上并没有丝毫的改进。那些早期出版的书籍被添加了许多附加值，因为它们是成熟的印刷工艺的典范之作。

对收藏家来说，第一本关于"普遍福祉"的书，无疑是最珍稀的一本书。因为这样的书里包含了早期的浪漫骑士精神，而这些书只有少数流传到了今天。而且，流传下来的书往往都保存得不甚完整，因为它们太受读者的欢迎，以至于在读者逐字逐句的细致阅读下而变得支离破碎了。它们确实是过去那个时代最为流行的小说。那些成功地经受住时间考验的书籍，都是相当珍贵的书籍。比如说，卡克斯顿家族出版的一些书。

威廉·卡克斯顿是英国的第一位印刷家，而且也是第一位印刷英语作品的印刷家。当他于1484年推出乔叟的《坎特伯雷故事集》的第二版时，由于其精湛的木刻插图艺术，使得当时的人们如饥似渴地争相阅读这本书。卡克斯顿出版的其他书籍也非常受欢迎，他出版的书显然都成为那时的畅销书。而今天，完美的卡克斯顿版本已经很难找到了。

托玛斯·莫洛里的《亚瑟王之死》也是由卡克斯顿家族于1485年出版的，是目前仍然保存完好的卡克斯顿版本之一。这本堪称卡克斯顿顶级之作的完美版本，在1885年以1950英镑的价格被泽西伯爵购得，这个价钱在当时大概合9500美元。现在，这本书因为它的质朴、完好无损的外表以及迷人的内容而不断升值。在泽西伯爵购买了26年之后，在耕耘书店的拍卖会上，它卖出了4.28万美元的价格。目前，这本书是摩根图书馆里最珍贵的收藏品之一。

那些行文非常流畅的书——用今天的话说可以称作性感而有吸引力的书，它们的第一版往往也是收藏家们的至爱。比如卜迦丘的《十日谈》，

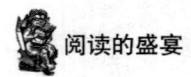 阅读的盛宴

就是相当通俗并且具备古老的浪漫色彩的书籍。虽然今天这些书给我们的启迪有限,但是它们仍然非常珍贵。不论它们保存的情况是否完好,收藏家们都急切地希望收藏它们。第一本有关谋杀的书、第一本关于医药或者魔法的书、第一本写印第安囚笼的书、第一本乐理书、第一份报纸、第一张为定制项链而印刷的支票,或者某些更具有现代意义的东西,比如速记资料——所有这些对于社会文明的进步有贡献的先驱书籍,它们的价值永远不会泯灭。

最为珍稀和有趣的书籍之一,是第一本关于体育运动的书《狩猎丛书》,这本书是1486年在圣艾班斯城由一位不知名的先生出版的。为了方便起见,我们将这位先生称为教师印刷人,因为我们只知道他的职业是教师。在那个年代,妇女甚至也成为体育书籍的作者,这本书就是一位名叫朱蒂安娜·巴恩斯的女爵士写的。这本书于1911年在耕耘书店的拍卖会上以1.2万美元的价格卖给了亨利·E.亨廷顿先生,正是这位先生,建立了世界上为数不多的几个最伟大的私人图书馆之一。这本书现在所存的版本基本上都在英国,另外一个彭布罗克郡的版本,也就是我现在拥有的这本,是在1914年以1800英镑的价格购得。因为这个版本是最后一个可能在市场上买到的版本,天知道它现在价值几何!就像所有其他的先驱书籍一样,这本书也具备某些小说方面的优点。它是第一本包含英语诗歌的书籍,而且也是第一本配上了迷人的彩色插图的书籍。这本书和沃尔顿的《垂钓大全》是那个时代最伟大的两本体育书籍,而后者因为有更多的现存版本,所以它的第一个原始装订版本在保存完好的情况下,也不会超过8500美元这个价格。

另外一本极其珍贵的书就是广为人知的班扬的《天路历程》,因为它那充满力量和富于想象力的道德传说,除了《圣经》之外,几乎没有任何一本书像这本书一样,在这么多年的时间里始终享有广泛的热爱。我几乎收藏了这本书的所有版本,包括以各种不同语言出版的版本。这本书在作

者去世之后很多年里都是热销书，哪怕在今天也仍然卖得非常好，但是它的早期版本却不常被看到。因此，这本书目前所存的第一个版本仅有六册这一事实，也就不那么令人惊讶了。几个月之前，在伦敦苏富比拍卖会上，这本书卖出了6800英镑的价格。而我所拥有的比苏富比拍卖会上的版本保存得更为精致的那本，是我于一年半以前从约翰·霍尔福德先生那里买来的。我相信，如果世上仅存的六册中的任何一册在今天的拍卖场上露面，将很容易卖到4—4.5万美元的价格。

大概在五年之前，因为一位理发师的妻子患病，使《天路历程》第一版中的一册浮出水面。这册书保存得相当完好，唯一的遗憾是缺了两页。拥有这册书的理发师住在一个叫德贝的小镇，每天都以祖传的理发手艺谋生。在每天的吵闹和闲聊之中，他很少有时间阅读书籍——而阅读，其实是他的一个重要爱好。不过当生意不像往常那么繁忙的时候，他就会坐在从先辈那里继承来的那一小堆书中，慵懒地、放松地阅读。那本《天路历程》里过时的排版，还有一些古怪的插图以及残损的书页，都让他觉得很好笑，偶尔他还会给顾客看看，和他们分享他的感受。有一天，一个人认为这本书其实很有意思，因为它年代久远——这个人的思路正是遵循了我前面所说过的那个普遍的谬论——说不定会非常值钱。这个人还说，他曾经听说有人花了整整两英镑的价格买了一本书！

但是这位理发师耸了耸肩说道："我要做的事情多着呢，哪有时间去想办法把这样一本又旧又破的书卖掉。"后来有一天，理发师的妻子病倒在床，理发师赶紧让人去把大夫请来。在等待大夫到来的时候，理发师想设法让他的妻子心情好一点。就在这个时候，他的眼光落在了店里的那堆书上。于是，当大夫赶到理发师家里时，他看见病人躺在堆满了书的床上，正读着那本《天路历程》。这位大夫也算是一个书籍爱好者，他感觉到这本《天路历程》有点不平凡。他坚持认为，理发师应该把这本书寄到伦敦苏富比拍卖行进行估价。但即使是在这个时候，理发师仍然坚信，他

 阅读的盛宴

听从大夫的建议不过是浪费时间和金钱。

最终,苏富比拍卖行收到了一个包裹,里面还附有一封信。那封信的作者看来没有受过什么教育,似乎费了很大的劲来写这封信,而且信中还有不少拼写和标点上的错误。他在信中写道,他之所以把这本书寄来,是因为一个愚蠢的朋友坚持认为这本书很值钱。但他觉得这是不可能的,因为他是从祖辈那里继承下这本书的,他的祖辈都是很贫穷的人,不可能给他留下什么值钱的东西。如果这本书正如他所认为的那样不名一文,就请将它扔掉,不要将它再寄回来,免得浪费邮费。苏富比后来给这位理发师回信,告诉他这本书至少值 900 英镑——比 4000 美元还要多——并且拍卖行想在下次拍卖会上拍卖这本书。

我不知道这位理发师在收到苏富比拍卖行的回信时会是怎样的心情,也许他会感到一阵眩晕吧。总之,拍卖行在好几个礼拜之后才收到一封语无伦次的信,信中允许拍卖行拍卖这本书。非常凑巧的是,当这本书拍卖时,我正好在伦敦,于是我以 2500 英镑——相当于 1.2 万美元——的价格买下了这本书。后来,我听说在这本书被拍卖后的几个月里,理发师家的邮箱被无数的信件淹没,写信的人们都自称是他的老朋友,但他从来没听说过他们的名字。这么多突然冒出来的老朋友,都说有值钱的书要卖给他。

当收藏家渐渐成熟起来时,他们会发现与其胡乱搜集一些廉价的宝贝,不如偶尔花高价买那些真正有价值的珍宝,因为人们很少会对一本珍稀的书的价值产生怀疑。很多收藏家都感到,收藏的意义不仅仅在于金钱。不,收藏的价值高于货币。收藏令收藏者保持着年轻的心态,而且随着岁月流逝,人们会发现收藏是对生活的另一种形式的保险。

纽约的 W.A. 怀特先生,直到去世前的几个月,已经 83 岁高龄,还和 30 年前一样精力充沛。正是怀特先生在书籍以及文学方面渊博的知识,让他始终保持着年轻的状态。哪怕只是读读最近刚印出来的怀特先生的部分书单,我们就会明显感受到一种返老还童的神秘力量。亨利·E. 亨廷顿

先生是另一位非常成功的收藏家，为了全身心投入到书籍收藏这个充满激情与乐趣的游戏之中，他几乎放弃了自己在商业上的兴趣。他收藏书籍的速度是那样惊人，以至于没有哪个年轻人能跟得上他的脚步！另一个我们身边最好的例子，当然是我的叔叔摩西了，他年复一年地在他的藏书中坐着，可是他却变得越来越年轻。

收藏珍稀书籍是一种非常安全的投资，就像一支永远不会贬值的股票。藏书这个市场存在于世界上的任何一个城市，新的藏书者不断涌现。如果你发布了某本珍稀书籍的信息，也许很多看起来毫不起眼的商人会突然出现在你家门前，你可以看到他们搜寻的眼神，可以感觉到他竭力抑制住的兴奋的声调。就像一个老船员拼命讲述自己的故事来吸引住你一样，因为他看中了你的书。他一次又一次上门，因为他完全被那本书迷住了。他甚至放弃了自己本来的职业。如果他是一个富有的人，那么他一定是染上了收藏这一无比奢侈的习惯，但是这种习惯类似于与迷人而神秘的女子的友谊一般，令人欲罢不能。他会慎重地选择收藏品，同时，他绝不会感到厌烦，因为他知道，总有一些让人意想不到的发现，也许此刻就潜伏在那个墙角的书架上。

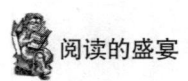阅读的盛宴

诺曼·梅勒最钟爱的十部美国小说

- 《美国》 作者：约翰·多斯·帕索斯
- 《哈克贝里·芬历险记》 作者：马克·吐温
- 《天使，望故乡》 作者：托玛斯·沃尔夫
- 《愤怒的葡萄》 作者：约翰·斯坦贝克
- 《斯塔兹·朗尼根》 作者：詹姆斯·T.法雷尔
- 《了不起的盖茨比》 作者：司各特·菲茨杰拉德
- 《太阳照常升起》 作者：海明威
- 《在萨马拉的会合》 作者：约翰·奥哈拉
- 《邮差总是按两次门铃》 作者：詹姆斯·M.凯恩
- 《白鲸》 作者：梅尔维尔

创办书友会的大好时机

阿尔弗雷德·塞弗曼

哈里·谢尔曼于1926年在纽约创办了"每月一书"图书俱乐部，成为美国最早、也是目前最大的图书俱乐部。这篇文章选自阿尔弗雷德·塞弗曼1986年所著的《每月一书：美国读书生活六十年》一书，简要地叙述了哈里·谢尔曼的俱乐部从创办到20世纪80年代中期这段历史。

哈里·谢尔曼选择了一个好时机创办图书俱乐部。当时是1926年，海明威正在巴黎的希尔维亚·比奇夫人的书店里摆好姿势同乔伊斯、艾略特和庞德合影。司科特·菲茨杰拉德和夫人泽尔达也在法国，他的《了不起的盖茨比》刚刚在一年前的秋天出版，他正等着销量的上升。

卡尔文·柯立芝（当时的美国总统）说，这一年对大家来说好像都不错。股票市场一片繁荣景象，也没有穷人。只有"迷惘的一代"好像幻想破灭了。但那也是好事情，因为正如约翰·哈钦斯所说，"迷惘的一代"的幻灭是"富于创造性的幻灭"。

大众艺术在1926年繁盛一时，而且，在某些情况下甚至成为高级艺术。鲁道夫·瓦伦蒂诺拍了他的最后一部电影《酋长》；巴斯特·基顿在《巴特勒战争》一片中担任主角；莉莲·吉许在意大利电影《红字》中饰演

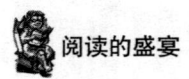
阅读的盛宴

海斯特·白兰；罗纳德·考尔曼扮演博·盖斯特而约翰·巴里莫尔则扮演唐璜。玛莎·格雷汉姆在纽约四十八街剧院上演了自己的首次个人独舞；亨利·摩尔掩着窗帘的雕塑被掀开在公众面前。

这一年的图书业也生机勃勃，虽然不如1925年那么令人振奋。也许当年的文学态势让哈里·谢尔曼下决心创办自己的俱乐部。除了《了不起的盖茨比》以外，那年出版的小说还包括西奥多·德莱塞的《美国悲剧》、约翰·多斯·帕索斯的《曼哈顿中转站》、弗吉尼亚·伍尔芙的《达洛维夫人》、托马斯·曼的《威尼斯之死》的英文版、理亚姆·欧弗拉赫蒂的《告密者》，以及艾伦·格拉斯哥与薇拉·凯瑟的新小说。庞德写道，"这毕竟是一个非非非常的文文文学时代。"

对于1926年来说，庞德这句话里面的"非"与"文"还必须再稍微减少点。那年的收成比往年稍差，而且诗人里尔克也去世了。当时有许多流行畅销书，其中包括埃德纳·费尔博德的《演出船》，安妮塔·鲁丝的《绅士爱美人》。还出现了一大批非文学类的畅销作品，这些作品即使搬到现在的畅销书榜上也不逊色：《饮食与健康》、范妮·法默的新版《波士顿烹饪学校食谱》、《桥牌大全》和威尔·杜兰的《哲学的故事》。"每月一书"图书俱乐部第一年选中的书里只有两本是畅销书：《演出船》和约翰·高尔斯华绥的《银匙》。没有被选为"每月一书"而只是推荐给俱乐部会员的是《哲学的故事》和海明威的《太阳照常升起》。

杜兰和海明威（没有任何其他作家）的作品经历了"每月一书"图书俱乐部六十年的历史。今天，新一代的俱乐部会员仍然像他们的父母（也许还有祖父母）一样在买《哲学的故事》——单从1960年以来就有超过30万册销售到会员手中。而杜兰和他的妻子艾丽尔花了50年时间写就的巨著《文明的故事》，则成为俱乐部最受欢迎的"奖励书"之一。在俱乐部的术语中，"奖励书"是指任何愿意加入俱乐部的人都可以按最低价格获得的一种书（在此例中是十一本书）。而多年来，许许多多的人都非常乐意加入俱乐部。

对于海明威来说，始于1926年的盛况一直持续到1986年。1926年，海明威来到纽约并换了出版商。斯克里布纳出版社愿意出版他的小说《春潮》——这部作品是对舍伍德·安德森作品的模仿；海明威的第一个出版商波尼—利弗莱特出版社拒绝出版这本书。那年的四月，正当"每月一书"俱乐部开始发出它婴儿式的欢叫时，斯克里布纳出版社的编辑麦克斯威尔·柏金斯正在阅读《太阳照样升起》的手稿。而那位被法国人说成"打碎了语言"的海明威，正在继续前进着。1986年海明威的最后一本、也是他生前未出版过的《伊甸园》，被俱乐部列为"每月一书"。

从各个方面讲，那些年海明威对俱乐部及其会员的影响是无所不在的。艾尔莫·雷纳德——我们时代的雷蒙德·钱德勒——在底特律艺术学院为俱乐部会员举办的讲座上发表了演讲。在晚年才建立起了自己的文学声望的雷纳德说，"每月一书"俱乐部推荐的图书在1937年开始进入他的书库。先是他姐姐加入了俱乐部，而后他开始贪婪地享用这些书。他记得自己读过《走出非洲》《鹿苑长春》、卡尔·范·多伦的《本杰明·富兰克林》和《霍恩布洛尔船长》《土生子》《正午的黑暗》——所有这些都是"每月一书"俱乐部的"精选书"——而且，那天晚上他还告诉听众们，"最终促使我开始作家生涯的是《丧钟为谁而鸣》这本书。"几年后当他重读这本书时说道，"用这本书作范本可以教我如何写作。"

如果要说20世纪20年代除了繁荣以外还有什么突出的特点，那就是文字创作者俘获了美国。德维特和莉拉·阿齐森·华莱斯在1922年创办了《读者文摘》杂志；亨利·鲁斯和布里顿·哈登于1923年创立了《时代》杂志；亨利·塞德尔·康比于1924年成为《星期六文学评论》的创始编辑；哈罗德·罗斯于1925年创办了《纽约客》杂志。还有，1926年哈里·谢尔曼创办了读书俱乐部。

谢尔曼是个文学人物。他总是相信文字能够改变人们的生活。这种信

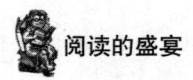
阅读的盛宴

念转变成了一种预见,一种能够对那些对书籍感兴趣的各个不同阅读群体产生影响的预见。生于1887年的谢尔曼在费城长大,他从著名的宾西法尼亚大学沃顿商学院退学后,来到纽约的一家广告公司工作。他很有广告天赋,特别是在邮购方面。他是一个才华横溢的广告文案员和一个富有创意的人。

1914年谢尔曼、查尔斯与阿尔伯特·波尼兄弟,以及麦克斯韦尔·萨克翰创立了"小皮革"图书馆,图书馆里的书都是用羊皮装订的小开本经典图书。谢尔曼说服惠特曼·康迪在每盒一磅重的巧克力里面附赠一本书。这项举措简直太成功了,这些小开本经典发行了四千多万册,几乎一销而空。谢尔曼并不满足,他准备继续前进。他的下一个新想法就是发行已经出版的最佳的新书——那些可能被一个独立文学委员会选中、并可以通过邮件在全国发行的书。这样的组织将是英语语言国家中的第一个。

第一则公告发表在1926年2月13日出刊的《出版家周刊》上——和现在一样,该报是当时图书出版界的圣经。公告描述了"订阅'每月一书'工程"的详细计划。那年四月,俱乐部以"每月一书"的名义正式开始运作了。第一本书选择的是《洛莉·威罗斯》,由一个名叫西尔维亚·唐森德·沃纳的不知名英国作家写的处女作。

最初的评选委员们没有选择一位成名的老作者,而选择了一个不知名的新作者的作品作为俱乐部的"精选书"并不是一个偶然。正如谢尔曼几年后所写的那样,俱乐部已经"快速聚集了一批著名的作家资源,这是一个文学创作人所能拥有的最为宝贵的支持和鼓励。"谢尔曼快速聚集著名作家资源中的一个"灰姑娘式"的例子发生在1936年。

俱乐部的评选委员都没听说过作家玛格丽特·米切尔,所以当《飘》送到他们手上讨论时,气氛相当活跃。他们对作品的人物刻画和质量存在着一些疑问,尽管其中一名评选委员承认这本书"拿起来就放不下",但是他不确定其他的读者有没有足够的兴趣来翻阅这些"书页"。最后,委

创办书友会的大好时机

员会通过了这本书。俱乐部刚好赶在书出版前发布了这本书。由于还很少有人知道这本书,读者的反应礼貌而冷淡。"每月一书"俱乐部为书和作者做了一些宣传努力。以下是玛格丽特·米切尔于1936年6月20日(该书出版前十天)给谢尔曼写的一封信,信中道出了这些努力对她的意义:

1936年6月20日
东十七街4号,东北区
亚特兰大,佐治亚州

尊敬的谢尔曼先生:

  非常感谢你的来信。我很高兴收到这封信,不仅仅因为你信中的溢美之词,而且也因为我一直以来都想着要写信给"每月一书"俱乐部,但又不知该给谁写。我要衷心感谢贵俱乐部的编辑委员会选中我的拙作。这件事情太令我激动了,也太出乎我的意料了,我简直无法相信这是真的。

  在得到消息的过去三天里我谁也没有告诉(我先生当时不在城里,我等他回来讨论这件事情)。今天我小心翼翼地告诉了一个在《亚特兰大日报》工作的朋友,说麦克米兰出版公司的小布雷特先生肯定是失去理智才给我写了这么一封最最难忘的信:"每月一书"俱乐部竟然选上了我的作品,听起来几乎不像是真的。结果我的朋友说,我是她所知道的最傻的傻瓜,竟然把这样的消息隐瞒了三天。然后,她匆匆赶了个新闻稿,附上了我最糟糕的一幅相片。我开始发抖,害怕哪里会出什么差错,又或者你们也许会谴责我冒名顶替。

  好多年来,我就任由那些手稿乱七八糟地丢在屋里,甚至没想过要把它卖掉。因此,当拉森先生买下手稿的时候,我自然极其激动。但是,当我听说你们把它选入了"每月一书"以后,我承受不住这样的成功跑去睡觉,接着我病了——头上敷着冰块,还吃了一大堆阿司匹林。

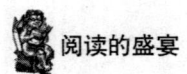

阅读的盛宴

而你来信说,这是大家一致的选择。我太自豪了,居然又恢复了力量,不用躺在床上了!我非常非常感谢你们所有人。这是我平生最最快乐的事情。

我希望在秋天某个时候去一趟纽约。我希望到时亲自去拜谢委员会的成员。亨利·塞德尔·康比在公告上对这本书的评价,已经足以改变比我还固执的人们的看法了。多萝茜·康菲尔德·费什在《淑女家居杂志》上的评论真的是过奖了。我想,也许我应该收起我的偏见去阅读俄罗斯作家的作品,如托尔斯泰、陀思妥耶夫斯基。也许还有萨克雷和简·奥斯丁。是的,我这么说显得很无知,但我确实从来无法迫使自己去读那些书。但是,当人们如此善意地把我的书与他们的作品相提并论时,我不应该只是低着头、吮着大拇指躲避,或者发表一通无知的言谈。天知道!佐治亚洲的这个乡下姑娘从来就没有想过自己可以与他们相提并论!

您诚挚的,玛格利特·米切尔

(约翰·R.马什夫人)

谢尔曼的方法从一开始就奏效了。到1951年俱乐部成立25周年的时候,它已经向美国的家庭销售了一亿册图书。谢尔曼觉得,如果不是因为他的创意,到达读者手中的书也许还不到这个数字的十分之一。但是一些评论家担心,这种大批量的图书预售行为会对美国的阅读习惯产生标准化效应。在充满挑战性的《大众教与中产文化》一文里,德怀特·麦克唐纳认为"每月一书"俱乐部是在往高雅文化里兑水并使之庸俗化,并批评了这种做法。另外,卡尔·范多伦说道:"一本好书不会因为它迅速地被广大读者阅读而减少魅力或益处。"哈里·谢尔曼在阅读方面既是个实用主义者,也是个平民主义者。他明白麦克唐纳所说的高雅文化与流行文化之间存在差距，但同时他也觉得二者有时是相融合的；而且，不管怎么说，两种文化之间存在着桥梁——只要读者愿意，他们就可以在桥上游走于二者之间。而这也正是"每月一书"俱乐部会员们当时以及现在想做的事情。

"如果你要从整体上把握或者考虑美国人，"谢尔曼在1966年写道，"你必须像信任自己一样信任他们。你可以相信，他们对存在于人类中的种种奇怪与微妙之处抱有强烈的好奇心；你也可以相信，他们对人类历史中各个壮丽的乐章的深深沉醉；你还可以相信，他们对有趣的幽默、快乐的事情以及最严肃的思想的迅速反应；你更可以相信，他们具有丰富、开放的思想，他们永远在为让他们感到困惑和精彩的世界寻求新的理解方式。不管是谁，只要他能为自己对这个世界的看法提供充分的依据，也不管这个想法是什么，这个国家里喜欢思考的人们就会给他应得的报答。"

哈里·谢尔曼于1969年逝世，享年82岁。柯里弗顿·费迪曼，当时委员会的资深评选员，认为谢尔曼是一个"善良大方"的人。出版家本尼特·约瑟夫说谢尔曼是"我所认识的最幸福的人"。

"像信任自己一样信任读者"这句话，成为谢尔曼的第一届编辑委员会的哲学。直到现在，这句话还一直是俱乐部不变的格言。但是，什么样的读者才值得这样的信任？谢尔曼说是那些"喜欢思考的人们"。这和乔治·圣伯利的"受过体面教育与富有才智人士的集合"的说法非常相像。那标准适用于谢尔曼的时代，但自那以后，世界已经变得越来越复杂和危险了。柯里弗顿·费迪曼说，今天，俱乐部会员们寻找的是那些能满足"美国人的自我提升欲望的书，以及那些能真实地表现我们这个可怕世界的书"。编辑委员会最新的一名成员，格洛丽雅·诺里斯说得更为透彻："我想，我们能够这么长久地吸引住会员的一个重要原因，就是我们尊重他们的种种可能性。"

俱乐部在60年的历史中共拥有18名评选委员，其中的五位——艾米·拉弗曼、巴西尔·达文波特、露茜·罗森德尔、大卫·威利斯·麦卡鲁

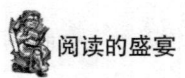
阅读的盛宴

和格洛丽雅·诺里斯是从俱乐部的编辑中提拔上来的。这些智慧而博学的人出入于猎书的最前沿——那些能打动他们心灵、从而可能深深感动广大读者心灵的书。

但是，在俱乐部初创时，哈里·谢尔曼觉得有必要找那些已经建立起名望的文学人物加入他的第一届委员会。"你必须树立某种权威，"他说，"这样订阅者们就会觉得，买这么一堆书是有理由的。我们必须在出版商和读者心目中建立一种必不可少的信任感。"谢尔曼作了聪明的选择：亨利·塞德尔·康比、多萝茜·康菲尔德·费什、威廉·阿伦·怀特、海伍德·布伦以及克里斯托弗·莫利。怀特是堪萨斯州《大商报》的编辑，代表着美国中部地区的价值观。纽约的专栏作家海伍德·布伦代表的是美国都市的价值观。机智练达的小说家克里斯托弗·莫利则致力于寻找"文学最大的旨趣、娱乐、惊喜以及愉悦。"

但是，最具影响力的两位人物（也许你已经在本文中注意到了）是评选委员会主席康比先生和康菲尔德女士。康菲尔德女士是具有高度道德价值观和坚定品味的人，她也是第一届委员会中最尽责的读者。著名诗人罗伯特·弗罗斯特在文章中对她的性格作过概括，但是，可以说，她的标准实在是很严格。身为一个小说家，她非常注重形象的准确性、情节的一致性以及人物刻画的深度。她不看那些显得"沉闷而井井有条的"书。她寻找的是那些体现"价值、真理以及文学技巧"的书。

至于康比先生，则建立了一个像教友派一致同意体制般运作的委员会。也就是说，所有的评选员，都要对某本书的娱乐性或者重要性达成某种程度上的一致。没有"一致同意"体制，就没有"每月一书"。至少有一次，"一致同意"原则对康比不利。在《美国回忆录》一书中，他回忆起当时自己曾坚定地支持约翰·斯坦贝克的《愤怒的葡萄》。但是，他却无法让他的同事们同意他的观点。最近，也就是1985年，约翰·哈钦斯——1964年以来委员会的一名成员，也是一位富有爱心、和蔼的老人，兼有蒙

创办书友会的大好时机

大拿州人固执的性格和深刻的图书鉴赏能力——倾心于一本名为《国之中心》的小说,作者是格雷格·马休斯。这本书讲述了一个驼背的印第安人和白人混血儿——一个猎水牛人的故事。哈钦斯评价这本书是"我所读过的描写古老西部的最棒的书之一。"另一位评选委员大卫·麦卡洛对这本书同样热衷。尽管他提到了这本书的所有不足,但是说道,"我觉得这是一本了不起的、有分量的书。"但持相反观点的另两名评选委员态度同样强烈,大家的意见无法达成一致。于是这本书被列为"候选书",而不是"精选书"。

虽然经历了这次争论,一致同意原则依然指导着委员会的工作。柯里弗顿·费迪曼曾经解释了这个过程。"我在俱乐部时从来没有听说过有哪个评选委员为自己的观点辩护,大家只是在为被讨论的书进行辩护。因为我们都知道,在那一时刻被讨论的书及其作者才是最重要的主角,而不是我们的见解、趣味或个人倾向。"

哈里·谢尔曼一直都为自己设计出来的选书机制而感到自豪,但他记得有一本书还是漏网了——《凯恩舰叛变记》——"因为我们的第一个读者的反应刚好和出版商最初的反应一样平淡。"他还回忆起《正午的黑暗》的发现过程。当初这本书也没有激起出版商的"兴奋",而后它被俱乐部的一个读者发现了,再转给评选委员,最终成为精选书。当然,那些年也错过了一些有价值的书,而其中一些甚至后来成为经典。《人类的命运》没有被选入俱乐部,《在火山下》和《国王的弄臣》也没有,虽然它们在俱乐部会刊的"书讯"栏里获得了肯定的评价。福克纳的所有小说都没有被选为俱乐部的"每月一书",除了他的最后一本书——一部不怎么重要的作品——《掠夺者》,也许是因为一个评选委员坦白说自己在看福克纳的作品时总是咯咯地傻笑。但是,由名不见经传的作家创作的好多书都被选为俱乐部的"每月一书"——这些作家后来也都功成名就,其中包括理查德·怀特的《土生子》和《黑人男孩》、库斯特勒的《正午的黑暗》、奥

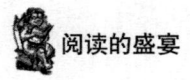 阅读的盛宴

威尔的《动物农场》和《1984》、J.D.塞林格的《麦田守望者》,更近的有托尼·莫里森的《所罗门之歌》和约翰·欧文的《盖普眼中的世界》。

为了避免你认为俱乐部选中的书都是已经成名的作品,我要告诉你的是,这些手稿都是在出版前六个月就送到俱乐部了。俱乐部的读者和评选委员们根本没有事后聪明的机会,他们必须在知道书在图书市场上的命运之前就做出决定。这些评选委员会把该书列入"精选书"吗?它会成为"候选书"吗?它会被放弃吗?书籍本身、报道、争论以及读者对书的热情——这些因素都影响着俱乐部对书的最终判决。顺便提一下,"精选书"(有时也被称作"主打精选书")即"每月一书",都是由外聘的评选委员挑选的,而"候选书"则是俱乐部内部编辑人员挑选出来的。

早期的时候,"精选书"就是一切。超过50%的俱乐部会员会买"精选书"。但他们其实没有什么选择的余地,因为除了"精选书"之外,一般只有一两本的"候选书"。最后一本达到50%购买率的"精选书"是德怀特·艾森豪威尔的《欧洲的十字军东征》,那时是1948年。如今,俱乐部每期的《书讯》里除了"精选书"和125本较新的重版书目外,还提供了一打左右的新预选书目。于是,多年来阅读品味得到了不断提高的、睿智的俱乐部读者们,现在的选择更加丰富了。

当原来的评选员逝世或者退休了,其位置就由其他水准相当的人来代替。他们包括:约翰·马肯德,《已故的乔治·阿普莱》的作者,他还写了许多关于波斯顿及其周边地区贵族的小说;约翰·马森·布朗,《星期六文学评论》杂志的戏剧评论家;保罗·霍根,西部小说家、评论家和历史学家,以及吉尔伯特·海特。海特的任期从1954年开始一直到1978年他去世。他是所有评选委员中最博学的一位作家、评论家、教师、说书人、古典文学学者、翻译家和电台评论员。有一次,他在给哥伦比亚大学的学生讲课时,开口第一句开场白就是:"今天早上我刮胡子的时候在读汤因比,他有一个让出版商很恼火的习惯,他会修正他们一些书的长条校样,然后

再送回去给他们继续作业。据说，他可以在回家的路上一边握着方向盘一边完成整个审校样的过程。"

委员会的现任会员有柯里弗顿·费迪曼、约翰·哈钦斯、威尔弗莱德·谢德——评论家、小说家、散文家、棒球和板球迷、莫德凯·里奇特——加拿大小说家和讽刺幽默作家、大卫·威利斯·麦卡夫和格洛丽雅·诺里斯——这两人原来都是俱乐部编辑和作家。这是一个和谐的团体，他们仍然根据"一致同意"的原则工作。

在俱乐部历史上的18名评选委员中，柯里弗顿·费迪曼的影响是无人企及的。没有人工作时间比他更长。他的"小床"就是他42年来的见证。然而，最重要的不是他工作年限的长度，而是他度过这些年的方式。他是个精力充沛的人，看起来比他的实际年龄年轻得多。他行事更像年轻人。他有教养，热爱读书——但不是一视同仁——没有书可读对他来说几乎是不能忍受的。他轻描淡写的陈述方式对委员会的讨论产生了家长式的影响。他从来不缺乏自己的观点，但他同时也是一个最佳的聆听者。他总是试着揣摩同事可能提出的任何观点，但不总是同意这些观点。他的陈述总是融合了智慧和权威——而且，如果策略需要的话，他还会自我贬低，总之很具有说服力。有一次，在讨论一本带有肥皂剧色彩的小说时，费迪曼承认自己非常喜欢这本书。他为自己找的托辞是："到目前为止，我是我们当中最多愁善感的人，所以应该受到怀疑。"以下是费迪曼在评选会上发表的一些陈述的样板：

- 当讨论一本涉及珠穆朗玛峰的书时："我想我们应该要这本书，因为它并非高不可攀。"
- 在谈及一本当代小说时："它没有中心，它有的只是奇妙的边缘。"
- 在谈论威廉·舍瑞尔回忆录中的一卷时："一个人绝不应该活到80岁，因为到了那时你会发现自己的生活简直不值一个好的诅咒。"

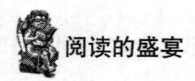 阅读的盛宴

这里,费迪曼是对自己成为 80 岁老翁后的情况而不是对他那位 80 岁的朋友舍瑞尔进行的判断。当然,这个判断与实际情况不大一样。费迪曼的一生都在不断地思考、投入和自我反省。1983 年他给时任俱乐部主编的格洛丽雅·诺里斯写了一封信,谈他对《玫瑰之名》一书的看法:

> 无疑地,我非常喜欢这本书。但于虚荣中我猜想,我对这本书的赞赏源于我的高傲品味和知识。我还应该清楚,到了我这样的年龄,此种高傲品味和知识是成千上万个美国人的共性。现在这本书已经是畅销书了。但我说:"这本小说会消失得无影无踪。"我还说,"这是一种会被我们的文化自动拒绝的书。"除非我们假定畅销书仅仅是为了呈现势利的情感。我们必须断定:虽然我对书的判断是正确的,但很荒唐地,我对书的魅力判断却是错误的。该书中只有一种致命的罪过,而其他的所有缺陷都追随着它,那就是——虚荣。

每个人,如果可能,都应该收集一些好书放在家里,并且为自己及家人取得使用公共图书馆的权利。几乎所有的奢侈都应该从属于这一点。

——威廉·埃勒里·钱宁

出版家阿尔达斯

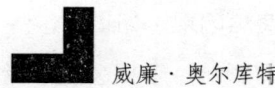
威廉·奥尔库特

　　此篇文章介绍的是图书史上一个举足轻重的人物，他是很多图书的作者，但更重要的是，经由他出版了许多伟大的、对历史产生重大影响的书籍。

　　在图书历史上，最具影响的人物恐怕非阿尔达斯·马努蒂亚斯莫属了。他曾经做过印刷工人，后来从事书籍出版。他最突出的贡献，是为后人保留了古希腊和古罗马的语言文字。

　　1447年，阿尔达斯·马努蒂亚斯出生在一个名叫贝萨懦的地方，那是一个位于罗马地区的小城镇。阿尔达斯·马努蒂亚斯的圣名叫提尔伯多，一个拉丁语的缩写名字。这个拉丁文名字，也成为他后来出名的一个原因。马努蒂亚斯家族是托斯卡纳的一个贵族家庭。

　　年轻的阿尔达斯在学生时代就热爱学习。他在罗马和费拉里一带很有名气，尤其是在语言学领域。掌握了拉丁语后，他又跟从都灵著名的哥奈里家族学习希腊语。在费拉里求学时，他与卡比的王子——聪明勤奋的学生皮高·德拉·米兰多纳建立了深厚的友谊。这段友谊深深地影响了阿尔达斯后来的生活。在朋友们的影响下，阿尔达斯完成了在费拉里的学业后，便留在了卡比，成为皮高两个侄子的家庭教师。在那里，阿尔达斯认识了著名的学

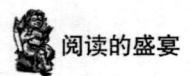 阅读的盛宴

者——阿多米顿,这位学者也影响了阿尔达斯后来的生活。阿多米顿是一位来自君士坦丁堡的难民,他把希腊语言文字的美好完全呈现给了阿尔达斯。当阿尔达斯用手抄的课本为他的学生讲授希腊语时,一个念头在他的头脑中突然闪现:如果把这些手抄书稿印制多份,这种工作一定会对未来产生很大的影响。卡比公主非常赞成阿尔达斯想法,并且在物质上给予他有力的支持。在威尼斯,阿尔达斯开始将他的计划付诸实施。

除此之外,在卡比生活的几年中,阿尔达斯还逐渐把自己锻炼成为一个多才多艺、具有很深修养的绅士。卡比人民对美丽有很独到的见解。卡比的生活使阿尔达斯终生难忘。

由于实际需要,出版商约翰·斯拜尔和尼古拉斯·延森需要新的印刷技术——成册印刷在这位家庭教师的手中诞生了。约翰·斯拜尔和尼古拉斯·延森建议阿尔达斯,或者说是直接要求他放弃优越的生活环境,专门从事印刷研究,并且调查一下当时印刷业在世界上的影响。阿尔达斯在自己的文章中写道:"我已经决定要把自己的生命投入到研究中去。我选择艰辛的创业,放弃安逸自由的生活。一个真正的人不应该只追求享乐,应该要有强烈的事业心,要全身心地把自己投入到光荣的事业中去。只有那些愿意承认自己是动物的人,才把生活单纯地看成一种人类存在于这个世界上的方式。加图曾经把人的存在比成铁:当它不发挥作用时,它就要生锈了。所以只有不断地发挥作用,才能保持生命的活力。"

阿尔达斯把他的想法简要地告诉了公主,公主虽然感到惋惜,但她却很支持阿尔达斯。几年来,他们一直愉快地相处,所以分别对于他们来说总是很痛苦的。小王子们都长大了,那么阿尔达斯在卡比的任务也就完成了。公主鼓励阿尔达斯继续进行他宏伟的计划,并且在财政上给予他有力的支持。后来,公主的弟弟皮高和儿子也给予阿尔达斯很大的帮助。阿尔达斯意识到自己的职责,这在他写给朋友的信中有所体现。他的一个朋友想订购他出版的图书,但要求打折。在给这位朋友的回信中,阿尔达斯写

道:"你降价的要求,我无法答应。这些图书的所有权不仅仅属于我自己,还属于我其他的朋友们。"

公主亲自与阿尔达斯讨论计划的细节,计划日趋成熟。阿尔达斯初涉出版领域,地点的选择是很重要的,选择的地方首先要考虑到图书是否有市场,还要考虑是否能得到有能力的编辑的帮助。鉴于以上两种原因,阿尔达斯将目标锁定在威尼斯。

1474年,天主教大主教贝萨利昂去世,将自己珍藏的拉丁文、希腊文书稿留给了威尼斯共和国人民。因此在发掘出版物的潜力方面,没有一个城市可以与威尼斯媲美。而且,威尼斯也是当时希腊最大的殖民地的中心,很多人受过良好的教育,他们有很强的能力,在阿尔达斯实现自己的梦想上,威尼斯人民能够为他提供很多帮助。于是,在1488年,阿尔达斯选择在威尼斯定居。

阿尔达斯对待印刷技术的态度非常严肃,对于在研究中会遇到的困难也有充分的思想准备。他要求重新设计某些字体,停止使用某些字体。对排版工人进行培训,并要求编辑和校对人员一起合作,书稿选择上也要慎重。图书价格的预算是最后的工作,也是最重要的工作。只有拥有学问和热情的人才能取得成功,而阿尔达斯恰恰拥有这样的热情。

在早期社会里,为了展现自己的技艺,出版商要尽可能多地设计字体。阿尔达斯不愿意局限在简单地临摹他人设计的字体上,他要自己设计。他所设计的罗马字体是在延森设计的手写体的基础上发展演变而来的。不同的是,他剔除了人们不经常使用的小写字体。仿照彼特拉克草书,他又设计出一种完美的字体,他把这种字体称为"斜体",并在排版中运用。

阿尔达斯为何对出版印刷艺术如此着迷?原因在于这项工作为他提供了创作古罗马、古希腊语言文字的机会,而古罗马、古希腊语言文字恰恰又是他最钟爱的知识。几名伟大的拉丁作家的作品曾经被印刷成册,但是

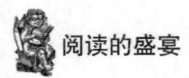
阅读的盛宴

当时希腊文的书籍只在以下四个地方出版：即1476年的米兰，1483年的温瑟则，1484年的威尼斯以及1488年的佛罗伦萨。当时，只有伊索蒲、西奥克里达斯和苏格拉底这三种希腊字体用来印刷原版图书。而这三种希腊字体在大写、发音、重音等方面也有一些缺憾。一些前辈如司维哈姆、徘纳塔、温得林、尼古拉斯·延森还有伊哈得斯·瑞得尔斯虽曾在自己的作品中介绍过希腊文字，但是，除了巴托罗米欧·李伯瑞和莱欧尼克斯外，无人愿意把希腊字体作为印刷字体使用。阿尔达斯觉得这是出版印刷行业中的一块空白，于是他选择定居威尼斯，因为他从中看到了商机。

他创办的阿尔丁出版社渐渐初具规模。阿尔达斯把出版社建在了古城派特因，也就是现在位于威尼斯奥古斯提诺教堂附近的迈因广场。阿尔达斯在那里不但成立了自己的出版社，开创了自己的事业，雇佣了自己的员工，而且还组建了自己的家庭。阿尔达斯使用自己设计的字体，而且印刷的其他材料也是自己生产的，如印刷用的油墨。阿尔丁出版社所用的纸张都是由著名的菲伯瑞诺作坊生产的。这个作坊直到现在还在。据史料记载，他们把亚麻和大麻搅碎，然后用皮革熬制成的糨糊将碎屑加固，这样就制成了印刷用纸。阿尔丁出版社规模最大的时候，包括阿尔达斯自己的家庭成员在内，共有33名员工，其中包括编辑、校对、排字工人、记者等。阿尔达斯还给这些员工定了规矩：只允许用希腊语进行交流。

在威尼斯从事出版业，纵然有很多优势，但也有一个不容忽视的弊端——即在威尼斯城里，没有一所大学。而在其他拥有大学的城市中，出版商在图书的编辑策划方面可以得到大学教授的帮助，而且还能从学校里接到大量的业务。为了鞭策和鼓励员工，阿尔达斯特地从远方请来博学的编辑人员加入他们的编辑创作队伍。

出版社的人事关系时时刻刻发生着变化。克里特岛人马库斯·马儒尔斯是阿尔达斯出版社的主要排字师。他与阿尔达斯既是同事也是朋友，还是最重要的合作伙伴。马库斯·马儒尔斯也是皮高的朋友。阿尔达斯首次遇到马库斯·马儒尔斯是在考比城。在阿尔丁出版社成立之初，马库斯·马儒尔斯整天忘我地工作。阿尔达斯觉得马库斯·马儒尔斯之所以如此努力的工作，是因为要报答自己的恩情。因为在1502年，由于阿尔达斯的推荐，马库斯·马儒尔斯受威尼斯参议院的邀请，在帕多瓦大学任文学学会主席一职。在那里，马库斯·马儒尔斯不断地做巡回演讲，他的讲座得到人们的认可，引起人们的高度重视。当时，阿尔达斯在他的文章中写道："大家都很欣赏马库斯·马儒尔斯——我们这个时代中最伟大的学者的演讲，他的演讲带动了威尼斯的雅典文学的发展。"阿尔达斯设计的希腊字体，就是仿照马库斯·马儒尔斯的手写字体而设计的。

在阿尔达斯出版社，主要的希腊文校对是来自堪迪亚的约翰·格里高波罗。雅典的斯亚道·加沙是当时阿尔达斯出版社中有力的编辑成员之一；约翰·里查林是海德堡最著名的学者；而亚力山大和派多两人后来都成为出版界的名人。斯皮罗和伟大的爱拉斯姆后来都在阿尔达斯的出版社从事策划工作。爱拉斯姆在阿尔丁出版社工作时，策划出版了《特伦斯文集》《塞内卡文集》、布鲁达克的《道德经》和《柏拉图文集》。加沙也全身心投入到《亚里士多德文集（五卷本）》的出版工作中。马儒尔斯对阿尔达斯非常忠诚。他不是很欣赏爱拉斯姆，因为爱拉斯姆认为，马儒尔斯不喜欢他的原因是在阿尔达斯经济困难时他却抱怨阿尔达斯发给他的工资太少。马库斯·马儒尔斯反驳爱拉斯姆说，他在出版社中作的贡献不大但却索取多多。

对于阿尔丁出版社来说，出版希腊文图书所遇到的最大困难就是缺少希腊文词典和希腊语的语法知识。其实，此类工具书早在希腊语图书出版之前就应该出版，以便于编辑校对们参考。1480年左右，世界上第一本希腊语词典在意大利的米兰出版发行，作者是一个希腊难民，名叫拉斯卡罗斯。这本书在意大利是第一本作者在世时就得以出版的图书。阿尔丁出版社发现这本词典有很多不准确的地方，他们便在此基础上对词典进行

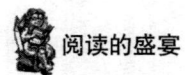
阅读的盛宴

改编,出版了词典的修订版。这本希腊语词典是阿尔丁出版社出版的第一本书。出版社安排加沙负责搜集整理希腊语语法,词典于次年正式出版发行。面对各种困难,阿尔达斯没有被吓倒,后来他自己又策划出版了一本希腊—拉丁语词典,这本词典很快成为标准版词典。此词典通过了很多版本的测试,并且被佛罗伦萨著名的出版商朱尔塔翻印。朱尔塔甚至把阿尔丁出版社著名的标记——海豚和锚都翻印了上去,这使阿尔丁出版社着实感到骄傲自豪。

在五年单调乏味的出版生活中,阿尔达斯细心且追求完美的特点体现得淋漓尽致。其他出版商出版的书中错误随处可见,他们还使用不完整的希腊字体。这种情况在阿尔达斯的出版物中是绝不可能出现的。他出版的第一套书是《亚里士多德作品集(五卷本)》。这套书光准备工作就达三年之久(1495—1498)。阿尔达斯对他以前的学生卡比的艾伯特非常关爱,于是他把这套《亚里士多德作品集(五卷本)》作为礼物送给了艾伯特。

阿尔达斯进军出版行业真可谓天时地利。15世纪时意大利对出版业进行了一场不同寻常的改革,这次改革在史料中也有记载。我们应该感谢这次不同寻常的改革运动。改革以后,威尼斯很快成为新的文学艺术中心。掌握知识的人文学家们当时在意大利随处可见:在佛罗伦萨,人们投入大量的精力进行书稿的加工创作,大力修建图书馆,并且鼓励大家学习希腊语。在拿蒲斯,人们提高了图书评论的标准。在罗马,人们对翻译的要求精益求精。在曼图亚和费罗拉出现了有明确目标的教育体系。通过威尼斯的改革,世界上诞生了一种新的媒介物——图书。

阿尔达斯比任何人都热衷于出版事业。他感激人文学家收藏了珍贵的古希腊语言手稿,为他提供了传播思想的珍贵的机会。意大利王子不赞成发展这种新的艺术形式,因为他知道此类思想的传播会增强人们的自信,摧毁他的威望,颠覆他的政权。阿尔达斯也认识到手稿所阐述的思想的重要性。他发现这些思想可以唤醒头脑被禁锢的人群。这些手稿以前只有富家子弟才有机会欣赏,在阿尔达斯的努力下,现在普通的平民百姓也能欣赏到这些宝贵的思想了。书稿中的思想给人们启示,大家认识到自己的愚昧,于是喜欢阅读这些书籍。人们曾经对这类书籍持排斥态度,但现在他们却把自己看成是书籍的主人。

阿尔达斯向威尼斯政府提出申请,要求保护他出版的希腊文图书,保护期限为 20 年。这大概是历史上最早的版权保护政策了。不过我们很难了解这项政策的价值,以及它的实施情况,因为就我们所知,威尼斯专门出版希腊文图书的塞里尔出版公司,早在此项版权保护期到期之前就已经开始出版此书了。

印刷的书籍要比手抄本精美得多,这一点阿尔达斯在出版《亚里士多德作品集(五卷本)》一书时就向人们作出了有力的证明。其他的书籍像《柏拉图作品集》,虽然看起来更加精美,但许多人认为此书之所以精美是因为书籍彩绘人员对该书进行了装饰。一些爱慕虚荣的贵族建议将出版物价格定高些,这样就违背了阿尔达斯的想法,也与当初他选择在威尼斯开创出版事业的目的不符。他的书做得很好,价格也低廉,任何人都有能力购买。他曾经声明:"我不会在乎这方面的付出,也不会在乎这项事业的花费,不管它有多高。如果我在乎这些的话,当初我就不会放弃安逸的生活来从事这项工作了。我必须完成当初定下的目标,不管需要多久。"

第一部阿尔丁版的希腊文图书是《维吉尔田园诗集》。此书于 1502 年出版发行,当时的定价为 50 分。很快地,拉丁文、意大利文本也出版了。希腊文丛书的出版,是以 1502 年出版的《索福克勒斯诗集》为标志的。此书也是第一本用斜体字出版的图书。

斜体字的应用是出版史上不同寻常的转折。此字体是从人文主义之父彼特拉克的手写体演变而来的,被大量应用于阿尔丁版的希腊文图书中。这些图书为彼特拉克实现了保护和传播人文主义的愿望。

斜体铅字是由著名的格瑞佛家族成员弗朗西斯科制作的,这种小小的

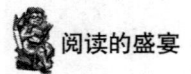 阅读的盛宴

紧凑的字体受到出版商们的普遍欢迎。因为这种字体比较节省页面，可以减少书籍的页数，从而降低成本。本来需要印成四开本的图书印成八开本就可以了。这种创新举措很快引发了图书业的革命。小开本的口袋书，不仅便宜，而且方便，可以随身携带，随时阅读。在威尼斯，小开本图书的市场被阿尔达斯垄断了长达十年之久。

没有人能想象这种斜体字在16世纪时流行的程度。当时在意大利、法国甚至在英格兰，人们都把这种类似草书的字体作为自己本国的字体，并把这当成是一种时尚。所有的书都是用这种字体印刷的。到了17、18世纪，罗马字体又盛行起来，斜体则只是在强调或是写到各种名称时才使用。

为了达到垄断希腊文图书出版的目的，阿尔丁出版社的工作人员在工作中倾注了狂热的激情：编辑和校对人员在工作的同时，就把编校完的部分书稿送到印刷厂去印刷了。那时，铅字是要重复使用的，因此出版商不可能一次把一本书全部排完。一般来说排四到八页就开始印刷，印刷完毕后，再次排版，然后再印刷。

阿尔达斯在文章中记录了他们忙碌的情景："那阵子，我们忙碌异常，不分昼夜地工作，每天甚至连吃饭的时间都没有。对于我来说，吃饭只不过是用食物来把胃填满罢了。每天工作时手脚并用，而且身边还经常围着唧唧喳喳汇报工作的工人。感觉时间好像是从我的鼻尖下悄悄溜掉的。"

希腊最伟大的作家荷马的作品集，第一版也是由阿尔达斯出版的，还有亚里士多德、柏拉图、修西得底斯、色诺芬、希罗多德、阿里斯托芬、欧里庇得斯、索福克勒斯、德摩斯梯尼、吕西亚、伊臣、布鲁达克以及品达等名家的作品集，其第一版也是由阿尔达斯出版的。这个伟大的出版商为世界图书出版业做出的巨大贡献，令世人无比钦佩。早在阿尔达斯之前，在14世纪时有一个名叫白塔斯的人，为了保护书稿曾做出艰辛的努力。但到了15世纪，有一些书稿还没来得及被阿尔达斯出版就不慎遗失了。

出版家阿尔达斯

当时的印刷技术尽管还不很成熟,在1509—1511年战争期间,整个威尼斯的经济也几乎完全停滞,但在这20年中,阿尔达斯出版的图书多达100种,共250册。以这样的成绩,阿尔达斯在出版史上的确功不可没。

阿尔达斯时常感到出版社缺乏大学中特有的灵感。因此,1550年,阿尔达斯在威尼斯著名的高等学府新诺斯特兰学院(Neo-accademia Nostraan)建立了一个组织,这所学院是由美第奇家族创建的,最初建在佛罗伦萨。阿尔达斯建立组织的目的是为了能够更彻底地了解希腊文化。此组织对每一个成员的最基本要求是:要会用希腊语与人交流,不能达到此项要求的成员要交纳罚金。当罚金积累到一定数额时,大家就会举办一个宴会,宴会费用从罚金里出。人们可以在宴会上尽情享受。阿尔达斯是这个组织的第一任主席,组织成员还包括阿尔丁出版社的读者、校对员,以及威尼斯、帕多瓦、罗马、博洛尼亚、路卡等城市的牧师、医生、有文化的贵族子弟,还有来自卡迪亚的希腊学者。甚至鹿特丹的伊拉兹马斯也是这个组织中的一员。

阿尔达斯从这个组织中受益匪浅。在固定的时间,成员们会对新的希腊文书稿进行审核,只有通过审核的书稿才能出版,通过审核的标准就是要得到学者的认可。其实在某种程度上,这个组织可以看成是公元前300年托勒密所建立的那个组织的复苏。此组织所起的作用,与当今英国牛津大学出版社的顾问们所起的作用相似。阿尔达斯希望威尼斯学院能够对大众艺术和科学产生更大的影响。最终他的这一愿望也实现了。

1501年,洛伦佐在给伊莎贝拉·玛查丝写的信中,向伊莎贝拉轻描淡写地描述了阿尔丁出版社。玛查丝是一个有文学修养的贵妇人,她对阿尔达斯出版的图书产生了浓厚的兴趣。于是她委托洛伦佐为她购买阿尔达斯印刷的图书。下面这封信是洛伦佐写给玛查丝的,曾被译为多种文字。信中记载了洛伦佐买书的全过程。

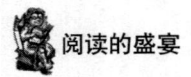 阅读的盛宴

我的伟大的夫人：

您要我为您买维吉尔、彼特拉克和奥维德的诗集，但到目前为止，我只买到了《维吉尔诗集》。《彼特拉克诗集》正在印刷，大约10天后可以印好。因为缺少高质量的印刷用纸，所以《彼特拉克》诗集不能及时印制。现在要少量订购高质量的印刷用纸不是很容易。您的那本《彼特拉克诗集》是从一本本书中精心挑选出来的，所以您买的书将是所有书中装帧最精美的一本。此书质量最有保证，因为这些书是阿尔达斯与班伯一起合作出版的。班伯保证全心全意要为夫人您服务。《彼特拉克诗集》的书稿是班伯首先拿到的，此书稿是彼特拉克亲自书写，而书籍印刷用的字体就是临摹彼特拉克的手写体。此书稿被一个帕多瓦人买走，他现在正在认真地临摹书稿中的字体。只要书籍一印刷出来，我马上就给您邮寄过去。阿尔达斯和班伯都愿意将印刷出来的首本书卖给您，因为他们觉得，如果您买走了首本书就会给他们带来好运。

印完《彼特拉克诗集》后他们打算印制《但丁文集》，印制完《但丁文集》后他们才印刷《奥维德文集》。所以大概要到九月底他们才开始印刷《奥维德文集》。在接下来的二十天里，他们会开始印刷《但丁文集》。我要求他们用质量好一些的大麻纸印刷，纸要光滑洁白。（买到质量好的印刷纸并不容易。）他们说，《维吉尔诗集》和《彼特拉克诗集》每本书的价格不能低于5个达克特。

阿尔达斯认为图书发行是他面临的重要问题。1550年以前，"图书营销"这个概念还不为人所知，15世纪时出版商发行图书大都依赖读者，读者们买书，出版商们才有市场。那段时间，很多阿尔达斯的仰慕者来拜访他，这样便耽误了阿尔达斯很多宝贵的时间，影响了他的事业，最后阿尔

出版家阿尔达斯

达斯终于忍无可忍。

他在文章中写道，几乎每时每刻，我都会收到读者的来信，若要给每一位读者回信，我就必须夜以继日的写信才能回复所有的来信。白天，会有好多读者来访，有的人只是来说一些祝贺之类的无关紧要的话。也有些人来询问出版社出版新书的情况。其实，来访者中有相当数量的人无事可做。只要有人建议"我们去看看阿尔达斯吧"，便会有一些闲人逛到我这里来。还有一些人，来的目的只是想在他们的诗集或散文集上印上阿尔达斯的名字。这些造访者已经严重影响了我的工作，因为我每天要抽出很多时间来接待他们。很多来信我没有回，有些信我也只作了简短的回复，这样做并不表明我很自负或者没有礼貌、不近人情。我只是想把我的全部精力都投入到图书出版中去，为读者出版更好的书。为了提醒这些造访者不要占用我宝贵的时间，在办公室的门上我贴了一张警示牌，内容是这样的："阿尔达斯的办公室为所有人敞开，但阿尔达斯诚挚地要求各位造访者——无论是谁——在拜访我时简要说明来意，不要浪费彼此的时间。你们这样做就像当初大力士帮助疲惫的阿特拉斯一样，给我带来真正的帮助。"

阿尔达斯在读者中有很深的影响，大家购书时总是把他的书作为首选。1505 年，一名博学的僧侣——阿班达思在给阿尔达斯的信中写道："愿主保佑您，我伟大的英雄。我们组织的同仁向您表示深深的敬意。我们通过奥格斯堡的非戈出版社向你们订购了一套很有价值的图书，我们特别想买这几本书。为了表示我们的敬意，我们每天向上帝祈祷，愿仁慈的上帝保佑您长寿，为我们出版更多的图书，让我们学到更多的知识。我的邻居穆提诺思·鲁弗斯是一名研究凯农尼克斯的学者，他称您为"我们时代中的一缕阳光。"因为您总是全心全意地为读者服务。他衷心地祝福您。大学问家司派拉提纳斯也为您送上真诚的祝福。我们已经邮寄过去四个金达克特，订购了一本《广义语源学》，一本朱利叶斯的《博罗斯》，如果书

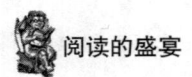阅读的盛宴

款还有余额的话,我们还想订购波撒瑞恩、色诺芬、海恩洛克的文集。

阿尔达斯忘我的工作得到了回报。他在给朋友的信中写道:"当我看到布雷西亚城中大部分的名人都热衷于阅读希腊文图书时,我简直无法用言语来形容那兴奋的心情。这完全出乎我的意料,当初我选择推广希腊语图书时并没有想到会取得这样的效果。人们的热情有增无减,后来不仅仅局限在意大利,在德国、法国、潘诺尼亚、英格兰、西班牙,总之,只要知道拉丁文的国家都出现了这股浪潮。兴奋的心情使我忘记了疲劳,为了给所有的学生提供帮助,特别是那些生在文艺复兴时期的青年人,我的热情又一次高涨。"

1500年、1506年、1510年和1511年威尼斯发生了战争,这给阿尔达斯的图书事业带来了很大的影响。当时阿尔卑斯山北部的高等院校被迫取消了希腊语课程,因为把守城门的士兵禁止阿尔丁出版的课本通过。

与战争相比,盗版图书的出现更令阿尔达斯气愤。威尼斯政府只能在威尼斯城区为出版商提供版权保护。在法国巴黎出现了盗版书书商,而里昂闻名的兹塔出版社是当时最主要的盗版图书生产商。开始时,阿尔达斯对这些鸡鸣狗盗之事并不在意。但这些肆无忌惮的出版商竟然剽窃阿尔达斯设计的字体,他们还盗用他的凸版印刷技术,而且明目张胆地把这些仿制赝品当作真品出售。阿尔达斯终于忍无可忍了,他作出声明:"这些盗版图书以我的名义出版发行,严重损害了我的声誉。盗版书印刷用纸的质量很次,甚至带有恶心的气味,印刷字体残缺不全,辅音字母与元音字母相互错行。只要记住这些盗版书的缺点就能辨别出盗版书。"

没有一家出版商的出版标志能够与阿尔达斯的锚和海豚齐名。这个标志当初是根据罗马帝国的奖章设计而来。班伯把这些奖章拿给阿尔达斯看,阿尔达斯很满意这种造型,于是在奖章上添上了两个词"效率与质量",这个词是阿尔达斯在奥古斯塔斯发现的。这样,出版社的标志就设计出来了。其中海豚表示公司的工作效率,锚代表公司周密的处事

态度。托马斯男爵根据标志创造出了该出版社的口号："既要有效率，又要有质量"。

在威尼斯，阿尔达斯最主要的竞争对手是尼古拉斯·布拉图斯和扎卡瑞斯·开勒瑞，他们专门出版希腊文图书。他们两个都是克里特岛人。布拉图斯不仅有文化而且很富有，开勒瑞是个印刷工人。这对搭档有着强烈的爱国意识。他们从希腊到威尼斯流亡的五年中，一直密切关注着希腊文化。他们与阿尔达斯虽是竞争对手，但他们与阿尔达斯之间的关系却友好而亲密。阿尔达斯的主要合作伙伴马库斯·马儒尔斯也是克里特岛人，他与开勒瑞之间有着深厚的友谊。阿尔达斯很欢迎对手开勒瑞与自己竞争，因为开勒瑞出版的图书有助于研究希腊文化。于是阿尔达斯将开勒瑞出版的图书收入到自己的图书目录中，并且和自己的图书一起发行。

克里特岛人的民族自豪感激起了流亡者用希腊语出版图书的激情。1499年，开勒瑞出版了《语源学》一书，在图书开始部分马儒尔斯写道："大家不要对克里特岛人在印刷艺术上拥有的天赋感到惊奇，艺术之神迈那瓦遵从丘比特的命令，将印刷术传给了克里特岛人。你看，是克里特岛人设计了重音符号，并把他们应用到字母中去，是克里特岛人首先浇注了铅字，是克里特岛人在出版领域获得了荣誉，这个人就是尼古拉斯，是他实现了图书的价值。现在还是克里特岛人正在为自己开庆功会。"

阿尔达斯于1498年与威尼斯的一个印刷商的女儿马莉雅结婚后，生了三儿一女。马约提尔斯是他的大儿子，做了阿罗拉的牧师；安东尼洛斯做了博洛尼亚的图书管理员；鲍罗斯子承父业，成为阿尔丁出版社的一名工作人员。他的女儿，阿尔达则进了卡比的修道院。阿尔达斯在遗嘱中说，如果阿尔达继续做修女的话，她将得到300杜卡特的遗产；如果她嫁了人，她将得到600杜卡特的遗产。阿尔达最终选择了后者，嫁给了一位名叫卡图的曼图亚人。

阅读的盛宴

在阿尔达斯弥留之际，鲍罗斯当时还很小，无法管理出版社的事务。于是，安德里亚将自己的出版社与阿尔丁出版社合并。在此之前，安德里亚就已经买下了尼古拉斯和琼森留下的印刷字体和印刷机。而这次与闻名的阿尔丁出版社合并，又为安德里亚增添了荣耀。安德里亚的两个儿子弗朗西斯科和弗德里科开始与安德里亚一起管理出版社。

那时，吉恩·格罗里埃也对阿尔丁出版社很感兴趣。通过与阿尔丁出版社的合作，格罗里埃很快成为意大利书业中家喻户晓的人物，后来又在法国出了名。由于他父亲的关系，1510年他31岁的时候，成功地成为米兰公国里的一名司库。他很早就计划投身出版印刷业，很想依靠阿尔丁出版社的声誉来提高自己在出版界的名望。后来，格罗里埃认识了安德里亚，并与他的儿子弗朗西斯科建立了深厚的友谊，成为他们出版社的搭档。他为出版社组稿，在出版社经济困难时又为他们提供贷款。总之，他总是在出版社遇到困难时伸出援手。阿尔丁出版社中有相当数量的书稿都是由格罗里埃提供的。但格罗里埃实在很挑剔，他要求凡是送给他的样书都要用牛皮纸印刷。

格罗里埃在给弗朗西斯科邮寄布德斯的《阿塞》一书时随书附了一封信，在信中这个法国人向弗朗西斯科介绍了如何印刷高质量的图书：

我最亲爱的弗朗西斯科：

  这部手稿送到你那里印刷。请一定要注意按照手稿印刷，千万不要改变手稿原始的样子。一定要用高质量的印刷纸张，用最好的字体，天头地脚以及页边距要留得宽一些，这样印出来的书才比较大方得体。说得更确切一些，就是我希望你能用印刷伯里滋诺的书所用的字体来印刷我这本书。如果这样会提高你的成本的话，我愿意支付这笔费用。最后，我希望书籍的内容忠实于原稿。

与书籍印刷相比,在书籍的装订方面,格罗里埃更加在行。为了促读者明白图书的价值,他将"10 GROLIERII AMICORUM"印刷在格罗里埃书籍的封面上,以此来说明这本书不仅具有收藏价值,还可以当作礼物送给朋友。格罗里埃图书馆里的藏书达到了 8000 种,而且每种标题的书都有好几本,因此他的每个朋友都可以到他的私人图书馆里来尽情地在书海里遨游。在给格罗里埃的信中爱拉斯姆写道:"除了图书,你虽然一无所有,但在不久的将来,图书一定给你带来不朽的声誉。"

阿尔达斯的儿子鲍罗斯到了 18 岁的时候,已经承担起阿尔丁出版社的管理。但他没能像父亲一样将自己的知识与出版社的需求相结合。鲍罗斯很喜欢西斯罗的作品,所以他几乎把自己一生的精力都投入到为西斯罗写书评中去了。但直到鲍罗斯去世以后,这些书评才得以出版。多年来,鲍罗斯花了大量的精力管理阿尔丁出版社,由于劳累过度,他的健康受到了严重的损害。1570 年,他给他的儿子阿达斯写了一封信:"我的事业、我的成就都是我用健康换来的,我虔诚地祈祷上帝赐福与你,不要像我一样用健康换取成就。"阿尔达斯的孙子阿达斯没能很好地继承祖父的事业,不久出版社就没落了。到了 16 世纪,出版社彻底倒闭了。

伟大的阿尔达斯于 1515 年 2 月 6 日与世长辞,享年 68 岁。尽管他不富有,但他一生取得了惊人的成就。这是世人给阿尔达斯的评价。而阿尔达斯却认为他没有完成自己的事业。古登堡发明了印刷机,怀特道特也在前人的基础上发展过印刷业,这些人都为阿尔达斯建立出版社做了准备。但以上这些人物谁也没有想到,自己当初的发明会和世界文明的发展扯上关系。那些发明家们当时已经对自己的发明很满意了,因为他们制作的图书与那些收藏家们收藏的手抄本相比已经很好了。阿尔达斯在出版方面具有与生俱来的天分。在选题方面,他总是考虑到大众读者的趣味;在确定图书价格上,他也考虑到大众的接受能力。他的图书是为需要知识的人们而做。如果每个作者的书籍只停留在手稿状态,那么就起不到传播知识的

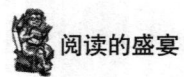 阅读的盛宴

目的，就好比将作者囚禁在监狱中一样，没有将他的思想发扬光大。所以可以这样说，阿尔达斯对人类的贡献，不亚于那些解放人类受束缚灵魂的英雄们所做的贡献。

在传播知识和发展文学的历程中，阿尔达斯与他同时期的学者如马儒尔斯、瑞奇林以及爱拉斯姆相比，做出的贡献都要更伟大。业内人士都认为，阿尔达斯在出版印刷史上占有霸主的地位，国内国外无人可比。作为出版行业的先驱者，他取得了辉煌的成就，后人无人能够超越他。对于其他出版商来说，在出版事业中，他们是否具有阿尔达斯的精神还是个未知数。

阿尔达斯的遗体被停放在圣彼得老教堂。威尼斯的人文主义教授拉斐尔瑞格在阿尔达斯的墓前发表演说。阿尔达斯的棺椁被停放在高高的由他毕生出版的图书搭成的灵台上。阿尔达斯把自己的一生都奉献给了出版事业，世人有目共睹。他的贡献将成为不朽的丰碑，并将被人们永远铭记。

完美无瑕的书

威廉·凯迪

弗利斯版的古典名著，以完美著称，曾在 19 世纪受到学者和收藏家们的普遍赞扬。出版这套书的著名的格拉斯哥出版社，曾经试图出版一本完美无瑕的书，使之成为印刷排字无比精确的典范之作。

他们采取了许多预防出错的措施来保证得到他们想要的结果：出版社雇用了六位非常有经验的校对员，他们每校对一页都要花费好几个小时的时间。在校对工作结束以后，虽然出版社认为这本书已经接近完美了，但是他们仍然把书的每一页都张贴在大学的大厅里面，而且这些书页都必须在张贴的地方保留两个礼拜，任何人只要能发现一个错误就能得到五十英镑的奖赏。于是，在这本书出版之前，出版商们认为他们已经达到了他们努力追求的那个目标：终于能出版一本完美无瑕的书了。

但是，在这本书正式出版发行之后，人们发现书里面仍然存在错误，其中有一个错误甚至就出现在第一页的第一行。

藏书家

威廉·塔哥

威廉·塔哥在美国出版界享有很高的声誉,他曾经大胆地帮助马里奥·普佐编辑出版了《教父》一书。作为一个有着广泛兴趣的人和热爱生活的人,塔哥的《怪异的乐趣》一书是一本伟大的关于书和出版的论文集。下面的文字就摘自这本有趣的书里的一章。

病毒

书籍收藏家的病毒在我年轻的时候就侵袭了我,使我永远也不能复原了。事实上,这些年病情开始逐渐恶化。当我18岁还在麦克米兰出版公司工作的时候,一个朋友介绍我认识了一个狄更斯笔下的人物,他在芝加哥南边开了一家咖啡店,离我的办公室不远。一天,毋庸置疑是受到恶作剧本能的驱使,这个人给了我一本薄薄的善本目录。以前我从未见过这样的东西。他告诉我他收藏了一套《特罗洛普》(Trollope),但是目录里的其他书却吸引了我,是伦敦马格兄弟出版的书,四开本,印刷精美,图例丰富,连板式都是彩色的。

我花了好几个晚上来研究目录内容(当然,我什么都没买),但是我决定再多要几本目录,马格在封底上的话太动人了。我给他们写了信,不

藏书家

久，我发现我经常收到他们的目录。每次收到新的目录，都增加我的负罪感。我觉得自己像一个骗子，因为他们提供的书我一本也买不起。但是我确实读了目录，并从中学到了一些关于旧书、书目以及与之相关的知识。

就像肋骨间小巧而敏捷的老鼠，
一个庞然大物，到处咬来咬去。

由于对知识所知甚少，我觉得自己变得难以忍受。一夜之间，我成了一个研究伊丽莎白时期文学的专家，对彩色图书、医学书以及科学方面的著作以及探险、历史等类的书都有所了解。我还通晓古代版本，视早期印刷、校对以及各种各样的装订为家常便饭。18岁的时候，我就能滔滔不绝地谈论狄更斯和司各脱以及他们的一些作品，包括1865年出版的《爱丽丝漫游仙境》。装订商的词汇变成了我的语言，我卷着舌头读"丝绸封面，齿边花纹"。过了几年，马格的目录变成了我的大学。当然，我也从欧洲以及国内其他商人那里搜集目录。最终，我开始从他们那里订书。贴着外国邮票的包裹开始寄来，还有什么能比打开一包崭新的书更令人激动的事吗？随着资金的充实，我的图书馆不可避免地开始扩大。从廉价的捐赠书和一箱箱25美分或50美分的书开始，直至拥有出版社的书、现代的头版书，比德尔的廉价小说、装订精美的图书以及少量深受读者喜爱的作家的书，例如G.K.切斯特顿、拉夫卡·迪奥·赫恩、詹姆斯·亨内克、西奥多·德莱塞等，还有一些关于书籍的书（我读的第一本是皮尔森的《红书或黑书》）。逐渐地，那些捐赠书和廉价书被清出了房子。我成了一个藏书家，于是我也快破产了！

我去过伦敦许多书店，书店的名字就像是我的老朋友。这么多年来，我从他们那里收到了大量书目。我从大部分书店都买过书，令我非常满意。

一个藏书家的朋友遍天下，书商常常就是你的朋友，你们的关系亲密

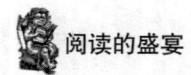
阅读的盛宴

无间,是神圣崇高的,超过了一般的商业往来。他了解你的兴趣和需求,冲动驱使你来找他。(不得不承认他对爱书者的吸引力就像酒吧对酒鬼一样无法抗拒。)书商无可避免地与你、你的图书馆和你的学习生活联系在一起。

藏书的第一原则:只收集你喜欢的

收藏名家的作品,即那些文学史上具有里程碑意义的巨著,不过是初级收藏者的入门游戏,只要你有大把的钞票和收藏的基本常识就行了。而能够鉴赏和收藏那些出自羽翼未丰的年轻作家之手的潜力之作,才是收藏的真谛和乐趣所在。

你听过或者是读过佩蒂·史密斯的诗吗?

我有一天在哥森的图书集市浏览图书的时候,随手拿起一本叫做《第七天堂》的书。我被这本书的作者的照片给吸引住了:一个年轻的女人,仿佛刚从雨中走来,又好像刚从游泳池里出来。这本书是电报出版社1972年出版的。我开始阅读她的诗,很快便爱不释手了。米基·毕兰是书里提到的两个人之一,我很喜欢他,于是便买下了这本书。

不久,我搞到了佩蒂·史密斯的另外几本书。一本叫《怀特与科达》的小册子和一本名为《我们有人更厉害——凌晨的梦》的只有四页的书。她还出版了一本手写的作品,这是一本抨击性的书,叫《热爱兰波》,最后以"他还真他妈的年轻"作为结束语。有人这样描述她说话的声音和姿态:"快速颤动着,好像鹌鹑,如此之快,让人难以觉察。"

哥森有一天约了佩蒂见面,我也去了,还带上了许多她的作品。我见到了她,她是如此迷人,害羞,不爱出风头。大家对她的注意使她很困窘。她在我的每一本书以及热爱兰波的文章上都签了名,用的是我的派克钢笔。我告诉她,塞缪尔·贝克特曾经用这只笔给我的《等待戈多》签过名,她无比敬慕地亲了亲这支笔。

佩蒂·史密斯在堪萨斯市和其他地方都出现过,但是我却错过了她。我想要继续读她的诗,买她所有的小册子。有一天我可以说,通过收藏她的书我早就认识了她的天赋。如果她没有出名,也无所谓。我喜欢她和她的诗,希望有一天你们也能发现她。

我和佩蒂在一家咖啡屋聊了许久。我发现她对飞碟十分感兴趣。她能准确地感觉到一个字母在单词中的准确位置,她曾经听乌龟讲演了半个小时。所有这一切我都深信不疑。她还对宇宙中其他神秘事物的特征了解得一清二楚。她肯定会写一本小说(主要根据自己对威廉·巴勒斯作品的深刻理解),我希望能做此书的编辑。

与藏书家亲密接触

在作品《收藏家林肯》中,卡尔·桑德博格对收藏大发议论,特别是对伟大的藏书家奥利弗·贝瑞特。

桑德博格讲述了查尔斯·冈特的轶事,他是个糖果生产商,也是个藏书家,还有贝瑞特。这些轶事都是经典藏书家的写照。

在一次会议上,当贝瑞特看到罗伯特·彭斯的诗歌《友谊地久天长》的手写原稿时,他立刻说:"我想要这部《友谊地久天长》。"冈特回答说:"我知道你的感受,我找遍全英国花了很多钱才得到它。"

贝瑞特说:"我现在就想要。你已经知道了拥有它后的感觉,但是我还不知道。"

冈特回答道:"我可以把这本《友谊地久天长》卖给你,但是你得写一张收据,我要的时候你就得给我,这样我就能以相同的价格再把它买回来。"

贝瑞特把书带回了家。一周后,冈特给他打电话说:"把《友谊地久

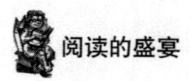
阅读的盛宴

天长》送回来吧,你知道吗,我都睡不着觉了,晚上我一听到密执安湖的浪击声就会想起它来。我走到大街上,还是想它。现在它不在了,而我也将不久于人世了。快把它还给我吧。"

世上最伟大的图书收藏家

当我 1966 年和本·葛雷兹布鲁克一起出访时,他提到一本即将出版的新书,我心头为之一动。这是一套关于托马斯·菲力浦先生的书,共有五卷,经尼古拉斯·巴克修改后浓缩成一卷本。

普特南在《出版的前景》一书中,讲述了发生在一个疯狂热爱学习的人——沃尔特·米顿——身上的不平凡的故事。在沃尔特·米顿的故事中,我高兴地发现他所做的一切都是为了使这本《托马斯·菲力浦研究》能够出版,尽管也有一部分原因是出于销售或是利润上的考虑。

菲力浦是个彻头彻尾的藏书狂。他在一些场合曾说过世间所有出版的书他都想要一本。他是伯明翰一位富商的私生子,从没有见过他的母亲。罗伦斯·克拉克·鲍威尔猜测这就是他酷爱藏书的原因,因为他想充实自己无法实现的情感需要。无论是什么原因吧,总之,他很难满足。他的两套公寓里堆满了书和贵重的原稿,没有人知道他到底有多少书。他很嫉妒妻子的衣柜占据了那么大的空间,那里足够再放一个书架。我相信他收藏的原稿不止 60000 本。按照今天的标准,他的图书馆大概值一亿美元,也许要更多。他经常忘记付账,以至于好多书商不是破产就是被送进疯人院。

这个奇异的故事在书商、图书管理员、出版商和藏书家中反响很大。我个人认为这个人真是太可恶了,但是他藏书的天赋还是令人敬佩不已的。此书已经绝版,如果你有幸买到一本,那一定要找个有特色的餐厅庆祝一下。

我相信我天生就有与菲力浦一样的基因,只是不像他那样生在一个富贵人家。他可是太有钱了。

　　图书收藏也能赚钱，而且还可以从中获得一些安慰、文化享受以及利润。

　　我认识的一个出版商曾非常严肃地告诉我，如果一个人不能完全摆脱日常生活的兴趣，那他一定非常痛苦。

　　我并不同意这个说法。编辑和出版商下班后还要看稿，还要在家里应酬作者和其他出版商。不知为什么，我觉得他们应该有一个体面的图书馆，除了放些常用的参考书外，平时偶尔收集的资料也可以存放在里面。我是说，他们应该有计划有目的地收集，而且一定要有连贯性。

　　收藏书显然有投资的因素在里面，这能部分地说明为什么我要写下面一篇文章。它以修正版的形式第一次出现在《纽约》杂志上（1974年11月11日），当时通货膨胀和投资是每个人关注的主题。当时总统遭受弹劾，国务卿也在面对喋喋不休的对他的窃听行为和其他无耻行为的指控。那时好像只有黄金才具有实在的意义，面包几乎要一美元一块了。那是一个充满恐惧和沮丧的年代，股票遭遇冷落，狂跌不止。这篇文章还打算说明，在稀有书的世界里正在发生什么。我写这篇文章也希望它能使那些困难中的人联想到救生船，从而逃离枯燥且压力巨大的工作，以及残酷的社会现实。

　　作为一个三十多年的善本看管者，同时有时也是个藏书家，我有一些偏激的结论。第一，拥有一本善本书强过拥有一张贬值的股票。同样，如果让你在一本好书和一张华尔街证券间选择的话，毫无疑问你会选择好书。

　　如果你选择书仅仅是为了赚钱的话，那就算了吧。我一想到有些人片面地理解我的话，认为藏书就是为了赚钱就感到恐怖。这不是我的本意。

　　现在我想叙述的是一些关于善本收藏的不太为人所知的故事。首先，善本书的价格在美国、英国及法国一路暴涨，文学书的库存（包括手写稿及原稿）已经饱和，增加已经非常缓慢了。

　　首印本在几百所大学的图书馆里都能找到，而且还收有好多善本。由

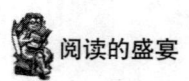

阅读的盛宴

于有了机构订购机制,图书匮乏的现象很快就会解决。(在这里你能找到惠特曼的第一版《草叶集》或是兰波的第一本诗集《地狱一季》。这本诗集是他自己自费出版的,惠特曼的《草叶集》也是一样。加缪的第一本书《反面和正面》也可以找到,由阿尔及尔出版社1937年出版。)

很明显,匆匆忙忙地卖掉自己的第一本书是很愚蠢的。

对于一个普通的家庭来说,如果能拥有1000本很好的头版书,便意味着一笔相当可观的财产。多么美妙啊!

图书拥有者通常都有这样一个疑问:"怎样才能知道一本书到底是不是头版书呢?"这不是三言两语能回答清楚的,有许多规则和指导方针,方法不尽相同,有些甚至自相矛盾。即使是书的出版者都没有一个统一的方法来认定自己的头版书。一些商业出版社会在版权页上注明"头版"或"首印"。但他们并不总是如此。一些出版商还在版权页上注明了"再版"字样,恰到好处地解决了此书是否是头版的问题。还有些出版商在扉页上注明出版日期,再版的时候去掉。简而言之,参考书目必须考虑周到,书商也一样。本能和经验都要派上用场。最后,你的记忆和你的经验会指导你。当然,书商总是会对他卖给你的任何一本书做出头版的保证。

如果你家有壁柜或是书架的话,不妨取下你买来的名家如斯坦贝克、海明威、田纳西·威廉斯等人的首版书来检验一下。如果你在图书刚出版的时候买的话,你就有机会买到头版书。你应当查阅销售稀有书的书商发出的目录、参考书目、购书指南和拍卖纪录。

好好利用公共图书馆,图书目录是很有用的指南。

不要指望书商能随时回答你没完没了的问题;要想让他注意你并回答你的问题,你得装得像个顾客,确实像个藏书家。如果你总是试图诱导他回答问题而不买书的话,他很快就会疏远你。谦恭的态度和良好的商业习惯会帮助你获得成功。记住,书商还得支付房租和管理费,所以不要大捆大包的把书拿去让他鉴定。没有一个专业书商会有如此雅兴,他们大多数人都会收取一些鉴赏费。确切地说，他们要付出的是他们一生的经验和研究成果。

什么是善本？它们有多大价值？最多值多少钱？第一个问题很容易回答：当一本书供不应求时，它就很珍贵。它的价值就是买者在竞争市场上愿意付的价钱。通常，一本书很珍贵是因为首印量很小。如果一本书只印了100册，而大部分都被机构收藏了，那它的价格一定高得令人不敢问津。

例如，詹姆斯·乔伊斯的《尤里西斯》头版（1922年在巴黎出版），一共只印了100本，用蓝色包装纸装订，并签有他的大名，到1964年时需要花费1500美元才能买到一本；而今天，如果你还能找到一本的话，肯定要花到7500—10000美元（1975年2月的一次拍卖会上有一本以8000美元成交。）1935年，限定版俱乐部再版了这本书，并让詹姆斯·乔伊斯给其中的250本签上了名字。这本书的成本是15美元再加上5美元的署名费。现在，这本书卖到1500—2000美元一本，甚至更高。

哈特·克莱恩著名的诗歌《桥》1930年在巴黎出版，其中有50本是用日本牛皮纸印刷的，还签有他自己的名字。当时的售价是50美分，现在大概要卖到1500—2000美元一本。他的这本书还有美国普通版，也是同一年出版的，现在也非常稀有，大概能卖到500美元左右。

我在一张私人留言上写道："九年以前，我的妻子罗丝琳想给我买份礼物。我建议她买一本书。我们于是去纽约东城第57大街的佛兰芒书店逛逛。作为企鹅出版社的忠实顾客，我问他们有没有库存书。他们给我看了一些书名，包括爱默生的散文——25本用牛皮纸印刷的图书之一。它的价格为22.5美元，我的妻子慷慨地给我买了一本。

1974年，一本企鹅出版社用牛皮纸出版的《爱默生》在纽约帕克波纳拍卖会上卖到2600美元（保罗·盖提竞买到此书）。拍卖会后不久，佛兰芒的经理碰到我的妻子，便问她我是否介意把书再卖回给他，他说他的一个顾客愿意出3000美元买这本书。当然，我们是不会把书卖给他的。但

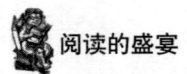

阅读的盛宴

是我们还是很高兴,因为九年之后还有人欣赏这本书——这是在华尔街前所未闻的。

你喜欢罗伯特·洛威尔的诗吗?你可能会喜欢——因为他可能是仍然在世的最好的美国诗人了。总之,如果你想收集他的诗,你最好去了解一下他的第一本书《乌有之乡》的情况,1944出版,当时大概卖2美元一本,而现在要卖到1000美元了,如果有签名的那就更贵了。威廉·福克纳的第一本书是一本小诗集《玉石雕像》,1924年印刷(并未出版),每本售价1.5美元,现在则值3500—5000美元了,这还要看它是不是有原版护封,以及是否有作者的签名。

塞缪尔·贝克特的著名剧本《等待戈多》,1952年在巴黎出版。最初是用法语发表的,还有35本书是用仿牛皮纸印刷的,刚出版时零售价是2.5美元。现在如果还有的话,肯定要卖到5000美元左右。艾兹拉·庞德的第一本诗歌集《随着烛光熄灭》,1908年在威尼斯出版,现在卖到7500美元。最初这只是一本个人出版物,仅售几美元或者是送给朋友的。

难道那些商业股票都能有同样骄人的上涨幅度?
什么东西是"绝对不变的",黄金吗?

还有另外一个有趣的珍品:约翰·霍克斯,最好的小说家之一,1943年出版了一本小小的纸面平装版小册子,里面全是自己的诗,书名叫《惨败大厅》。当时你只需花一美元就能买到一本,可现在书商要卖250美元,真是大获成功。

想要收集头版书的藏书家比头版书要多得多。每一位斯蒂芬·史宾德收藏家都想得到一本他最早私人出版的书。那是史宾德自己用一台非常破旧的手动印刷机印刷的,名为《S.H.S的九个实验》,是1928年在英格兰的汉普斯泰德出版的,当时只印了18本。我还从没见过印刷得比这更糟的书呢。这本书现在能卖到 5000 美元。史宾德的收藏者如果没有这本书，就会觉得没脸见人。

作为一个藏书者，我个人比较喜欢收集诗歌，如奥登、艾略特、西尔维亚·普拉斯、玛丽安·摩尔、罗伯特·弗罗斯特、威廉斯·卡洛斯·威廉斯、狄兰·托马斯、艾伦·金斯伯格等诗人的代表作。他们的作品价格一直在不断上涨，一本艾略特的名作《普鲁弗洛克及其他》（1917 年伦敦出版）今天可能会卖到 1000 美元。罗伯特·弗罗斯特的《一个男孩的愿望》（1913 年伦敦出版）也一样要卖到 1000 美元。一些主要的法语书籍，特别是波德莱尔的《恶之花》（1857 年出版），里面有六首完整的诗（如果现在还能找到此书的话，那简直就是黑色郁金香了），现在可以卖到几千美元。威廉斯·卡洛斯·威廉斯的《风琴》，1923 年科诺夫出版社出版，用条纹纸装订，现在若能找到一本，能卖 200 美元。威廉斯是个很好的诗人，但要收集全他的诗却不是件容易的事，他的诗真是值得你认真收藏。你必须花大量时间和资金，排除万难才能收集到他的全部诗集。当然，收集任何作者的诗都没有比收集塞缪尔·贝克特的全部诗集更难的了。但是你花的时间、金钱和精力都是值得的。我强烈推荐新的收藏家收藏诗人和剧作家的作品。诗歌正焕发青春，现在有越来越多的诗歌出版，许多新的诗人都很优秀。令人高兴的是，他们在大学校园里很受欢迎。

就说诗集吧，瓦尔特·惠特曼的经典诗集《草叶集》（布鲁克林出版社 1855 年出版）1975 年 2 月被唐森书店编进目录，售价 5500—13500 美元。现在这本书的首印版已经所剩无几了。

书越古老越值钱吗？从上述内容可以看出，不是这样的，绝对不是。岁月和价值无关。艾伦·金斯堡的两本诗集《在亚克斯贝巴午睡》和《嚎叫》，都是 1956 年用包装纸出版的书（其中一本还是油印的），当时印量很少。前一本书现在大约值 500 美元，而《嚎叫》也要卖到 150 美元，而当时出版的时候才 75 美分。诺曼·梅勒 1948 年出版的名著《裸者与死

 阅读的盛宴

者》，现在的平装版头版书卖150美元。托马斯·沃尔夫的小说《天使望故乡》的头版（1929年出版），若是书封完好无损的话，现在能卖到250—350美元。

在过去50年中出版的许多文学书，现在的价格都是它出版时的1—10倍。也就是说，供求关系加上书的情况决定了其价格。一本书如果没了书封，价钱最多是以前的一半。因为不管它适不适合这本书，它总是书的一部分。所以不要把书封扔掉。当你读头版书的时候，可以先把书封拿掉，以避免把它弄脏或撕破。阅读所有头版书的时候都请千万要小心，尽量让它保持干净如初。保证书上没有油渍，没有卷角封面，或书封上没有杯子印。翻书的时候要小心，避免使书脊开裂。轻放珍贵书籍，就像对待精致贵重的物品一样。还有，不要把头版书借给别人。

美国的文学爆炸——在某种程度上说正是由所谓的平装本革命引起的，解释了为什么如此多的人对书感兴趣。图书俱乐部（俱乐部的书并不是头版书）也有助于加强人们对拥有书的兴趣。拍卖的价格也使许多新手欢欣鼓舞。学生和年轻的公司执行官们也体会到一个好的家庭图书收藏带来的乐趣（或地位）。一些人正在聆听从拍卖屋里传出来的美妙歌声，自己在外面也跟着唱。

我发现越来越多的以书架为背景的广告出现在报刊杂志上。一栋房子如果没有一间书房的话就不像个家。因为爱好读书，越来越多的人开始收藏书，一旦开始，花钱就有了一个漂亮的理由，而且一发不可收拾。随后的岁月你就得面对一堆麻烦，既别指望学到什么，也别指望增添爱好。但这确是一大乐趣，所有这一切都只因为爱书。

怎样收集书？收集什么样的书呢？回答通常是，买你最喜欢的书或是你最喜欢的作者的书。但是，如果你喜欢收集肥皂剧小说或是非图书类资料的话也无所谓。质量是收集要考虑的首要因素，不管收藏什么书都是这样。另外作者一定要是一流的。庸俗的文学可能很有趣，但对提高自身价

值却没有一点建设性的意义。四季变迁，藏书也没有一个固定或速成的规则。很多不久以前还不入流的作家，他们的价值一度遭到人们的质疑，但随着时间的考验，他们已经在市场上赢得了稳固的位置。其中著名的有杰克·克鲁亚克、迈克尔·迈考勒、格雷戈里·科索、威廉·巴勒斯等作家。让我们不要忘记经久不衰的亨利·米勒。迈克尔·迈考勒的游戏之作《胡子》，于1965年发表在加利福尼亚州伯克利的一份小报上，有一天它可能成为收集者的新宠。现在它大约值40美元。

还有许多令人眼前一亮的新秀作家，比如理查德·布劳提根、约翰·加德纳、托马斯·品钦、海罗德·普林德、罗伯特·克里利、约翰·巴思、加里·斯奈德、小库尔特·冯尼格、勒罗伊·琼斯，这些人都值得收藏家关注，他们中的好多人的书都已经脱销了。

至于现代知名作家，我认为以下这些选择都很妥帖：司各特·菲茨杰拉德、约翰·斯坦贝克、杜鲁门·卡波特、罗伯特·弗罗斯特、西尔多·罗斯克、阿涅丝·宁、肖恩·奥凯西、威廉·撒洛扬、罗宾逊·杰弗斯、格雷厄姆·格林（他的第一本书《四月水声潺潺》，牛津大学出版社1925年出版，现在大约400美元）、理查得·怀特、凯瑟琳·曼斯菲尔德、兰德尔·贾雷尔、尼尔森·阿尔格林、汤姆·沃尔夫、理查得·威尔伯、詹姆士·T.法雷尔（他的《朗尼根与丹尼·奥尼尔》系列丛书是本世纪最好的小说之一）以及其他很多作家。从收藏的意义上考虑，他们都将带给读者巨大的快乐。

搜集书有几个不同的层次。顶级藏书（在这一层，收集书确实可以被称作"王者的运动"），这包括最高水准的学术书、手稿、古版本（1501年以前印刷的书）；16、17世纪文学和印刷术里程碑式的作品；文学名著，比如鲍斯威尔的《约翰逊传》、吉本的《罗马帝国衰亡史》、简·奥斯汀的《傲慢与偏见》等。其次还有优秀出版社出版的著名作品，比如企鹅、凯尔姆司各脱、阿森德尼、克瑙夫、格拉波恩等出版社。莎士比亚和考克斯顿的早期

 阅读的盛宴

作品,阿杜斯出版社出版的早期著作,不朽的手稿,伊丽莎白时代的文学作品,美国殖民时期和西部美国的珍贵文献——所有这些对认真的、目光长远的收藏者来说,都绝对是不错的投资。如果你有一本古滕堡《圣经》(我12年前花500美元买过一本)的话,它的每一页现在都值4000—5000美元。

然后还有狄更斯、萨克雷、梅尔维尔、艾伦·坡、霍桑、拜伦、济慈、柯勒律治、华兹华斯、惠特曼、马克·吐温、梭罗等作家的第一版书。这些作者的书销路总是很好,尤其是那些带有签名或者题献的。这些作家的书稿,以及那些涉及所有重要的当代作家的书稿——也是投资的好选择。著名作家以及著名的公众人物的亲笔信和手稿,每年都呈螺旋形攀升。(比如,你愿意为查尔斯·雷伯诺致理查德·尼克松总统的一封揭示水门事件或事件内幕的信花多少钱?或者是肯尼迪夫人杰奎琳的一封署名为"艾瑞"的示爱信?)

刚刚开始收藏的人应该从事专业化收藏,比如集中于一个作家或一种类别。现在有许多收藏者只买著名作家的第一版。其他人则收藏某个作家的所有作品,包括童年和少年时代的涂鸦之作——剧本、剧院节目单以及海报等。不要把稀有图书收藏与图书馆相混淆。

假如你资金有限,一周只能花5或10美元,那么我建议你买诗人新秀的第一版书。现在一些最好的作品恰巧是艾里卡·琼、穆瑞尔·卢吉赛、艾德里安娜·里奇、安妮·塞克斯顿、戴尼丝·雷法托夫、戴安妮·沃克斯基、桑德拉·霍齐曼等诗人的作品。如果你想专门收藏已经成名的还在世作家的作品,那么我推荐阿尔比或田纳西·威廉斯。(收藏这两个作家的作品都很有挑战性。)如果你喜欢评论作品,那么试着收藏爱德蒙·威尔逊的第一版。图书选择的领域很广,而且,收藏自己赞赏并喜欢阅读的作家作品也是一件很有趣的事情。你的品味最终会证明你的收藏判断力。除非你银行里有花不完的存款——而即便你有——否则作一个计划,不要漫无目的地收藏,不要指望便宜货。如果一本书真的很稀有,那么五年后再

看你现在付出的价钱也许就是很便宜的了。带有签名的詹姆斯·乔伊斯的《尤利西斯》不会贬值；玛丽安·莫尔的处女作《诗集》也不会；西尔维亚·普拉斯的《钟型罩》也不会——她在1963年以维多丽亚·卢卡斯的笔名在伦敦发表了该诗集；海明威的《三篇故事与十首诗》也不会。此外，还有一个几近天才的人物——艾德华·乔雷。他是作家、艺术家，他创作的小说就像传言中的热蛋糕一样畅销。对于那些打算收藏某一主题的收藏者来说，他的作品可是一个上好的选择。他是极具天赋的多产作家，他的每本书都是一颗珠宝。其中有些书价位适中，低于10美元。

在可能的情况下，请作者在你的书上签名或者题词——假如他是一个著名作家；如果你的书是第一版，作者如果愿意在书的文本中作注释或改正，那么，太棒了——这本书已大大增值了。带亲笔签名的书其价值往往可以翻倍，或者至少提高——因为这样一来，这本书就成了绝无仅有的了。不要在书上写字（除非你自己很有名）或者在句子下面划线。

能说明著名作者题献重要性的一个绝好的例子是：同样是狄兰·托马斯的处女作《诗十八首》（伦敦，1914年出版），带有护封和签名的可以卖到1000美元，而没有护封和签名的只能卖到400美元。

让你的书远离窗户或阳光。必须避免由受潮引起的污点。价值珍贵的收藏品必须存放在温度可以调节的房间里。易碎的书或小册子应该放在书套里或塑料薄膜里。

声誉好的商人能始终保证他们产品的质量；他们还可以指点你，给你一些建议。他们每个人都有一个很好的参考书图书馆，随时供人咨询。有许多参考作品和收藏家指南一类的书可供收藏者们学习；而拍卖纪录也很重要。以下是一些重要的参考书：温特里奇与兰道尔的《图书收藏初级读本》，凡·艾伦·布拉德利的《珍本书收藏手册》和《冷阁楼，金阁楼》；每年出版一次的《美国书价实况》。

如果一个商人知道你对收藏的态度很严肃，那么你只要对他说实话而

 阅读的盛宴

不是把他当作"货比三家"的对象，他就一定会帮助你。商人是你在拍卖时选择产品的最佳赌注。初入门者应该避免与拍卖室里的专家竞争，因为还有很多专业知识尚需学习。认真研究商人及其拍卖书目是获取书籍、了解价值的一个好办法。收藏者需要一种特别的悟性——一种不同于股票市场投资的悟性。他们需要品味，需要一种特殊的本能反应与文学判断力。此外，还需要有一种勇于坚持搜寻埃兹拉·庞德、T.S.艾略特或福克纳新作品的意愿。新作品总是在不断涌现。

就作品的持久价值与美元升值的能力而言，哪些作家（包括在世的）可以成为现在与未来的赌注？

以下是我个人的排行，不要试图找出逻辑上或文学评价上的原因。这些作者经常出现在稀有图书书目和拍卖会售书单上，而他们的主要作品的价格每年都在攀升，尤其是第一版。他们很显然都是安全的选择。这张清单以塞缪尔·贝克特开始，以此表示我对伟大的爱尔兰作家的崇高敬意——他们在岁月的选择中被证明是最受欢迎的。

我的"前十名"作家是：

塞缪尔·贝克特（《等待戈多》）

詹姆斯·乔伊斯（《尤利西斯》）

威廉·福克纳（《大理石牧神》）

威廉·巴特勒·叶芝（《摩萨达》）

埃兹拉·庞德（《叶盘集》）

格特鲁德·斯坦因（《三个女人的生平》）

欧内斯特·海明威（《三个故事与十首诗》）

T.S.艾略特（《普鲁弗洛克的情歌》）

田纳西·威廉斯（《天使之战》）

狄兰·托马斯（《诗十八首》）

如果你能够容纳范围宽泛的作家，那么我将在"前十名"作家之后列上 20 名超级明星作家：

罗伯特·弗洛斯特（《一个男孩的心愿》）
爱德华·阿尔比（《动物园的故事》、《贝西·史密斯之死》、《沙箱》、《三个话剧》）
威廉·卡洛斯·威廉斯（《气质》）
史蒂芬·史宾德（《S.H.S 的九个实验》）
D.H. 劳伦斯（《白孔雀》）
W.H. 奥登（《诗集》，1930 年）
华莱斯·史蒂文斯（《凤琴》）
约翰·斯坦贝克（《金杯》）
格温多琳·布鲁克斯（《布兰泽维尔的大街》）
尤金·欧尼尔（《饥渴》）
亨利·米勒（《北回归线》）
哈特·克莱恩（《桥》）
司各特·菲兹杰拉德（《天堂的这一边》）
艾德华·乔雷（《断弦的竖琴》）
詹姆斯·鲍德温（《去山上说吧》）
罗伯特·洛威尔（《异国他乡》）
西尔维亚·普拉斯（《巨人的石像及其他》）
弗拉基米尔·纳博科夫（《洛丽塔》）
弗吉尼亚·伍尔芙（《出游》）
玛丽安·莫尔（《诗集》，伦敦，1921 年）
凯瑟琳·曼斯菲尔德（《在德国公寓里》）

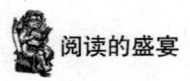 阅读的盛宴

（警告：在上述每个作者的名字后面我都在括号里附上了至少一本书；这本书是作者最重要作品之一，具有划时代的重要意义。这些书的第一版都很稀少。如今在纽约的书店里你不大可能找到这些书了，因此不必打电话向书商索要《叶盘集》或哈特·克莱恩仿羊皮纸装订并附有签名的限量本《桥》。你也不大可能打几次电话就能找到格特鲁德·斯坦因的处女作——《三个女人的生平》。这些书中有的价格低至35美元，有的则高达好几千美元。）

以下这张英国、法国和美国现代作家的清单，我也想推荐给所有的收藏者。虽然这是第三张清单，但我并不是在暗示他们在文学上居于较次要的地位。他们在市场和读者当中都获得了很高的评价。还有一些作者，本来应该包括进去，但由于篇幅所限没能收进来。此外，作者采用的客观选择体系，也决定了现在这个入选人员的名单。

詹姆斯·艾吉　　　　　　索尔·贝娄
薇拉·凯瑟　　　　　　　康拉德·艾肯
约翰·贝里曼　　　　　　路易斯—费迪南德·席琳
古洛米·阿波利奈尔　　　伊丽莎白·毕肖普
路易斯·勃艮　　　　　　雷蒙德·钱德勒
约翰·阿什伯利　　　　　保罗·鲍尔斯
格雷戈里·柯尔索　　　　杜纳·巴尼斯
雷·布莱伯利　　　　　　巴伦·科尔沃
唐纳德·巴塞尔姆　　　　阿尔伯特·加缪
E.E.卡明斯　　　　　　 西蒙娜·德·波伏瓦
杜鲁门·卡波特　　　　　爱德华·达尔伯格

藏书家

詹姆斯·迪基
J.D. 塞林格
埃里卡·琼
J.P. 唐利维
威廉·萨罗扬
玛丽·麦卡锡
卡森·麦卡勒斯
约翰·多斯·帕索斯
安妮·塞克斯顿
塞默塞特·毛姆
劳伦斯·达雷尔
理查德·埃伯哈特
埃蒂斯·希特韦尔
阿涅丝·宁
E.M. 福斯特
詹姆斯·史蒂芬斯
乔治·奥威尔
赫伯特·高德
J.M. 辛格
詹姆斯·珀迪
罗伯特·格雷夫斯
小库尔特·冯尼格
艾德里安娜·里奇
约翰·霍克斯
尤多拉·韦尔蒂
西奥多·罗特克

兰道尔·加雷尔
琼·蒂迪安
卡尔·桑德伯格
卡罗琳·凯泽
H.D.
让－保罗·萨特
西格弗里德·萨松
克劳德·麦凯
诺曼·道格拉斯
肖伯纳
阿瑟·米勒
A.A. 米尔尼
拉尔夫·埃利森
加里·施奈德
查尔斯·奥尔逊
约翰·加德纳
威廉·史泰隆
圣·约翰·佩斯
艾德华·乔雷
艾伦·塔特
马里奥·普佐
达希尔·哈米特
玛丽·韦布
劳拉·莱丁
约瑟夫·海勒
纳森尼尔·韦斯特

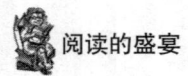

阅读的盛宴

莉莲·赫尔曼　　　　菲利浦·罗斯

索尔顿·威尔德　　　切斯特·希姆斯

穆瑞尔·卢吉赛　　　艾德蒙德·威尔逊

克里斯托夫·依修伍德　安东尼·圣艾修伯里

托马斯·沃尔夫　　　汤姆·沃尔夫

一家书店的消亡

当我听到纽约第五大道的斯克里布纳出版社决定放弃它的稀有图书部的消息时，我很难过，而且我也相信，其他收藏者也和我有一样的感觉。许多的历史都发生在那家书店里。哈罗德·格雷夫斯，这家书店的最后一任经理、大卫·兰道尔的继任者，1973年要做的一项郁闷的工作就是清算股票及停止营业。

大卫·兰道尔(1975年逝世前一直在印第安纳大学的百合花图书馆工作)于1935年加入斯克里布纳出版社的稀有图书部并一直主持该部的工作到1956年。约翰·卡特，一个自成一格的藏书家（1957年我在世界出版社出版了他的《书与书籍收藏者》），从英国给他提供支持。纽约的稀有图书业是在他们的带动下活跃起来的，其影响遍及整个世界。在该店事业顶峰时期，它经手了两本古腾堡《圣经》。兰道尔阅读了我早期的一本书——一本稀有图书手册，尔后狠狠地批评了该书（也的确应该如此）。我非常尊重他的判断力和出众的知识，不会反驳他。我也很喜欢他。看看他的《广博的公国》，整本书都贯穿着图书收藏知识和对图书收藏者的简介及其小幅插图。

我不知道查尔斯·斯克里布纳为什么要放弃正如日中天的书店稀有图书部——它被称为"书店中的大教堂"。大概是由于盈利不够吧，我从来没有问过他,因为这不是我该问的问题。但我很想念这家伟大的书店。现在,我拥有的一些最好的书和自传都是从那里买到的,其中包括柯勒律治的《忽必烈·汗》的第一版,以及《克里斯塔贝尔》和《睡眠的痛苦》(1861年出版)。我还从那里买到过一些很有价值的托马斯·沃尔夫的信件。跨进稀有图书部的门槛参观浏览图书,对我来说是一件极端快乐的事情。像这样的一家书店实在不该就此消亡。

摘自日记:"美的事物"

购得了济慈《恩底弥翁》的第一版(1971年11月购于斯克里布纳书店),让我一周里都充满了生机。诗的第一句就是:"美的事物是永恒的喜悦"。当这样一行诗叩响诗人的心扉时,他还能做什么呢?我能把阅读这本诗集第一版此行诗时的激动心情传达给读者吗?我相信,大部分人无法理解一个人会为这样的体验而陷入一种安静的、歇斯底里状态。好吧。不过,尝试一下这种体验吧。

拥有这本书给我一种幸福的感受,我想,这种幸福大约与新纳了漂亮小妾的苏丹国王的激动有一比。我同意占有欲是一个魔鬼——而这个魔鬼的根源就是收藏。为什么否定它——除非一个人计划让这些书和传记为公众、学生和诗人所阅读。时间会决定这一切。同时,我手里拿着这本书,心想不知道这个地球上有多少人能体会我实实在在地拥有济慈这本书的感受。我有点不敢去猜测,得出的结论也许会让我沮丧。

出版这首理想之美的寓言式小诗时,济慈刚刚20出头。这首诗受到了恶意的批评。据说这些批评加快了他的早逝。不管是不是真的,他逝世时年仅26岁。

另一本从斯克里布纳书店淘到的宝贝(1971年6月11日)是瓦尔特·惠特曼的《草叶集》第一版(第一发行本)——这本书于1855年在布

 阅读的盛宴

鲁克林出版。"出版"可能不是一个准确的词——"印刷"大约更合适。人们对这本书的反应不是冷漠就是嘲笑,除了爱默生——当时少数受过文明洗礼的美国人。他欢呼道:惠特曼"处在一个伟大事业的起点上"。爱默生知道这一切。

惠特曼的这部作品是我最珍视的书之一,虽然这本书当时的价格不菲。但是,感谢岁月,它成为我的收藏品中最值钱的收藏。每次我把这本瘦长的绿色图书从它的封套里拿出来读一两页的时候,我总有一种和诗人亲密接触的感觉。据说,他亲手植入了其中的一些铅字,所以我手中拿着的书里也可能就出自他的手。

约翰·卡特

我在本书的其他地方提到过约翰·卡特,但另加一个篇幅并不是没有意义的。从我有幸出版了他的一本书开始我就认识他了,长期的接触也让我从他那里获得了有益的专业知识。至少我愿意这么认为。

卡特逝世于1975年3月28日,时年69岁。他由于曝光了托马斯·韦斯——著名的图书伪造者——而在图书收藏史上占有一席之地。卡特和格雷翰·博拉德在一本名为《十九世纪某些小册子的性质探究》的书里曝光了此前备受尊敬的英国藏书家的伪造劣迹。这本书于1934年出版,实际上就像大卫与巨人歌利亚之战。

卡特有许多过人之处,而一般人不知道的是,他还是音乐书稿方面的专家。他发掘了许多被遗忘或"失落"的乐谱,其中包括莫扎特的"哈夫纳"交响曲。他还喜欢阅读和收集侦探小说。

任何一个寻找好书的收藏研究者都可以在约翰·卡特的生平和作品里找到答案。他为社会、为文学、为收藏界同人增添了光彩。

律师与文学

纽约法律界的贵族之一是梅尔维尔·亨利·凯恩，一个才华横溢的感性诗人。他在90岁高龄的时候（他1879年4月15日出生于纽约州的普勒斯堡），还在继续写作优秀的诗歌作品——同时还从事法律事业。他代表了辛克莱·刘易斯、托马斯·沃尔夫以及其他文人的趣味。噢，少见的亨利·凯恩。

但是，在纽约的律师当中很奇特的一个人——也是我从没见过的类型——是约翰·奎恩。他于1924年逝世，时年55岁。我说奇特并无他指。他是靠个人奋斗成功的人，纯粹通过自己的律师职业获得收入。这本身并不奇特。但是这个人身上具有外行人或律师身上鲜有的一种特别的眼光和艺术感。他对艺术与文学的欣赏力非常强，而他的所有闲暇时间和金钱几乎都花在培养（这个词被赋予了最好的含义）作家、诗人以及画家身上——尤其是那些还没有获得公众认可的天才人物。

比如，他很早就认识到T.S.艾略特、辛格、格莱葛瑞夫人、埃兹拉·庞德、乔伊斯、济慈以及毕加索、高更、马蒂斯、布朗库斯、鲁奥、杜尚和卢梭的价值，而当时这些人在美国——或其他地方——还鲜为人知。当乔伊斯因为《尤利西斯》的连载权遇到麻烦时，他提供了法律支持。最终，奎恩得到了《尤利西斯》的手稿。（罗森巴赫后来在一次拍卖中获得此手稿：一个漫长而又复杂的传奇过程。）

奎恩收藏伟大但尚不知名艺术家的作品，以及那些尚待认可的作家的亲笔手稿。他常常资助或借钱给需要帮助的艺术家，并与他们保持密切的书信往来。他是个无处不在的资助人。他是"当时最勇敢、最有益且最具现代气质的资助人，也许也是现代艺术最伟大的收藏家。"艾琳·萨琳南说道。她认为奎恩是"20世纪活着的文学与艺术最重要的资助人"。他最喜欢的是爱尔兰作家。叶芝的父亲称他为"天使"。

阅读的盛宴

  一本关于约翰·奎恩的详细传记——《来自纽约的人》，由 B.L. 雷德执笔。这个故事最为引人注意的是：奎恩，这个纯粹靠自己的日常工作谋生的人，会有那么多的时间、才华、意志来分享周围环境中最好的东西，并通过礼物、友谊和旧式的资助来赞助天才人物。在这个过程当中，他收集了令人难以置信的私人艺术品和文学收藏。收藏显然是一门艺术，而结果则取决于激情、投入以及一个人对这一追求的奉献程度。

  虽然奎恩终生未娶——也许有人猜测他没有时间顾及浪漫或家庭——他的传记披露了一些与他的浪漫史相关的文件证据。他毫无疑问地不是性冷感者。他这一点使我想起了 A.S.W. 罗森巴赫——他也终身未娶，但对女人的爱仅次于对书籍的热爱。我怀疑假如罗森巴赫面临二择一的处境时，他是否会选择《海湾盛事》而舍弃漂亮女人的陪伴。或许我低估他了。

  当你在赛马上打赌时，你赌的是胜利、地位和炫耀。当你买书时，你或者是为了阅读，或者是为了拥有，或者是为了知识的需要。你想要占有这本书，你想拥有这本书，你想支配这本书。甚至你还希望会去阅读这本书。

——路易斯·扎士马瑞

阅读与收藏

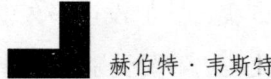
赫伯特·韦斯特

这篇随笔摘自韦斯特的《插上翅膀的心灵》一书。该书是《现代书籍收藏》这本很具代表性的、专为"一文不名的业余爱好者"撰写的书的姊妹篇。韦斯特是达特茅斯学院的比较文学教授，倡导自然写作。这篇散文是关于书的收藏与保管的方方面面的精彩摘要。

丹佛国民意向研究中心最新公布的报告显示，被提问者中 41% 的人表示，他们喜欢阅读胜过其他任何形式的消遣方式。我希望这个结果是真实的。我刚好也是最最喜欢读书的人，而这篇文字也主要是为那些不为投资、而仅仅因为喜欢书才买书的读者朋友和收藏朋友们写的。自己买的书升值了自然是一件好事，但最重要的是：你买书是因为自己想去阅读它、想把它摆在自己的书架上。

许多性格古怪而有趣的人都有强烈的收藏欲，而书商对这些名字也非常熟悉。他们中的许多人对文学一窍不通，但其收藏的欲望（获取的本能——人类与松鼠的共性）却是不可抑制的。我的一个书商朋友曾和我谈起，他的顾客中有出租车司机，有邮递员，还有一个油漆工，他拥有一个收藏相当丰富的图书馆，却从来也没有看过其中任何一本。

纯粹以投资为目的的收藏者破坏了图书市场的气氛，使局面对诚实的

阅读的盛宴

收藏者很不利;而且,最近我的一个书商朋友告诉我,他们还诱惑书商去做不法的事情。约翰·赫塞的《阿达诺的钟》(1944年出版)是一本被过分炒作的书,在第一版时因为投资收藏者的哄抬价格,书从20美元涨到25美元,但没过多久就跌回原来的价位——出版的定价。这个故事的教训就是:不要受别人大肆宣传的影响而去抢购,应该自己冷静地、用批评的眼光来判断一本书的好坏。

收藏欲是所有男人、女人以及小孩中根深蒂固的本能。前不久,我在报上看到一个叫斯潘恩的中士,他在国外时用不到两年的时间收集了3000个战争纪念品。文章还说,他还往家中寄回了好几册的德语版的《我的奋斗》、四种语言版本的《圣经》、各种德国武器、钟表、啤酒杯、烟斗以及好几个结婚戒指。据美联社的调查,斯潘恩在两岁的时候就开始收集雪茄烟上的标签,而后转向收集火柴盒、口香糖包装纸、大理石和蛇皮。我很同情这位斯潘恩中士,还有那些收藏九龙盘、瓶盖、豪华地毯钉、除尘纸、名片、狗脖套、鸟类标本、各式衬衣、威士忌酒瓶、海因兹标签、腌制酸辣酱、剧院节目表、公交汽车票、逗趣情人节礼物、蕨草标本、鸟蛋、指甲屑、马蹄铁、发绺、印花纸与蚀刻画、鼻烟盒、中空玻璃、旱金莲籽、空弹壳、华盛顿睡过的床、烟盒、钻石、香槟酒瓶塞、《国家地理》杂志、股票以及证券、人颅骨、刀具、菲律宾大砍刀、埃及蠓(埃及猫鼬)、海岛猫鼬(沼狸)、克鲁格金币、扑克牌、好莱坞追梦男女的相片的人。总而言之,与上面这些东西相比,我最钟爱的还是书籍——甚至连漂亮的邮票也退居其次。

富兰克林·德拉诺·罗斯福的邮票全集在1946年的销量证明了集邮的生命力。雅戈·布兰克在1946年2月23日的《出版家周刊》上发出了感叹:"要成为一个图书收藏者,"他声称,"就必须具备比一般收集邮票的读书人更高的文学素养。""这个观点,我们必须承认,"他继续写道,"对于那些只考虑珍稀版本书籍的少数人来说也许有点可笑。但是,事实是,

阅读与收藏

收藏书籍不必、也不一定要花费讲排场的书商千方百计让公众相信必须付出的昂贵价格。不幸的是，一些短小但有时却相当上乘的专业选集，虽然价位大约只相当于著名的《白鲸》头版书价位的一小部分，其销量却总和上畅销榜无缘。"

十年前我曾写了一本书，理由充分地向人们证明：收入低微的业余收藏者们，完全可以在没有破产危险或者失去爱妻关爱的情况下，创建一个不错的现代头版书图书馆。我认识几个人，他们虽然收入一般，但他们收藏的作家作品集是那么完整、精致，简直可以送到大型图书馆去展示了。他们收集的作家包括：理查德·杰弗里斯、爱德华·托马斯、T.F.波厄斯、罗伊·坎贝尔、斯蒂芬·史宾德、W.H.奥登、R.B.孔宁干、奥尔达斯·赫胥黎、H.L.门肯、C.M.道提、H.M.汤林逊、凯瑟琳·曼斯菲尔德、凯瑟琳·安·波特、爱德华·加内特、韦尔弗莱德·斯加文·布兰特、诺曼·道格拉斯、亨利·威廉逊、麦克·菲尔利斯、W.H.哈德逊、霍华德·法斯特以及其他许多作家。

对于那些阅读他收藏的书籍并只买自己想读的书的收藏者来说，收藏书籍将是一个最有收益的兴趣。几年前，我曾经被一个中国学生所打动。这个学生甚至在伙食上都非常俭省，就是为了买一本新版精装本的《雪莱》（斯克里布纳出版社出版），以及其他一些他热爱的精装本的经典图书。他是那个学年里我唯一印象深刻的学生。

读书比我能想到的任何一种兴趣爱好更快地培养一个人的判断力，以及帕斯卡尔所说的"esprit de finesse"（好品味与鉴赏力），而这些品质是我们美国人并不富有的内涵。旅游，我们都听人说，可以开阔视野。但是，我却认识一些人，他们几乎周游了整个世界，但回来时依然像出发时那样脑袋空空，虽然他们的确带回了几个产地为伯明翰的纪念品。而一个坚持不懈的读者，不用花多长时间就可以区分一个作家与另一个作家作品的优劣。从吉卜林到乔叟之间是一段很长的距离，但是一个聪慧的读者却可以

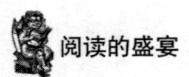 阅读的盛宴

在不长的时间里跨越这段距离。

一个人通过图书收藏结交的朋友可能非常多，但对我来说，与他们的交往是我最最珍贵的友谊。一个忠实的读者会对自己心仪的作者有一种非常亲近的感觉——不管他们活着还是死去；而一个与书商——通常素质很高的群体、批评家、作家以及图书收藏同行交朋友的人，也会有这种感觉。多年来，我一直和许多素未谋面的人信件往来，他们与我分享对某些作者的看法以及书本知识和藏书心得。前不久刚刚逝世的保罗·莱普里（俄亥俄州克里夫兰人）与我素未谋面，但是，在我看来，他多年来的信函却是极具魅力的——充满对书籍的真切喜爱，以及不一般的书目知识。因此，在他逝世后，我把这些信件存放到达特茅斯大学的图书馆里。

我的校友总和我讲述他们的失落感。他们都觉得毕业后没有再去看书真是一件憾事。假如他们在大学期间就养成了建设个人图书馆的习惯，那么他们的这种感觉也许就不会那么强烈了。常常地，很多没有内涵的人总是害怕一个人独处，近乎绝望地一小时接一小时地玩桥牌，或在交际圈里尝试各种方法来"谋杀"时间。这些人真是令人可怜。他们让许多心理学家都发了财。

刚去世不久的威廉·奥斯莱爵士以及其他像他一样在早年时就培养起了对书的热爱的人可谓幸运。书不仅极大地充实了他的有生之年，而且，实际上使他成为一个更开通、更人性的内科医生。

那些在撰写的过程中就已经把好莱坞考虑在内，并经由形象亮丽的广告男孩、图书团体，以及一星期发现十本杰作的报纸评论人的宣传炒作产生的畅销书，却鲜有生命力持久者。一个例外是查尔斯·杰克逊对一个酗酒者进行的真实报道，即1944年出版的《失去的周末》。这本书真是无愧于它所得到的任何褒扬，但即使是这样一部精品著作，其销售量仅为《琥珀》这本一经搬上银幕即被人们遗忘的垃圾图书的销量的十分之一。我在1945年读到的最好的小说当推威廉·马尔科斯的《折叠的叶子》；而如

阅读与收藏

果说我会惊奇于哪本畅销书，答案亦是这本书。现在还有谁在看《芭芭拉·华特斯的凯旋》、《薰衣草与旧项链》、《寂寞松林山道》、《林伯罗斯特的礼物》和《杯子里面》？

我在纽约的朋友乔治·马修·亚当斯是一个著名的图书收藏家。他选书极为苛刻，并且只读他收藏的书。他的想法是这样的：

多年来（他写道）我一直收藏我特别感兴趣的书的第一版。有一段时间，我总爱讥笑那些第一版书的收藏者。现在我不那样了。我渴望和他们交流。我从他们每个人身上都学到了新东西。我写信给我的一个老朋友，讲述我那些精美的第一版书的收藏情况，并邀请她来参观。她的答复是："我觉得书是用来阅读的。"唔，伟大的作品是用来阅读的，也应当被人阅读；但是如果它们是了不起的作品，那么它们也应该被好好地爱护。

亚当斯继续说道，希拉里·贝洛克——一个文化素养极高的作家，曾经说过在他读了一部伟大作品的第一版后，这部作品的其他版本在他看来都成了次品。

我能理解这种感受（亚当斯写道），第一版书，特别是真正的好书的第一版，往往蕴含着作者的梦想、斗争和期待。它往往代表了作者创作过程中的渴望。乔治·吉辛不得不借钱出版自己的第一本书《清晨的工人》，因为没有出版商愿意承担这个风险。史蒂芬·克莱恩在出版《麦琪》时也是如此。当时对那些书感兴趣的人寥寥无几，书仅卖出了几百册。现在，上面提到的这两本书的第一版价格都很昂贵，其中，《麦琪》甚至卖到3700美元一本的高价。作者往往在第一版书中倾注了自己所有的心血，尤其当这本书又是他的第一本书时。

很奇怪的是，那些有眼力的读者——只买自己想要读的书的第一版的人——往往是做了一笔明智的投资。例如，假设一个收藏者在玛丽·韦布的作品一上市就购买了这些书、把它们存放在除尘纸里、再摆在书架上。如果他选择在几十年后把这些书卖掉，那么他得到的收益将会是当初购买

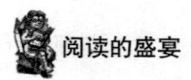 阅读的盛宴

时的几千倍。罗伯特·弗洛斯特的《一个男孩的心愿》的1913年头版书卖到100美元的价钱,而在1913年只需花几个先令就能买到了。《草叶集》1855年出版时,在布鲁克林和纽约连一本也没卖出去。现在,一个好的版本价值1000美元以上。20世纪30年代初我在费城的罗氏巴奇书店看见其标价为4000美元。艾伦·坡的《帖木尔》,当时送人几乎都没人要,但是今天在图书市场上最后的拍卖价为1.5万美元。我不知道也不在乎范·韦克的《新英格兰花季》现在值不值钱,但我当初花了4美元买下来,现在就摆放在我那普通的除尘纸里。

所有这一切都让我想起美国一个知名书商——已经过世的詹姆斯·德拉克的忠告。他的"图书收藏三不要"理论至今仍然非常具有启发意义:

1. 除非你喜欢,否则不要去买(换句话说,不要因为有人说这是一本应该买的书而去买它)。

2. 除非是第一版书,否则不要去买;如果有不同的发行本,则买第一次发行版本。

3. 除非这本书处于最佳状况,否则不要去买它。

他儿子马森·德拉克上校补充了一条:不要为了纯粹的投资而买书。

投资应该放在可兑现的证券上,这样,只要委托经纪人把这些证券卖掉就可以马上获得收益。可是,如果一个人只买自己喜欢的书,遵循"三不要"原则,那么他就是在用自己的判断力来对抗这个世界——如果人们同意他的观点,就会有越来越多的人去买那些书,而这些书也就会升值了。如果人们不同意他的观点,那又有什么差别呢?他有自己喜欢的书。

有人曾经告诉我说,早已过世的牛顿的藏书在1929年经济大萧条时比他的证券值钱多了。例如,一册好的《基尔马诺克·彭斯》的价格波动很小:它的一般卖价是3000美元左右,具体视书的境况而定。

在长达25年的图书收藏经历中我学到了一些东西——这些东西肯定

对入门者很有价值，甚至对于一些经验丰富的收藏者也很有益处。现列举如下：

1. 首先，一个"版本"（edition）可以包括从同一套铅字模板印刷出来的所有图书。如果铅字"重排"了，那就意味着要出第二个版本了。

《牛津简明英语辞典》将"版本"定义为"从同一套铅字模板印刷出来并同时上市的所有书册"，并把"第一"定义为"在时间上早于其他的、最早的"。

我觉得，一位伟大的英国收藏家对第一版的定义很准确。维斯康·艾什尔认为："一本书不论在哪里出版，其第一次以印刷体出现的书册就是该书的第一版。"

虽然上面的定义都很准确、明白，奇怪的是，大多数收藏者却因为"追随国旗"理论而远远偏离了这些定义。

简言之，那意味着，如果一个人收集美国作者的作品，那么即使这本书首先在英国或者廷巴克图出版，他也只买美国版的书；或者如果他收藏的是英国作者的作品，那么即使这本书首先在卡梅尔或者香港出版，他也只买英国版的第一版。

约翰·高尔斯华绥的《福尔赛世家》（1922 年出版）是在美国首次出版的，但是大多数人却更喜欢英国版的第一版。而事实上，英国版出现在美国版之后。马克·吐温的《哈克则利·芬历险记》于 1884 年 12 月首次在英国亮相，而美国版本则在这之后出现（准确的日期为 1885 年），但是马克·吐温的收藏者们却买了美国版的头版，并为之多花了好多钱。完美主义者也许两个版本都应该要。

另外，收藏者花 100 美元购买了美国作家罗伯特·弗洛斯特英国版本的《一个男孩的心愿》，而同一本书的美国版本却只需这个价格的十分之一。毕竟，"追求整齐一致，"爱默生提醒我们，"是小人物心中的怪魔。"

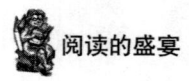 阅读的盛宴

2. 不同时期从同一套铅字模板印刷出来的书，是通过将它们冠以同一版本的不同"印次"（impression）来加以区分的。"第一版"自然是指第一版的第一次印刷，而这也正是收藏者应该寻找的书。

3. "发行本"（issue）经常把初涉收藏的人搞糊涂了。有时候会出现这样的情况：某一本书已经从出版商的书库发出去了一定数量，但基于某些原因，必须对书的结构或内容中的某些事实错误、排版错误、措辞不当、表意不当或仅仅因为审查员要求删除某些章节而需要对书进行修正。因此，"发行本"一词是用来区分第一版的第一批书与第二批书（在某些方面有一些细微修改）的。由此可见，一个"发行本"可以定义为同时面世的某个版本的所有书册，以区别于那些在其他时间上市、但是利用同一套铅字模板进行印刷、内容上有所替换、增补或是删减的书册。实际上，只有在书被"发行"以后，"发行本"这个词才有意义。

也许还可以再举一个例子。假设一本书的第一次印刷量为 1000 本，其中 500 本已经装订好发售出去，其他 500 本印好的书页则先散放在工厂里，等先前的 500 本卖完了之后再装订。第一批的 500 本就是第一版的第一发行本。又如，另外有 200 本是用包书纸装订的，或者用不同颜色的布料或硬麻布装订，或用不同织法的布料装订，或就用同一种布料但盲线不一样装订，或出版商使用的任何不同手段，或即便采用和第一次完全一样的装订（而这一点几乎是不可能达到的），这些书依然只能算是第一版本的第二发行本。

亨利·大卫·梭罗的《康考德和梅里马克河上的一周》在 1849 年出版时印刷了 1000 册，当时卖掉的不足 300 册，这些书就算是第一版的第一发行本。梭罗买回了余下的书（他先付了印刷费用），然后将它们放在自己的阁楼上。在他死后，这些书被重新发行。书的新扉页上标示的日

期是1862年,这些书于是只能算是第一版的第二发行本了。这些第二发行本的价格远远低于第一发行本,虽然它本身也有一些关联价值。谁知道我在20世纪年代早期花20美元买的这册书有没有经过梭罗的手?我倒愿意这么想。

下面这个版本说明也许对明白这一点有所帮助:

《一个男孩的心愿》,罗伯特·弗洛斯特著,纽约:亨利·豪尔特出版社1915年出版。十二开本,原装布装订。

美国版第一版:第一版第14页最后一行的"和"被误印为"或"。后封略嫌单调;其他方面都很精致。

这个说明暗示了在印刷错误被纠正之前,亨利·豪尔特出版社已经售出了一定数量的图书。因此,纠正误印后便产生了第二个发行本。

4. 在书目中经常可以看到"情状"(state)一词。这一问题可以通过大卫·兰德尔讲的一个例子来说明。他在《图书收藏的新方法》一书中提到,罗伯特·弗罗斯特的《山林小憩》(1916年)处于三种"情状"之中。他说道:"第一种情状,在第88页中第6行被遗漏了,而第7行则是重复,因此第6行和第7行都是'你在白雪之下更远——是的。'在第二个情状中,这个错误被纠正过来了,取消了原来的错误页,插入了一个更正页,第6行恢复到正确的文字'听起来在更远处,但并非因为声音在消逝'。第三个情状类似第二个情状,除了一点,那就是插入页是该印张的一部分。"这里用"情状"代替"发行本",意味着这些包含重复诗句错误的书在发行之前就被出版商纠正过来了,于是形成了三个"情状"的书同时发行的局面。假如其中的一些书在其他错误书发行之前就已经发售了,而其他更正书会在其后的某个时间发行,那么就应该用"发行本"一词而不是"情状"一词了。

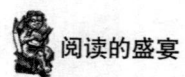 阅读的盛宴

5. "取消页"（cancel leaf）是指切掉已经印刷、装订的一本书中的某一页，并在这页原先的位置上插入文字不同的另外一页。"取消页"的做法是出版商为了节约开支而采取的举措。如果有些书在做出取消之前就面世了，那么这些书就是第一发行本；但如果所有的书都在取消行为之后出版，那么就不存在"发行本"的问题了。

6. "印张"（signature）这个术语是装订工人对折叠起来的一整张印刷纸的称呼。以前有这样一个惯例，就是在一张印刷纸的第一页下角的空白处印上一个小字母或者数字，以便引导装订工人折页。但是近几年这个习惯在美国实行得越来越少了。

7. 一个与印刷工人的错误有关的一般规则可以归纳如下：就价值与"要点"而言，印刷工人的错误无关紧要。康拉德著作的一个书目编纂者指出，《金箭》（The Arrow of Gold，1919年出版）第一版第67页上方的标题少了一个字母"A"（被印作"The rrow of Gold"），于是做结论说第二发行本把这个遗漏给纠正过来了。与其他爱钻牛角尖的人一样，这类说法其实很无聊，因为在这个例子中并没有什么"第二发行本"，只是因为印版上的这个字母在印刷过程中磨掉了，印刷工人在发现了这个问题之后又嵌入一个新的字母"A"，然后继续印刷。所以这些书不管有没有字母"A"，都属于第一发行本。

8. 你如果试图通过书封背面的广告确定"发行本"的时间，那么我的警告是：书背面的广告上印刷的日期经常是误导读者的，并且从不确定地指明到底是哪个发行本。

9. 如果条件允许，收藏者一般都会聪明地选择带有封套的书，他们

知道这样一来这本书就会比较干净、比较新。但是，在一百个例子里有九十九个例子证明防尘纸与优先发行本没有什么关系；即使有关系，你怎么能确定你拥有的书是出版发行时用的原装封套呢？封套的主要作用是帮助读者保持书本整洁。

　　有人忠告收藏者保留书上的封套，我同意这个忠告。这些封套的确丰富了我的图书馆四周的色彩和种类，也让这些书籍远离尘土，让装帧的风采亮丽依旧。如果一个人被迫要把书卖掉，那么带有封套的书会比不带的书卖更好的价钱——因为大多数收藏者都喜欢"完好无损"的书，而封套可以使书稿处于一个较为理想的状态。

　　10. 我的书商朋友告诉我说：关于"未裁切"与"未裁开"这两个概念，甚至连一些经验丰富的收藏者都存在误解。"未裁切"是指一本书的书页自离开印刷机后还没经过装订裁纸刀的裁切。"未裁开"是指那些已经装订好的书的外边仍然折叠着还没有被裁纸刀裁开或者"打开"（只有打开或裁开以后读者才能阅读这本书）。我总是在买书后先把那些书页裁开，因为我要阅读。但是也有许多收藏者，宁愿花费更多的钱买一本未裁开的书而不愿要一本已裁开书页的书，然后他们就把未裁开的书原封不动地摆在书架上。

　　11. 可能有人已经提醒过收藏者，要小心那些花里胡哨的所谓豪华版。这些版本号称限量出版，专门定做。实际上他们往往是不可信任的地下印刷商。千万不要把这些印刷粗糙的书与那些一流的出版社——如限本书俱乐部、遗产出版社、螺旋出版社、格拉布罕出版社、耶鲁大学出版社、典范出版社、溪谷出版社、南沃斯—安托尼森出版社、彼得·波普出版社、小马出版社、特罗维兰出版社以及其他优秀出版社——出版的印制精良的书相混淆。

12. "提献本"书中也存在着差异。一部真正的提献本书通常会包括作者给某位朋友的赠送说明及其签名,这种书的确比那些只包括作者签名(经常是被逼迫而为之,或者是在书店、超市签售时而做,目的只是为了卖书)的书具有更高的情感和商业价值。

此外,还要注意这些书是不是伪造品,因为的确存在许多"伪造的"提献本案例。我推荐读者阅读一本非常有趣的书——罗伯特·梅特卡夫·史密斯的《雪莱传奇》(纽约:查尔斯·斯克里布纳出版社1945年出版)。这本书详细介绍了一些著名文学作品的伪造案例。雪莱夫人说:"我曾经亲眼目睹过伪造的雪莱的信,其逼真程度如果不是拥有雪莱手迹的人,根本就觉察不出。"雪莱的伪造者是一个自称为"乔治·戈登·拜伦"的家伙,并声称自己是拜伦与一个西班牙女郎生下的儿子(他的真名好像是德·吉卜勒)。好多年来,他一直靠出售作者亲笔签名信、数不胜数的拜伦题名赠书、伪造的雪莱与济慈的信件,以及其他一些他自己写的文学作品来谋生。

13. 不要把你的第一版书装订起来。不过,如果它们确实非常珍贵,或者你承受得起,那么为你的宝贝图书装上封套是一个不错的选择。如果你真的要让别人替你把书籍重新装订,那么你应该提醒装订的人不要修整书的边缘,不要裁掉题名或者广告。一定要完全按照原样进行装订。

14. 对收藏者而言,书的"状况"是最重要的,除非这本书非常珍贵,或者是提献本,或者有特殊的关联价值。如果能找到一本状况"好"的书,那么千万不要买状况"不怎么好"的书。

爱德文·希尔是全美资深的私人印刷商,多年来居住在德克萨斯州的雅乐达。他在那里印刷了好多种书,那些能买到他印的书的人真是幸运。

阅读与收藏

现在他居住在亚利桑纳州的坦帕市,是自己印刷物的读者和收藏者。他的态度代表了许多典型的爱书之人,因此我在这里引用他最近的一封来信中的内容:

在我六十多年来严肃的藏书生涯中,摆在第一位的始终是书籍本身。然后,就是书籍的状况。当然,我会尽量保持我的书一尘不染——但是,由于金钱上的原因,我总是选择自己承受能力之内的最好的书。

我选择的书有:来自重要图书馆的书——当它们供人购买时;私家收藏书;带有题字的书;一些我认识的人的书库里的书。

至于书的状况,我花了一角钱硬币买到了爱默生较为少见的一本头版书——当然也不是特别稀有。那家书店叫救世军,在埃尔·帕索。当时这本书已经被湿气弄脏了,封面也散落下来。如果技术够好,这本书还是能补救过来的——但我宁愿利用这笔补救费为自己的书库再添加几本书。因此,这本书破烂的外观成了"原样"的一个标记。

我从查尔斯·兰姆图书馆买来的寥寥几本书状况自然很糟糕。你还记得克拉博·罗宾逊对兰姆图书馆的评价吧——这是我所见过的世界上最优秀的书处于最糟糕境况中的范例!兰姆本人的做法还不止于此;他选择那些破破烂烂的书是因为他觉得能买得起。我并没想要在这方面赶超兰姆,但是他的藏书中我也有几本。毕竟,书本身才是最主要的。

对于我想要的书,不管它多么破旧,我都不会放过这笔买卖,并希望有朝一日能有一个完美的或较好的版本取代它。但那是以前的做法了。现在,我基本上不买破损的书了,因为,在这个金钱至上的时代里,生活的担子总是在藏书的需要之上。

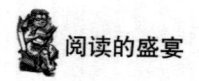 阅读的盛宴

所有的收藏者都有用于阅读的书，但是，在接下来的章节里提到的许多书，第一版在市面上已经买不到了。所以我说，阅读才是最重要的，收藏第一版只是达到这个目的的一种手段。

15. 另外一个值得遵循的重要规则是：不要因为作者一时的显赫身价而去买他的书。流行并不意味着持久。这一点对于一些现代作家，如威廉·福克纳、詹姆斯·布朗奇、卡贝尔、约翰·斯坦贝克、肖伯纳、约翰·高尔斯华绥、威廉·萨罗扬以及其他一些作家来说尤其如此。

判断好书的最终权属于自己。但总体上来说，就小说而言，最好的书应该是那些成功地刻画出人物性格的书。只有这些书才能经受住时间的考验。贝齐·夏普、桑姆·韦勒、匹克威克、福尔摩斯、汤姆·索亚、哈克则利·芬、汤姆·琼斯等都是具有持久人格魅力的人物形象，而最初让他们出现的那些作品也因此经久不衰。

为阅读而不要为了赶时髦而收藏。收藏者应该听从自己的直觉，或者借鉴最优秀的评论家的看法。

16. 图书市场经常会出现价值变动。一个久被遗忘的作者也许会忽然间吸引新的收藏者，而藏书的一大乐趣就在于重新发现那些被遗忘、但真正有才华的作者。最近，亚利山大·史密斯的《梦幻村庄》（1863年出版）获得了新生；而伦敦作家乔内森·凯普的三卷本著作（1938—1940年出版）《吉维特的日记》，要等到何年何月才能被认可为好书？

17. 收藏一个作者所有的图书、小册子以及短暂的作品存在潜在的危险，当这些作品全部售出后，其中几件好东西的价格会特别昂贵，而其余的简直一钱不值。许多收藏者觉得，比较保险的做法是同时收藏几个作

者，而不是一个作者。其实没有必要收藏自己喜欢的作家的所有的书，虽然那是我的一贯做法。最好是收藏多个优秀作家的作品，而这也是我的一贯做法。

现代藏书的一个壮丽乐章是约翰·卡特与格雷翰·博拉德于1934年共同撰写的著作《19世纪某些小册子性质探究》(伦敦：坎斯特堡有限公司；纽约：查尔斯·斯克里布纳出版社)，它发表后引起轩然大波。这本书揭露了一大批著名作家——华兹华斯、汤尼生、狄更斯、萨克雷、勃朗宁夫妇、史旺布恩、乔治·艾略特、威廉·莫里斯、R.L.史蒂文森以及卢雅德·吉卜林——的50多本第一版书是伪造品（主要是私人印刷的小册子），并提供了充分的证据。这些书都出现在标准的权威书目中，并且是在这本书出版前30多年就写进去了。至今一些顽固的收藏家都不愿相信托马斯·韦斯——牛津大学的文学硕士，英国著名的书目提要编著人——伪造了这些小册子。

对这些书涉及的真实人物的曝光，正如卡特和博拉德所讲的，引进了以前从未用于书目研究的科学方法。印刷用纸被放在显微镜下进行分析，而证据则通过对历史上造纸变革的研究来评定。为确定铅字的特质而追踪到了印刷工，这样，书目里和稀有图书市场上许多书的伪造过程，也就被一步步地弄清了。

在这本书问世之前，人们普遍认为"私人印刷的勃朗宁夫人的《葡萄牙人的十四行诗》(《十四行诗》，由E.R.B.里丁出版社出版，1847年)的第一版不应该是那个样子。"实际上，《十四行诗》的第一次出现是在勃朗宁夫人《诗歌全集》的第二版里（共两卷，查普曼—霍尔出版社，1850年）。1894年艾德蒙·戈斯第一次谈到《十四行诗》的第一次印刷是在1847年，他的文章出现在托马斯·韦斯的印刷物里，还得到福尔曼的进一步支持。

阅读的盛宴

研究过1847年版的《十四行诗》所用的纸张和铅字后，卡特和博拉德断定该版本毫无疑问是伪造品。由于证据是如此确凿，以至于"几乎不可能存在什么疑问"。它们仍然被收藏者收藏着，但只是作为文学古董，而不是作为真品收藏。

碎屑纸是1861年以前图书印刷的唯一用纸。1861年开始使用稻草纸，十年以后开始用细茎针草（生长在西班牙和非洲北部的一种质地粗糙的草）造纸，而任何利用细茎针草造出的纸都应该是在1861年之后。分析显示，1847年版的《十四行诗》的纸张是用一种化学加工过的木材和细茎针草做成的。伪造者在这一点上显然疏忽大意了，他们本应该采用碎屑纸。

至于事情的真相是不是伪造者在刚开始时只是跟藏书界开的一个玩笑，而后来如此成功地蒙骗了收藏者让他们欲罢不能，我们不得而知。可以肯定的是，韦斯相当廉价地出卖了自己的名誉。

我推荐所有的收藏者都读一下卡特和博拉德写的这本书，因为里面揭示了某些书商用于诈骗收藏者的伎俩。但是，从总体上讲，我还不知道有比书商更诚实的群体，不管是在英国还是在美国。他们乐于助人、友好、谦恭、诚实，并且通常自己也是爱书者。拥有一些关系亲近的书商朋友的收藏者显然是聪明人。

纽约市的奥斯卡·莱恩拥有的惠特曼作品集，也许是美国最好的私人收藏。不久前，有人找到他，要卖给他一套第一版的《草叶集》。其实不用怎么聪明就能发现那是一件赝品，因为莱恩先生知道，1855年由缅因州波特兰的印刷商莫什尔印刷的薄薄的绿色版本做得足以乱真。这卷书已经被特别"加工"过，以便看起来显得古旧。不管怎样，幽默的莱恩还是以极低的价钱把它买下来了。现在，这本书也是他的收藏品之一。

我有一个朋友，他对书的观点我一直很敬佩。他写信告诉我一些收藏书的新方法。一般来说，收藏者会发现用这些方法买到的书价格更便宜，因为和其他事物一样，书的价格是由需求决定的。他建议把1850年以前的美国诗歌作为一个特别领域来收藏。这些诗歌大部分仍默默无闻，但是这样的收藏却是很有意义的，因为这会促进收藏者对美国文学的了解。这些书一般只有一个版本，这就使得收藏工作简单了许多。也可以收藏美国的话剧作品，不是非常早期的作品，而是一定时期里所有的美国话剧。另外一个领域也许就是美国插图书，如弗雷德里克·雷明顿和霍华·派尔的作品，用木刻版画、钢版画或平版画制成的书。还有用皮革和布料制成的美国装订本，这可以反映美国装订史的变革。再有比较古旧的客厅装饰用书，以及少男少女作家的书——不是青少年读物，而是奥利弗·阿普迪、哈罗迪奥·阿尔杰、爱德华·艾格里斯顿等人的书。这些书很少重印，消失得很快。有时收藏的某些书中甚至还留有以前收藏者富于个性的题字，很有趣，也很有益。

许多收藏者都知道，他们最大的乐趣在于寻书和买书的过程。直到最近才有一位84岁性格开朗的老先生说出了这个感受："我对伦敦最美好的回忆就是在那里的寻书经历，并期待着有机会再去那里淘书。"

单单收藏一种图书也是很好玩的一件事情。其他方法还包括：地区收藏（我的一个朋友拥有关于佛蒙特地区的丰富收藏，他准备有一天把这些收藏捐给佛蒙特州历史协会）；青少年读物；关于登山的书；战争作品；自然作品；钓鱼作品；现代诗歌；绘画及建筑方面的书；各州指南（我有所有的 WPA 指南，其中一些现在已经越来越难买到了）；不同作家的最好作品，一个作家一部（如阿诺德·贝内特的《老妇人的故事》，萨姆塞特·毛姆的《人性的枷锁》，约翰·高尔斯华绥的《福尔塞世家》，西奥多·德莱赛的《美国悲剧》）；私人印刷资料；印刷精美的书籍；由画家插图的书籍；关于军事史的书籍；还有其他许多种类。收藏者可以发掘到的方法可以说是无穷尽的。

祝你们好运！

如何保管书籍？

伊丝黛拉·艾利斯和卡罗琳·西博

1995年出版、配有丰富插图的《与书同行》，是一本为书籍爱好者所写的——同时也是在书店销路很好的一本书。这本书生动地描绘了富人和名人的图书馆，介绍了一些非常有用的书籍和保管知识。下面的文章是作者对当前图书保管状况的概述。

1880年，威廉·布拉德写成《书籍的敌人》一书。今天来看，这部经典虽然充满苛刻的忠告，但仍然和一百多年前一样具有启发意义。布拉德的作品是以那些正在创建或者重建书房，开始着手某项特别收藏，或者只是想把自己青年时代阅读的书籍保留给后代的人作为读者对象的。人们经常会考虑为绘画作品或者摄影作品创造一个保护性的环境，其实对书也应如此。

1. 火灾

许多自然力都可能毁坏书籍，但是其中任何一种力量的破坏力，都不及火灾破坏力的一半。

威廉·布拉德

如何保管书籍？

布拉德认为，火灾不仅是书籍大敌中破坏力最大的，而且提出，现存的书籍只占原有书籍的千分之一，而这幸存下来的书还多亏了他称之为"火王"的手下留情。

国家防火协会认为，良好的家务管理是防火的最佳途径。在久未降雨的森林里，过分干燥的环境很容易着火。通过中央空调来调节温度可以预防热力干燥和尘土的形成。有些收藏者使用防火墙或者防火箱，还有用不易燃或者具有阻燃作用的材料作为图书馆的窗帘。

吸烟对书籍的坏处不亚于它对人类的伤害。吸烟时掉落的烟灰和扔掉的火柴，不仅增加了火灾的发生机会，而且烟气还会渗进书页，留下一股难闻的味道。如果你平常吸烟，或者你的客人吸烟，那么在书房里时就应该特别小心。

研究了由火灾造成的严重后果后，艾瑟林顿——哈里·兰森人性研究中心前图书管理员——发现，经过上油处理的书籍比那些没有经过相应处理的书具有更强的抗火能力。书本越小，受到的损害越大。皮革装订和标签，包括那些放在玻璃门柜子里的书，特别是在热度最高的书架顶层的书，往往看起来干燥发皱。湿度的大幅下降可能是出现这种情况的罪魁祸首。皮革装订的书籍应该放在书架靠下的地方，即使是在书籍能得到较好保护的带玻璃门的柜子里也不例外。聚酯书皮也能很好地保护书籍。

如果你的书籍被火或者烟气损坏了，你仍可以利用一些材料进行补救。简·格林菲尔德，《书籍的保管》一书的作者，发现粉红珍珠牌橡皮在清除烧痕方面比其他材料都管用。湿海绵对平滑的布料效果奇佳，但对纸质材料却没有什么作用。细钢丝绒可以把煤烟从皮革装订里清除掉而保持其完整性。但是，她说，"要特别注意化学海绵，因为使用后会留下痕迹。要清除火灾过后残留在书中的烟味，可以在有微风的日子里把这些书拿出来晾晒。把书竖着散放在树荫下的桌子上，但是不要放通宵。有些损坏修复公司还提供去除余味的设备。"你可以在电话黄页中找"水灾与火灾损

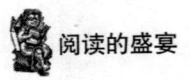
阅读的盛宴

坏修复"，然后找到当地的公司。

2．水灾

> 我们应该把水——液体和气体两种，列为继火灾之后书的最大敌人。
> ——威廉·布拉德

除了自然水灾以外，其他方式出现的洪涝、水蒸汽或一般的湿气，也能导致书籍结块或者变形。正如布拉德描述的那样，"水蒸汽或湿气能使书页周围的边缘、装订的各个侧面以及接缝处生成白色霉变或者菌状物。"

多丽丝·汉伯格在《保管好你的收藏品》一书中，提到湿气的前兆以及相应的处理办法。空气中出现霉味或带细毛的孢子就是迹象。如果书上长出霉菌（书放在海滨小屋或者地下室里发霉的可能性最大），那么，把书拿走，放到干燥的地方晾干。然后，在晴天的时候，把书拿到外面，用驼毛软刷轻轻把霉菌刷掉。用最软的橡皮凿毛（不是摩擦）可以测试材料可否用刷子刷。如果材料的质地过于纤弱，或者无法判断，那么，最好把书交由专业的书籍护理员处理。

之所以会长霉菌，是因为空气流通不畅以及湿度过重。因此，如果你的书是存放在带玻璃前门的书箱里，那么就要保证定期地打开通风。霉菌在华氏70度的温度时就开始生长，而在一些空气流通凝滞、相对潮湿的地方华氏65度就开始生长了。预防方法是保持图书馆温度在华氏70度以下、湿度不超过60%——最好保持在50%左右。此外，还可以使用空调和风扇来调节温度。在暖和的季节里减湿器也有一定的作用。在供暖充足的图书馆里湿气一般较低，但这会使书籍风干，增加发生火灾的系数，这时就应该使用减湿器加以预防。

如果你居住的房子有水泛滥的危险，那么你的书架至少应该离地12

英寸。蒂姆西·默森，一名收藏者，回忆起自己来到被水泡过的书店那天早上的事情："楼上男厕所的一根水管破裂了，结果所有的书都被淹了。我们只好在书页间夹上蜡纸，这样它们就不会粘在一起了。这样把书放了将近48个小时，抢救了很多书。"

如果你的书弄湿了，那么对没有完全湿透的书页可以用扇子扇干。把书竖放在多层的纸巾或者未印刷的新闻纸上（可在艺术用品店买到）——如果可能，再用一两把扇子将这些书吹干。在打开的书本下面垫上聚苯乙烯泡沫塑料用以支撑。此外，还可以通过在书里放纸巾或者未印刷的新闻纸（隔50页左右放一张）来晾干（新闻纸是很好的吸收体，但由于带有酸性成分，因此放在书中的时间不应太长）。纸巾和/或新闻纸应该经常更换——这是一项很费时间的工作。当书本将近晾干时（靠在脸颊上感觉微凉），就把书合上，让它自行风干。软皮书可以用这种方法晾干，也可以挂在晒衣绳上晾干。（如果你的书被水严重损坏了，提醒你的保险公司：潮湿的书搁置的时间越长、霉菌形成的时间越长，修复的费用就越高；这一做法也许会加速估价的进程。）

对于铜版纸的书——比如大多数书页是图片的书，推荐使用冰冻或者真空干燥法。（这种纸在潮湿的时候非常容易粘在一起，用同样的方法就可以将之弄干。）用速冻纸把书包好，塞进装牛奶的塑料箱里（注意要塞紧）。如果有快速冰冻的设备当然最好，不然使用家庭冷冻机亦可。书被冷冻后，应该把温度保持在华氏零下15~20度，直到拿到真空干燥机里进行干燥。（在真空干燥时，水直接从冰变成蒸汽。）

3. 煤气与热力

像对待自己的亲生孩子一样对待书籍——把孩子们置于不干净的、太冷的、太热的、太潮的或是太干燥的环境中，他们都会变得病

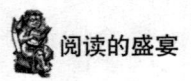 阅读的盛宴

快快的。书亦如此。

——威廉·布拉德

描述过煤气和热力这一成对出现的危险的布拉德，曾经亲身目睹了煤气灯对存放在书架最上面的书籍造成的巨大破坏。煤烟中的硫磺在所有的书上烙上了烟痕。如今，空调是这些化学威胁的最佳防护装置。

虽然化学物质（如二氧化硫或其他空气污染）能对书籍造成强大的威胁，但是，即使热力本身也能通过把书籍弄干、破坏其装订而造成危险。热力，简·格林菲尔德指出，能提高潜藏在书籍纸页里和油墨里的酸性成分的破坏力，引起相对湿度的降低。

设计师杰克·莱诺回忆起几年前参观一个十分雅致的图书馆时的情景。那里的人告诉他，有四个女仆会在所有的皮革装订上涂上凡士林，这项工作一年要进行两次，目的是防止这些书籍变干燥。对于那些没有四个女仆帮忙照顾或者空余时间不多的人来说，预防热力破坏的最好办法，就是将图书馆的温度保持在华氏 60-70 度（越靠近标度的下方越好），并尽量远离散热器及其他热源体。

4．灯

电灯已经被用于大不列颠博物馆的阅览室，这给读者带来莫大的便利。但是，如果你希望愉快地工作，那么你就必须选择一个合适的方位。此外，如果电灯亮时伴有咝咝的声音，那么决不应再使用。如果有发热的小片白粉块掉到你头上时，则更不应使用。

——威廉·布拉德

虽然布拉德预见了使用电灯对读者产生的负面影响，但是他却没有看

到电灯对书籍本身造成的危险。"电灯,"多丽丝·汉伯格写道,"不仅能引起书籍的漂白、褪色、黑化以及脆化,而且会使纸张结构本身发生变化。"荧光灯中的紫外线具有破坏力,艾琳·哈斯·塔拉斯——一个专业图书馆资源中心的主任——这样解释说。她建议,如果你有非常贵重的书籍,那么最好在荧光灯管的外围圈上一种特别的紫外线吸收材料。

除了人造灯光源外,太阳光也具有相当或者更大的破坏力,甚至连间接的阳光也能导致褪色。一个很少被人使用但是简单的藏书保护办法,就是在你的图书馆里装上百叶窗。专门收藏食品方面书籍的理查德·埃利斯就在书架上挂上了百叶窗。

5. 灰尘与疏忽

书上的灰尘在某种程度上反映了收藏者的疏忽,而疏忽又或多或少地意味着慢性衰变。

——威廉·布拉德

对于那些讨厌灰尘的人,还有一些保管方法可以避免尘土。杰克·莱诺·拉森采纳了日本的设计惯例,并发现"如果织物挂在天花板上盖住书本,我就不必一直挂虑太多。此外,它还可以减少尘土、清洁工作量和书的破损量。"百叶窗也能使书籍免于遭受灰尘和其他污染物的侵袭。应该确定你使用的材料没有含酸性成分。具有保护作用的书箱可以保护稀有图书不受灰尘或者污染的破坏。

没有一个规则限定图书馆应该多久打扫一次。这主要取决于环境和条件。安东尼·特罗洛普一年打扫他的图书馆两次。经常性的吸尘和打扫可以减少灰尘的累积。毛掸子是传统的除尘工具,但是吸尘器却更胜一等。手提式迷你吸尘器在书本之间的小空间使用起来会比较方便。

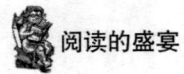阅读的盛宴

不管你选择哪种办法,简·格林菲尔德建议你从最顶层的书籍开始清洁。清洁时从书脊着手,并用手把书紧紧捏住,这样灰尘就不会掉到书页里面。你还可以在皮革封面上涂抹洗革皂来清除灰尘、污渍和尘垢,但这种洗革皂切不可用在书籍封面上的烫压装饰上,以及封面沿硬纸板边折进的部分(皮革装订的书籍其装订会延展于封面的内边和书脊上)。任何水分都会导致皮革的黑化和破裂,因此,只有在不得已的情况下才去清扫它。如果你决定清洁你的皮革封面,那么先用洗革皂磨出一些肥皂泡,然后把肥皂泡擦到皮革上去。用一块干净的湿海绵擦掉多余的部分,再用布料把装订擦干。等书完全晾干以后才放回原处。对于布面装订的书,你可以使用布克林凝胶进行清洁。对于用脆质纸装订的书,则需要专业的帮助——如安妮·克拉普在《文艺作品纸张的保护:纸张维护的基本过程》一书中提到的那样。

6. 缺乏知识

十多年前在清扫海军图书馆里的一个旧书柜时(当时我是图书管理员),我发现柜子底下有一大卷书,压在一堆破破烂烂的碎布下面。这本书既没有封面也没有书名页,后来被图书管理员拿去点火用了。

——威廉·布拉德

即便是受过最好教育的藏书家,如作家兼记者罗杰·罗森布拉特,也会在尊重书籍和充分享受书(如在书页中加入潦草的注释)之间备受折磨。"要承认这一点的确很可耻:我总是在损坏书的外观,"他说,意指他用铅笔标示的那些潦草的注释。"而我也总喜欢看到别人的涂鸦文字。在记录着另外一个人的思想和感情的文字里面具有一种交流和情感价值,这些思想和情感也许会为后来的读者所体会。当然,虽然这么做会损害书籍

本身,但是,如果这个涂鸦者刚好是亨利·詹姆斯或者詹姆斯·乔伊斯,那么这本书则弥足珍贵了。"

人们的一些善意的修复努力也有可能损坏书籍,特别是使用不可修复材料——如透明胶或者胶条——来修复撕破的书页或者装订。装订商不得不使用密封的粘性释放溶剂来清除书上的这些胶条。如果你不愿意把书送到专业修复人员那里,韦尔顿·道格拉斯建议你用不含酸性成分的纸把书包装起来,再用图书馆专用胶条(一种用来把松开的书脊或者装订结合起来的扁平状的棉带)捆好。

7. 书虫(及其他寄生虫)

有一种忙碌的书虫

会使最好的书变得破陋不堪

它们在书页间啃咬打洞

在它们途经的每张书页上

它们一无优点

而它们也根本不在乎

它们毫无品味的牙齿到处撕咬,玷污着

诗人、爱国者、贤人,或圣人

不遗漏一丝一毫才智或学识

唔,如果你想知道原因

我给出的最佳答案是:

那是可怜的寄生虫的食粮

——J.达拉斯顿(威廉·布拉德引用)

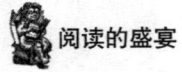 阅读的盛宴

　　虫子、甲虫以及各种爬行昆虫会恣意咀嚼你珍贵的珍藏品,把它们变成幼虫的出生地和食物。"如果,"简·格林菲尔德说,"你的书架上有白蚁,或者,如果你曾把书堆积在可疑的地方,如谷仓、地下室和阁楼里,那么你应该先把书冰冻一阵,然后再放到书房里。"她还转述了耶鲁大学生物学教授查尔斯·雷明顿发明的一种简易的家居清除法:

　　确保书籍彻底干燥以防形成冰晶。把书密封,或者用塑料袋装好——最好是聚乙烯材料制成的,然后放到温度为华氏6度的家用冰箱里冷冻。(在耶鲁大学,书籍一般放在华氏零下20度以下冷冻72小时。)这项措施可以杀死处于各个不同成长阶段中的甲虫和昆虫。

后记　我的书话

石涛

关于书：

因为6岁时读了一本《古希腊神话故事》，从而跟书结下不解之缘。神话中的女人们既美好又色情，专门挑动男人去格斗厮杀，正像我在幼小的年龄已经观察到的事实那样。

犹如中世纪的教堂，书成为专制社会里人们心灵的避难所。在那样的时代，书可以让人像开小差一样逃离政治斗争的战场，心里满怀着惊恐的甜蜜。当然，也可以像被抓住的逃兵一样遭到枪毙。上初一的时候，我因为读了一本20世纪30年代的言情小说《长相思》而遭到全班批判。老师在怒陈我的错误时说，一个小小年纪的学生，居然想"经常"相思！我忍不住说，老师，不是经常的"常"，而是长久的"长"。于是招来老师和同学们更猛烈的批判。

书是生活中最美好的事物之一。如果世间没有书，人的智力就会枯萎。但书的危险在于，它引诱你堕入情网之后就撒手不管了，把你孤独地扔在世界上寻找阅读的最高境界。而事实上，你根本找不到最高境界，就像一个男人以为世间存在着完美的女人，便毕其一生寻找，但最终一无所获。原因很简单，世间既没有完美的女人，也没有完美的书。

本雅明有一个极端的说法，他把书比作妓女，说书和妓女都可以被带到床上，她们把夜晚变为白昼，把白昼变为夜晚。任何一个曾经彻夜读书的人都知道这个滋味——激动的不眠之夜和白天的昏睡不醒。

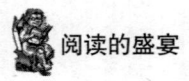 阅读的盛宴

关于出版：

我极其讨厌被人称为书商。只有出版家才是正当的称谓，二者的差别在于：一个是创造想象力和神话的人，一个是依靠人类的好奇心挣钱的动物。后者更准确的名称是——卖废纸的商人。我以为，不能因为卖装订好的废纸就可以被称为出版。出版的原始含义有向公众发布见解的意思，而不是仅仅卖掉印上文字的纸。而见解，可不是每个人都敢说有的。

当然，在一个把肤浅的调侃当作见解，或者把互联网上的文字杂耍和语言碎片当作文学的时代里，卖废纸的商人时不时地也能称自己的营生为出版。

关于读者：

"读者"并不是读书人，他们准确的称呼应该是——图书消费者。图书消费者和其他消费者一样，都是花钱买商品的人。他们不是个体，没有姓名，可以被抽象为两个字，也可以庞大到成百上千万。他们是出版家头上的暴君和主宰，对书籍的命运握有生杀大权。

有的时候，读者还不如其他消费者行事得体，因为他们常常只看不买，在书店里就完成了消费，然后把商品放下一走了之。读书人则不一样，他们必须先占有了书之后才开始享受阅读的乐趣。如果用结婚做比喻，读者和读书人的差别在于，读书人必须把媳妇娶进门来进了洞房才能行合欢之好；而读者呢，还没等把新媳妇接上花轿，就急迫地要在娘家行房事。

关于畅销书：

畅销书古来有之，但要论规模则是今天才有的事，因为过去能识字的人已经是少数，即使每个读书人都买一本，也不足今天的九牛一毛。不

过，尽管今天的人差不多都会识字，但他们却绝不都是读书人。事实上，按比例来说读书人的数量几乎没有增加多少。他们虽然是好书的真正买主，但光有他们买书还不足以让任何书畅销。因此可以这么说，凡是有什么书成了畅销书，那一定不是什么太像样子的书，因为恰好是读书人之外的所谓"大多数"在购买。他们按照识字的要求浏览，而不是按照审美的标准阅读。比如"奶酪"一类的书，就是标准的弱智畅销书。如果谁读了"奶酪"而没有变得更傻，那他不读它们也不会糟到哪里去。

好在偶尔会发生点例外，于是有些好书竟然成了畅销书，大众也会跟着一窝蜂地去看热闹。这倒应了辛格说的一句话："猪吃泔水，你给它蛋糕它也照吃。"

关于图书市场：

简单讲，"图书市场"是一个由怀着各种各样实用目的的人、焦虑的半文盲以及学生构成的买方。他们读书就像吃劣质快餐食品，不分好坏地往下吞咽，目的只是为了填饱脑瓜里的另一只胃。这样一来，什么书能最快地填满这些人的空虚，就有市场，相反就没有市场。

有人对图书市场做过详尽的研究，发现买书比买其他商品更盲目，买其他东西人们还能依据其功能进行直觉的判断，但买书人们的脑子就不够用了，需要跟从别人的判断。这好比在暗示人的肉体比头脑还要健全，当然事实也的确如此。无怪乎王小波厌恶愚昧更甚于偏见，因为愚昧让你和动物没有多少区别。这着实让人觉得没面子，几千年的文明不是白费了？

最后，关于好书：

尽管对什么是好书的定义越来越模糊，但人们心里还是明白，好书除了能带来阅读乐趣和益智之外，如果还能击中潜在的社会文化心理，

阅读的盛宴

掀动起一大批人的期待、渴求和愤怒，那无疑是绝无仅有的好书。照这个标准，《格调》无疑是近年来真正的好书，并非因为我是该书的译介者就自卖自夸，而是因为它不仅卖得好，而且还在中国创造了一个社会文化现象，让生活品味与社会等级话题在沉默了半个世纪以后，又回到了中国人的生活里。至于有人痛恨社会等级，于是连带着也痛恨生活品味，于是连带着也痛恨《格调》这本书，那就不是我需要关心的事情了。因为，谁能指望原本智力低下的人对书有鉴别力呢？